군 중 심 리

La psychologie des foules

군중심리

초판 1쇄 2008년 4월 3일
초판 8쇄 2022년 5월 31일

지은이 Gustave Le Bon
번역자 김성균
편 집 공순례
디자인 정유정
마케팅 박주현, 연병선

펴낸곳 (주)이레미디어
전 화 031-908-8516
팩 스 0303-0515-8907
주 소 경기도 파주시 회동길 219, 401호
홈페이지 www.iremedia.co.kr
이메일 ireme@iremedia.co.kr
등 록 제396-2004-35호

ISBN 978-89-91998-17-9 03180

가격 12,000원

당신의 소중한 원고를 기다립니다.
mango@mangou.co.kr

군중심리

귀스타브 르 봉(Gustave Le Bon) 지음 / 김성균 옮김

La psychologie des foules

이레미디어

귀스타브 르 봉(Gustave Le Bon, 1841~1931)은 프랑스의 노장르로트루(Nogent-le-Rotrou)에서 태어나서 마르네라코케트(Marnes-la-Coquette)에서 사망했다. 처음에는 의학을 공부했고, 1860년대부터 1880년대까지 20여 년간 유럽, 아시아, 북아프리카를 여행하면서 고고학과 인류학에 관한 저서를 집필했다. 과학장비를 설계하여 여행비를 충당하기도 했다. 그의 관심사는 가히 전방위적이라 할만하여 의학은 물론 심리학, 사회학, 고고학과 인류학을 거쳐 정치경제학과 물리학에 이르기까지 광범위했다. 그 당시 물리학계의 지속적인 논쟁거리였던 물질의 본성과 에너지에 관한 그의 견해가 담긴 『물질의 진화 *L'évolution de la matiére*』(1905)는 프랑스에서 대단한 인기를 얻었고 앙리 푸앙카레(Henri Poincaré)를 위시한 당대의 저명한 물리학자들의 호평을 듣기도 했다. 그러나 르 봉을 본격적으로 유명하게 만든 저서는 『민족진화의 심리법칙 *Lois psychologiques de l'évolution des peuples*』(1894)인데, 그것은 일반대중을 대상으로 집필한 첫 저서였다. 그는 바로 다음 해인 1895년 그의 최고 베스트셀러 『군중심리』를 출간했다. 이후 그는 프랑스 지성계를 이끄는 저명인사로 거듭났다. 1902년부터는 주말마다 저명한 교수들을 초대하여 점심식사를 겸한 토론회를 개최하기도 했다. 이 토론회에 초대된 저명 인사들 중에는 레몽 푸앙카레(Raymond Poincaré: 앙리 푸앙카레의 조카, 물리학자)와 시인 폴 발레리(Paul Valéry), 철학자 앙리 베르그송(Henri Bergson)도 있었다. 르 봉의 『군중심리』는 출간된 지 얼마 후부터 심리학계의 주목을 받았는데, 프로이트는 자신의 저서 『집단심리와 자아분석 *Massenpsychologie und Ich-Analyse*』(1921)을 『군중심리』에 대한 비판서로 기획했다고 한다. 이처럼 『군중심리』는 20세기 전반기에 이미 중요한 연구서로 각광을 받으면서 오늘날의 광고심리학에도 중요한 기여를 했다. 르 봉은 일생동안 30여 권에 달하는 저서를 출간했는데, 앞의 3권을 위시하여 『인간과 사회 *L'homme et les sociétés*』(1881), 『사회주의 심리 *Psychologie du socialisme*』(1898), 『교육심리 *Psychologie de l'éducation*』(1902), 『정치심리와 사회적 방어심리 *La psychologie politique et la défense sociale*』(1910), 『프랑스혁명과 혁명심리 *La R?volution Française et la psychologie des révolutions*』(1912), 『환상과 현실의 현대적 진화 *L'évolution actuelle du monde, illusions et réalités*』(1927) 등을 대표적인 저서로 꼽을 수 있다.

인간은 사회적 동물이라는 아리스토텔레스의 말은 곧 인간은 홀로 살아갈 수 없다는 말이다. 다시 말해서 인간은 누구나 어떤 식으로든, 그리고 어떤 형태의 사회이든 하여간 인간사회에 귀속될 수밖에 없다. 즉 인간은 모여 살 수밖에 없다는 말이다. 예컨대 인간사회와 가장 동떨어진 존재로 회자되는 은둔자나 기인이나 도인들도 아무리 고립과 고독을 추구하고 실제로, 특히 공간적으로 그런 상태에 있을지언정 정신적으로나 심리적으로는 이미 그가 고립되기 전까지 그가 태어나고 살았던 인간사회의 요소들을 완전히, 아니, 조금이라도 버릴 수 없을 것이다. 그러므로 인간은 누구나 군중이 될 수 있는 '잠재적 군중'이기도 하다.

'심리적 군중'을 주목하는 르 봉의 시야도 그만큼 적실하게 보인다. 이른바 '우연하고 일시적으로 모인 인간들'로 이해되는 일반적인 군중 또는 대중이 아닌 '심리적' 관점으로 본 군중의 성격은 르 봉이 활동한 19세기 말엽과 20세기초엽뿐 아니라 오늘날에도 여전히 어디서나 확인할 수 있는 것이다. 더구나 미국의 D. 리스먼(David Riesman, 1909~2002)이 쓴 유명한 책의 제목 『고독한 군중 *The Lonely Crowd*』(1950)이나 그 책에서 사용되면서 유행한 '군중 속의 고독'이라는 말조차도 '심리적 군중'을 감안하지 않으면 제대로 이해되지 않을 것이다.

르 봉의 『군중심리』가 흔히 히틀러나 무솔리니를 위시한 독재자들과 정치지도자들의 필독서로 거론됨으로써 보수적이고 반(反)민주적인 책이라고 비판받는 이유는 바로 그가 군중 또는 대중 자체를 비판하고 비하한다는 단순한 '군중식 독법'에서 비롯된 것이다. 그만큼 르 봉이 주시하는 군중의 '심리'는 지금도 정확한 메커니즘이 해명되지 못하고 그런 '심리'가 드러내는 현상들만 알려졌을 따름이기 때문이다.

르 봉은 그런 현상들을 수집하여 군중심리의 여러 특성들을 도출하고 분석했다. 그 결과 모든 개인은 심리적 군중이 될 수 있고, 심리적 군중에 속한 개인은 자의식과 독자성을 거의 유지할 수 없다는 것, 그리고 그럴 수밖에 없는 이유가 바로 군중심리의 근간인 '다수성의 힘 내지 권력감정'임을 간파했다. 그가 거둔 이런 성과들은 19세기 말까지 이해되지 않던 많은 역사적 사건들을 군중심리의 관점에서 새롭게 조명할 수 있는 계기로 작용했다. 서양 계몽주의사상가들이 민중의 힘을 발견하고 민중이 역사변동의 주체가 될 수 있고 또 실제로도 그런 주체라고 봄으로써 서양세계에 새로운 인식을 자극했다면, 르 봉은 그런 민중의 심리를 간파함으로써 역사를 변동시킨 힘이 민중 자체가 아니라 민중의 심리, 즉 군중심리에서 나왔음을 밝힌 셈이었다. 즉 계몽주의 사상가들은 현상들을 이론에 반영했을 따름이었지만, 르 봉은 현상의 발원지 내지 원동력을 발견하고 이론화시키기 위해 노력했던 것이다.

바로 이 대목에서 르 봉의 저서 『군중심리』를 현실의 '군중심리론'이 거북하게나 불쾌하게 여길 수밖에 없는 이유가 드러난다. 즉 모든 개인은 잠재적 군중일 수 있다는 르 봉의 인식은 인간성 자체를 비관적으로 전망할 수밖에 없도록 만든다는 사실, 그래서 누군가 그런 군중심리에 편승하거나 그것을 자극하여 이용할 수도 있다는 사실, 그리고 실제로 그렇게 한 위인이나 독재자도 많다는 사실은 민주주의 시대로 대변되는 오늘날의 대중 즉 군중에게는 그만큼 거북스러울 수밖에 없을 것이다.

그런데 오늘날 이른바 ‘고독한 군중’은, ‘군중 속에서도 고독’하다는 현대인들은 자신들의 그런 ‘고독감’ 역시 르 봉이 노골적으로 묘사한 ‘군중심리론’의 싹, 그것도 강력한 잠재력을 지닌 싹이라는 것을 대개는 간파하지 못하고 있다. 다시 말해서 오늘날 ‘고독한 군중의 고독감’이야말로 르 봉이 열거하는 군중심리의 특성들을 총괄적으로 정확히 반영하는 ‘군중심리론’이기도 하기 때문이다. 물론 이런 고독은 니체 같은 철학자가 필요로 하는 고독과는 그 의미가 다를 것이다. 정확히 말하면 군중 속의 고독이라는 말은 극히 ‘피동적인 소외감 내지 고립감’을 의미할 따름이다. 이런 감정은 르 봉이 지적하는 군중심리의 특성들 가운데 무책임성과 감정과잉표출성이 억제당한 상태에서 느끼는 것이기 때문이다. 그래서 오늘날 그토록 계몽되었다는 현대인들이 ‘군중 속의 고독’을 운위한다면 그들은 언제든지 나치즘이나 파시즘의 동조자가 될 조건을 구비한 셈이다. 다시 말해서 현대인들의 대다수는 여전히 군중이 될 기회를 엿보고 있는 셈이다. 그만큼 현대인들은 다른 개인들을 최대한 군중으로 만들려는, 다시 말해서 자신들의 잠재적 군중심리를 자극하고 이용할 기회만 엿보고 있는 셈이다. 이처럼 군중심리를 표출할 기회를 엿보며 고독감에 젖은 개인들과 군중심리를 자극할 개인들을 물색하느라 여념 없는 개인들의 군중심리는 '민주적인 자본주의시대'의 정치와 경제가 돌리는 쳇바퀴처럼 보이기도 한다.

르 봉은 인간의 이성이 이런 군중심리를 변화시킬 수는 없다고 보았다. 현대 지식인들과 예술인들의 절망을 대변하는 이런 인식은 19세기 이후 서양뿐 아니라 자본주의세계 전반에 불안하고 비관적인 전망을 확산시켜왔고, 현실에서도 꾸준히 사실로 증명되어온 듯이 보인다. 그러나 그런 군중심리의 실체를 발견하고 설명하기 위해 노력한 것도 바로 르 봉의 이성이라는 것은 분명하다. 그렇다면 인간에게 이성이 없기 때문이 아니라 인간의 이성이 제대로 성장하지 못했기 때문에 군중심리가 여전히 위력을 떨칠 수 있다고 볼 수도 있을 것이다. 르 봉은 인간의 감정과 이성의 싸움은 영원히 지속되고 감정은 결코 이성에 굴복하지 않을 것이라고 보았다. 이토록 절망적으로 들리는 이 말도 사실은 르 봉의 이성에 대한 믿음을 반영하는 것으로 읽힐 수 있다.

물론 르 봉의 이성이 발견하여 정리한 군중심리의 특성들

은 지금까지 군중 자신이 아닌 그들을 이용하려는 자들에게
더욱 유용한 것이었다. 그러나 독서는 언제나 개인적인 성
격이 강한 활동이다. 고립된 개인은 군중심리의 영향을 그
다지 받지 않는다는 르 봉의 견해는 그래서 잠재적 군중인
개인들이 군중심리에 휘말릴 여지를 줄여줄 수 있는 독서의
의미를 부각시켜준다. 군중이 된 개인의 이성과 자의식이
왜 사라져버리는지 그 이유는 르 봉도 현대의 심리학자들도
아직 정확히 설명해주지 못하고 있지만, 모든 개인이 잠재
적 군중이라면 우리는 적어도 군중이 되지 않은 개인적인
시간만큼은 자신과 우리 모두의 잠재적 군중심리를 미리 이
해하고 대비해두는 시간으로 삼을 필요가 있을 것이다. 군
중의 시간이 선사하는 황홀한 일체감이 개인의 시간을 후회
로 가득하게 만들 수도 있음을 르 봉의 신랄한 『군중심리』
가 충분히 예증하고 있기 때문이다.

2008년 2월 26일
김 성 균

CONTENTS

CONTENTS

제3부 | 군중 분류법과 군중의 종류

이 책의 목적은 군중의 특성들을 고찰하고 이해하는 것이다. 한 민족의 타고난 특질을 구성하는 것은 그 민족 구성원 개개인에게 공통적으로 유전된 모든 특성이다. 이런 개인들이 어떤 행위를 목적으로 여러 명이 한데 모여 군중이 될 때, 그들을 관찰한 기록들은 그들이 한데 모였다는 단순한 사실로부터 새로운 심리적 특성들이 생겨난다는 것을 증명한다. 그런 새로운 특성들은 그 민족에게 유전된 공통특성들에 추가되는 것이지만 때로는 그런 공통특성들과 아주 커다란 차이를 보이기도 한다.

조직된 군중들은 언제나 인류의 삶에서 중요한 역할을 담당해왔지만 오늘날만큼 그 역할이 중요한 시대는 없었다.

개인들의 의식적 활동이 군중의 무의식적 행동으로 대체되는 현상은 현시대의 대표적인 특징들 가운데 하나이다.

나는 군중이 유발하는 난제를 순전히 과학적 방법으로 — 사건들, 이론들, 학설들의 영향을 받지 않으면서, 체계적 방법을 견지하는 방식으로 — 검증하려고 노력해왔다. 나는 특히 격정적 논쟁을 유발하는 주제를 문제로 다루면서도 이런 과학적 방법이 몇 가지 진실의 조각이나마 발견할 수 있는 유일한 방법이라고 믿는다. 어떤 현상을 진실로 증명하는 데 몰두하는 과학자는 그런 증명이 자기의 이익을 손상시킬 수도 있다는 염려를 도외시하기 마련이다. 저명한 사상가인 고블레 달비엘라(Goblet d'Alviela)는 최근에 출간한 저서에서 나를 주목하여 현대의 어떤 학파에도 속하지 않는 내가 가끔은 모든 학파의 잡다한 결론들에 대한 반대자로 보인다고 말하기도 했다. 나는 나의 이 새로운 연구서가 일종의 관찰기록과 비슷한 가치를 지닌 책으로 읽히기를 기대한다. 어떤 학파에 속한다는 것은 필연적으로 그 학파의 편견과 선입견을 옹호한다는 것을 의미하기 때문이다.

이 대목에서 나는 한 가지를 설명하고 넘어가야 할 듯하다. 그것은 내가 이 책에서 내린 결론들이 얼핏 보면 무관하게 생각될지도 모를 나의 관찰결과들로부터 도출된 것임을 달비엘라도 머지않아 알아차리리라는 것이다. 다시 말해서 그것은, 예컨대 나는 군중의 정신이 드러내는 극도의 열악성을 주목한 다음에 그런 군중의 일부인 의회를 특별히 지목하면서, 군중의 정신이 아무리 열악할지라도 그들의 조직에 간섭하다가는 위험에 처할 수 있다고 단언했는데, 지금도 그렇다고 내가 단언할 수 있는 이유이다.

그 이유는 역사적 사실들에 대한 가장 면밀한 관찰기록이 사회적 유기체는 다른 모든 유기체에 비해 전혀 복잡하지 않음을 언제나 나에게 증명해보였다는 것과, 그런 유기체들을 장기적인 돌연변이과정에 강제로 묶어둘 수 있는 능력이 우리에게는 전무하다는 것이다. 자연은 때때로 과격한 수단을 사용하기도 하지만 결코 우리의 유행을 따르지 않는다. 그래서 아무리 이론적으로 합당하고 탁월한 대변혁이 시도되더라도 그런 변혁에 대한 맹목적 열광만큼 치명적인 것은 없다. 그런 변혁은 민족의 특질을 동시에 변화시킬 수 있는 경우에만 유익할 것이다. 그러나 그런 변화의 힘을 지닌 것은 오직 시간뿐이다. 인간들은 인간의 본질을 구성하는 것들인 이념, 감정, 관습의 지배를 받는다. 제도와 법은 우리의 성격과 욕구의 외면적 표명이자 표현이다. 그 결과 정립된 제도와 법은 우리의 성격을 변화시키지 못한다.

사회현상들에 대한 연구와 이미 존재하는 민족들의 현상에 대한 연구는 분리될 수 없다. 철학적 관점에서 보면 이 현상들은 절대적 가치를 지닐 수 있다. 그러나 실천적 관점에서 보면 그것들은 상대적 가치밖에 지니지 못한다.

그래서 사회현상들을 연구하려면 반드시 그 현상들의 매우 상이한 두 가지 측면을 연계하여 고찰해야 한다. 그리하면 순수이성의 가르침들이 실천이성의 가르침들과 반대로 보이는 경우도 빈발할 것이다. 거의 모든 자료가 이런 반목 현상을 보일 것이고 심지어 물리학적 자료조차 예외는 아닐 것이다. 절대적 진리의 관점에서 보면 정육면체나 원형 고리는 엄밀한 공식에 따라 정의될 수 있는 변함없는 기학학적 형태이다. 그러나 감각적 인상의 관점에서 보면 그것들은 우리의 시각에 영향을 주어 매우 다양한 모양으로 보일 수 있다. 관점, 즉 보는 각도를 바꾸면 정육면체는 피라미드나 평면사각형으로 보일 수 있고, 원형 고리도 타원이나 직선으로 보일 수 있다. 그래서 특히 이런 가상의 모양들에 대한 고찰이 실재 모양들에 대한 고찰보다 훨씬 중요하다. 왜냐하면 가상의 모양들만이 우리가 보는 것들이고 또 사진이나 그림으로 재현될 수 있는 것들이기 때문이다. 어떤 경우에는 실재적인 것보다 비실재적인 것이 진실에 훨씬 가까울 수 있다. 물체들을 정확한 기학학적 형태로 제시하려다가는 그것들의 본성을 왜곡하고 인식불가능하게 만들어버릴 수도 있기 때문이다. 물체들을 만지지 못한 채 복사나 사진촬

영밖에 할 수 없는 사람들이 사는 세상이 있다고 칠 때 그런 세상의 사람들은 그런 물체들의 형태를 정확히 파악하기가 매우 어려울 것이다. 더구나 그런 세상에서는 소수의 학자들만 겨우 보유할 수 있을 이런 형태에 관한 지식에 관심을 보이는 사람도 아주 드물 것이다.

사회현상들을 연구하는 철학자는 그 현상들이 이론적 가치와 함께 실천적 가치를 겸비하고 있다는 것과, 오직 실천적 가치만이 문명진화와 관련하여 중요한 것임을 명심해야 한다. 이 사실을 인식한 철학자는 필시 이론적 논리가 우선적으로 그에게 강요한 결론들을 아주 신중히 재고할 수 있을 것이다.

이와 비슷한 제약조건을 철학자에게 강요하는 또 다른 요인들이 있다. 사회적 사실들의 복잡다단함도 그런 것인데, 그것들은 모두 일거에 파악할 수도 없고 그것들이 서로 미치는 영향의 효과들도 예측할 수 없다. 눈에 보이는 사실들의 배후에는 눈에 보이지 않는 수천 가지의 원인들이 숨어 있는 듯이 보이는 때도 있기 마련이다. 눈에 보이는 사회현상들은 우리의 분석력으로는 감당할 수 없이 무수한 무의식적 활동의 결과로 보인다. 지각할 수 있는 현상들은 우리가 도저히 알지 못할 깊은 해저에 계곡이나 산맥 같은 방해물이 있음을 표현하는 대양의 파도와 비견될 수 있다. 사회 다수인들의 행동만 고찰해본다면 군중은 유달리 열악한 정신 상태를 드러낸다. 그런데 고대인들이 운명이나 자연이나 섭리라 일컬었고 우리는 죽음의 목소리라고 부르는, 그리고 우리가 그 본질은 몰라도 도저히 간과할 수 없는 위력을 보유한, 그런 불가사의한 세력들이 주도하는 듯이 보이는 또 다른 행동들도 있다. 때로는 민족들의 내부에는 그런 행동들을 유도하는 데 이바지하는 잠재적 세력이 존재하는 듯이 보였을 것이다. 예컨대 무엇이 언어보다 더 복잡하고 더 논리적이며 더 경이로울 수 있겠는가? 더구나 이처럼 훌륭하게 조직된 생산물(언어)이 군중의 무의식적 재능의 소산이 아니라면 대관절 어떻게 생산될 수 있었겠는가? 가장 박식한 학자들이나 가장 존경받는 문법학자들도 언어를 지배하는 법칙을 기록해두는 일밖에는 할 수 없을 것이다. 그들에게 언어를 창조할 능력이 없으리라는 것은 분명하기 때문이다. 심지어 우리는 위인들의 사상도 오직 그들의 두뇌만이 만들 수 있는 것이라고 확신하고 있지 않은가? 물론 그런 사상들이 언제나 고독한 정신들에 의해 창조되었음은 의심할 나위없지만, 무수한 먼지알갱이처럼 한데 모여 위인들에게 각자의 사상을 싹틔울 수 있는 토양을 마련해준 것은 군중의 재능이 아니었던가?

군중은 의심할 나위없이 언제나 무의식상태에 있지만, 그렇게 철저한 무의식은 어쩌면 그들이 지닌 위력의 비밀들 가운데 하나일 것이다. 자연계의 생물들을 배타적으로 지배하는 것은 우리를 아연실색하게 만드는 놀라우리만치 복잡한 행동을 거침없이 완수하는 본능이다. 이성은 인류가 너무나 최근에 획득한 특성이어서 여전히 극히 불완전하기 때문에 우리에게 무의식의 법칙을 밝혀주기는커녕 기본적인 역할을 수행하기도 요원한 실정이다. 우리의 모든 행동 중에 무의식적 행동은 무수히 많은 반면, 이성적 행동은 극소수에 불과하다. 폭력 같은 무의식적 행동은 아직도 전혀 이해되지 못하는 실정이다.

그래서 우리가 막연한 추측과 공허한 가설들의 세력권에서 방황하지 말고 과학이 지식을 획득할 수 있는 좁으나마 안전한 한계 안에 머물기를 원한다면, 우리가 관찰할 수 있는 현상들을 기록하고 고찰하는 선에서 머무는 것이 우리의 최선일 것이다. 우리의 관찰기록에서 도출된 모든 결론은 대개는 성급한 것일진대, 왜냐하면 우리 눈에 똑똑히 보이는 현상 뒤에 희미하게 보이는 또다른 현상이 있을 수 있고, 또 어쩌면 그런 희미한 현상 뒤에도 우리가 아예 보지 못하는 또다른 현상들이 도사리고 있을지도 모르기 때문이다.

서론 : 군중의 시대

흔히 정치변동이나 외적의 침략이나 왕조의 전복 같은 사건들은 로마제국의 쇠망과 아랍제국의 건설 같은 문명의 변화를 이끈 중대한 격변들을 결정하는 요인으로 보이기 마련이다. 그러나 그런 사건들을 조금 더 자세히 살펴보면 겉으로 드러난 원인들의 이면에는 대개 민족들의 사상을 근본적으로 변화시킨 것으로 보이는 실질적 원인이 도사리고 있음을 알 수 있다. 그래서 우리는 진정한 역사의 격변들이 겉으로 드러낸 장엄함과 격렬함만 보고 놀라지 않는다. 지금까지 문명들이 혁신된 결과 도래한 중대한 변화들만이 사상들, 개념들, 신념들에 영향을 주었다. 유명한 역사적 사건들은 인간의 사상들이 겪은 보이지 않는 변화들에 의해 유발된 가시적인 효과들이었다. 그런 중대한 사건들이 그토록 드물게 발생한 이유는 각 민족이 조상으로부터 물려받은 근본적 사고원리만큼 항구적인 것이 없다는 데 있다.

현대는 그렇게 인류의 사고방식이 변이를 겪고 있는 중대한 순간이기도 할 것이다.

두 가지 근본요인이 이런 변이과정의 저변에서 작용하고 있다. 첫째요인은 서양문명의 모든 기본요소가 뿌리박은 종교적·정치적·사회적 신념들이 파괴되고 있다는 사실이고, 둘째요인은 현대의 과학적 발견과 산업적 발견이 완전히 새로운 존재조건과 사고조건을 창출했다는 사실이다.

과거의 사상들은 반쯤 파괴되었어도 여전히 매우 강력한 위력을 발휘하고 있고, 그 사상들을 대체할 새로운 사상들은 아직도 형성도중에 있는 현대는 과도기와 무정부 시대를 대변한다.

그래서 필연적으로 다소 혼란스러울 수밖에 없는 이 시대가 앞으로 어떤 시대로 진화할지 당장 예시적으로 말하기는 쉽지 않다. 우리 시대를 계승할 사회의 토대로 자리 잡을 근본 사상은 과연 무엇일까? 우리는 지금 그것을 모른다. 그래도 미래사회가 어떤 노선으로 조직되든지 간에 그 사회는 새로운 세력이자 끝까지 살아남을 현대의 지배세력인 군중세력을 직면해야 한다는 사실만큼은 이미 자명하다. 이전에는 논란의 여지조차 없는 것으로 여기다가 오늘날 운명을 다했거나 사멸하고 있는 수많은 사상들의 잔해, 그리고 연발하는 혁명이 파괴한 권위 원천들의 잔해로 가득한 폐허에서 그것들을 대신하여 유일하게 성장한 이 군중세력은 다른 모든 세력도 급속히 흡수해버릴 듯이 보인다. 우리가 오랫동안 품어온 모든 신념이 비틀대며 사멸해가고 사회를 버텨온 낡은 기둥들도 하나씩 무너져가는 이 시대에 군중세력은 아무도 대적할 수 없는 유일한 세력일 뿐만 아니라 그 세력의 특권도 꾸준히 증대하고 있다. 이제 막 우리가 진입한 시대는 명실상부한 군중의 시대(*l'ÉRE DES FOULES*)가 될 것이다.

유럽에서는 18세기말까지도 국가의 전통적인 정책과 군주들의 경쟁이 역사적 사건들을 유발하는 일차적 요인들이었다. 민중의 의견은 거의 참작되지도 않았고 실제로 대부분은 완전히 무시되었다고 해도 과언이 아니다. 물론 오늘날에는 민의를 수렴하는 여론정치가 전통으로 정착되면서 지배자 개인의 성향과 경쟁심은 무시되는 반면 민중의 발언권이 우위를 점하기에 이르렀다. 민중은 이런 우세한 발언권을 이용하여 왕들에게 민중이 원하는 행동을 강요했고, 왕들은 그런 민중의 발언을 경청하려는 노력을 경주해야만 했다. 그리하여 오늘날 국가들의 운명은 더 이상 지배자들의 회의가 아닌 민중의 심정에 따라 결정되기에 이르렀다.

정치생활에 민중계급이 진출했다는 사실 — 그러니까 현실적으로도 민중계급이 지배계급으로 차츰 변이하고 있다는 사실 — 은 과도기인 우리 시대를 대표하는 가장 인상적인 특징들 가운데 하나이다. 실제로 아주 오랫동안 실시되었으나 영향력은 미미했던 보통선거제도가 도입되었다는 사실은 흔히 생각하듯이 이런 정치권력이동을 대변하는 두드러진 특징이 아니다. 군중세력은 먼저 관련 사상들이 널리 유포되어 민중의 정신에 서서히 뿌리를 내린 다음, 그런 사상들의 이론적 개념들을 실현하는 데 몰두하는 개인들이 단계적으로 결합하는 가운데 점진적으로 증대됐다. 그렇게 결합한 군중은 딱히 정당하지는 않더라도 아주 뚜렷이 규정된 자신들의 이익과 유관한 사상들을 습득하고 자신들의 위력을 의식적으로 자각하기에 이르렀다. 군중은 이권단체들을 속속 설립하면서 기존의 권력기관들을 차례로 항복시키는 중이고, 모든 경제적 법률을 무릅쓰고라도 노동조건과 임금을 자체적으로 규제하려는 노동조합들도 조직하는 중이다. 그런 단체나 조합들은 창의력과 독립성을 완전히 결여한 자들을 대의원으로 선출하여 정부가 귀속된 의회에 진출시켰는데, 그런 대의원들은 대부분 자신들을 선출한 위원들의 대변인 노릇밖에 못하는 신세로 전락했다.

오늘날 대중의 요구들은 갈수록 구체적으로 명확하게 제시되고 있는데, 그 요구들은 현존 사회를 문명화되기 이전의 모든 인간집단이 영위하던 정상적인 생활조건으로 여긴 원시공산사회로 환원시키기 위해 완전히 파괴하겠다는 결의에 필적할 만큼 확고하다. 그들은 노동시간을 제한할 것, 광산, 철도, 공장, 토지를 국유화할 것, 모든 생산물을 평등하게 분배할 것, 민중계급의 이익을 위해 모든 상류계급을 타도할 것 등을 요구사항으로 내세운다.

군중은 이성적 추론에는 거의 적응하지 못하는 반면 행동은 번개같이 한다. 그들은 현재 조직을 형성함으로써 막강한 세력을 보유하기에 이르렀다. 우리는 그들이 신봉하는 교리들이 탄생하는 과정을 목격했는데, 그것들은 과거의 교리들이 지녔던 강제력 — 예컨대 과거 전제군주들이 지녔던 논란을 불허하는 강제력 — 을 단기간에 확보할 것이다.

유럽의 중류계급이 애호하는 작가들, 즉 편협한 사상, 다소 진부한 견해, 피상적인 의혹주의, 때로는 과도한 자아도취 같은 중류계급의 특성들을 가장 잘 묘사하는 작가들도 한창 성장을 거듭하는 듯이 보이는 이 새로운 세력에 대해 심각한 경계심을 드러낸다. 그리고 사람들의 정신을 어지럽히는 무질서와 싸우기 위하여 그 작가들은 이전에는 엄청나게 경멸했던 교회의 도덕적 강제력에 필사적으로 호소하는 중이다. 그들은 우리에게 과학은 파산했다고 말하면서 모두 참회하여 가톨릭교에 귀의하기를 권유하고 신이 계시한 진리의 가르침을 우리에게 상기시킨다. 그러나 이 새로운 개종자들은 그러기에는 이미 때가 너무 늦었음을 망각했다. 설령 그들이 진실로 신의 은총을 받았더라도, 그런 유사-전도활동은 종교적 신참들이 사로잡힌 편견들에 거의 무관심한 정신의 소유자들에게 동일한 영향을 줄 수는 없었을 것이기 때문이다. 오늘날 군중은 어제 자신들을 훈계하던 자들이 부인하고 또 파괴하려고까지 들었던 신들을 거부한다. 인간도 신도 흐르는 강물을 발원지로 역류시킬 능력을 가지고 있지 않으니까 말이다.

그러나 과학은 전혀 파산하지 않았고, 현대 지식계의 무정부상태와도 무관하며, 이런 무정부상태의 한가운데서 자라는 중인 새로운 세력과도 무관하다. 과학은 우리에게 진실을, 아니면 적어도 우리의 지성으로 포착할 수 있는 진실과 관련된 지식을 우리에게 선물하기로 약속했지만, 평화나 행복을 우리에게 주겠다고는 결코 약속하지 않았다. 우리의 감정에 냉담하기 그지없는 과학은 우리가 지르는 비탄의 소리에도 무관심하다. 우리는 그런 과학과 더불어 살기 위해 노력할 수밖에 없다. 왜냐면 과학이 분쇄한 환상들을 복구할 수 있는 것은 전무하기 때문이다.

유럽의 모든 국가에서 군중세력이 급속히 성장하고 있음을 증명하는 보편적인 징조들을 발견할 수 있는데, 그런 징조들은 군중세력의 성장이 조속히 중단될 것이라고 가정하기를 불가능하게 만든다. 군중세력이 앞으로 우리에게 가져다줄 운명이 무엇이든 우리는 그 운명에 굴복할 수밖에 없을 것이다. 그 운명을 거부하려는 모든 이성적 토론은 단지 공허한 언쟁에 불과하다. 군중세력의 등장은 서양문명이 최종단계들 가운데 한 단계로 접어들었다는 것, 그리하여 모든 새로운 사회의 탄생에 앞서 필연적으로 도래했던 혼란스러운 무정부시대로 완전히 복귀했음을 나타내는 표시로 이해될 수 있다는 것도 분명하다. 그런데 이런 결과가 과연 예방될 수 있었을까?

바야흐로 노쇠한 문명을 이렇듯 철저히 파괴하는 활동은 군중의 가장 확실한 과업으로 정립됐다. 실제로 이런 파괴활동이 단지 오늘날에만 자행될 수 있는 것은 아니다. 한 문명의 근간을 이루던 도덕적 세력들이 그 위력을 상실하면 그때부터 이른바 야만족으로 알려진 무의식적이고 사나운 군중이 등장하여 그 문명을 최종적으로 해체시켜버린다[1]고 봐도 무방하다는 것은 역사를 살펴보면 충분히 확인할 수

---

1) 여기서 르 봉은 이른바 '서로마제국'이 해체된 사연을 염두에 두고 있다 ― 옮긴이.

있다. 그럴지라도 지금까지 문명들을 창조하고 지도한 자들은 오직 소수의 지식귀족들이었지 결코 군중은 아니었다. 군중은 오직 파괴력밖에 발휘하지 못한다. 군중의 규칙은 언제나 야만적인 수준에 머문다. 하나의 문명은 정립된 법규와 규율, 본능적 상태를 이성적 상태로 전환시키는 절차, 미래에 대한 예상, 고도화된 문명을 조건으로 삼는다. 스스로를 방치하는 군중들은 이 모든 조건을 실현할 능력을 지니지 못했다는 것을 지금까지 변함없는 사실로 입증했다. 군중의 능력은 순전히 파괴적인 본성만 지녔기 때문에 군중은 병든 생물이나 사체의 분해를 촉진하는 세균처럼 활동한다. 한 문명의 구조가 썩으면 그 구조를 무너뜨리는 것은 언제나 군중이다. 군중의 대표적인 사명이 백일하에 드러나고 다수결의 철학이 잠시나마 역사를 좌우하는 유일한 철학으로 보이는 때도 바로 그런 위기의 순간이다.

지금 서양문명도 바로 그런 문명이 겪었던 것과 똑같은 운명을 맞이하는 중일까? 지금 우리는 그럴 가능성이 있다고 두려워할 근거가 없지는 않지만, 그렇다고 확언할 처지에 있지도 않다.

그러나 만약 우리가 그런 운명을 맞이한다면 우리는 어쩔 수 없이 군중의 권세에 몸을 맡길 수밖에 없을 것이다. 군중을 견제하고 저지할 수 있는 모든 방벽도 예지력이 없으면 차례로 무너지고 말기 때문이다.

바야흐로 수많은 토론의 대상으로 거론되기 시작한 이런 군중에 대한 우리의 지식은 미미하기 짝이 없는 실정이다. 군중과 동떨어져 살아온 전문 심리학자들은 언제나 군중을 무시해왔고, 뒤늦게나마 그들이 군중을 주목하기 시작했더라도 군중의 범죄 가능성을 고찰하는 선에서 머무를 따름이다. 범죄를 저지르는 군중이 존재한다는 것은 의심의 여지없지만 선량하고 영웅적인 군중을 포함한 다양한 부류의 군중도 존재할 수 있다. 따라서 군중의 범죄는 군중심리를 구성하는 특수한 일면에 불과하다. 즉 개인이 저지른 악행들을 묘사한 단순한 보고서만 보고 그 개인의 정신구조를 알 수 없듯이, 단순히 군중의 범죄만 연구해서는 군중의 정신구조를 제대로 파악하기가 불가능할 것이다.

그러나 사실을 주목하면 세계의 각종 지배자들, 종교의 창시들이나 제국의 창건자들, 온갖 신앙의 사도들, 저명한 정치가들, 그리고 조금 더 소박하게는 소규모 인간집단의 수장들은 모두 언제나 무의식적인 심리학자들이어서 군중의 성격을 본능적으로 간파했고 때로는 정확하게 파악했음을 알 수 있다. 그들은 군중의 성격을 그렇게 정확히 파악한 덕분에 군중을 더욱 쉽고 확실히 지배할 수 있었다. 나폴레옹도 자신이 정복한 지역의 군중심리를 정확히 꿰뚫어보는 경이로운 통찰력을 지녔다. 그런데 때로는 자신이 정복하지 못한 다른 민족들의 군중심리를 완전히 오해하기도 했다[2]. 바로 그런 오해 때문에 그의 군대가 에스파냐 원정뿐 아니라 특히 러시아 원정에서 그토록 심각한 타격을 입고 단기간에 괴멸당하고 말았던 것이다. 오늘날 군중심리에 관한 지식은 군중을 지배하기— 이것은 갈수록 어려운 난제가 되고 있다 —보다는 어떻게든 군중한테 지나치게 지배당하지 않기를 원하는 정치가들의 최후수단이 되고 말았다.

조금이라도 군중심리를 꿰뚫어보는 통찰력을 지닌 사람은 법과 제도가 군중의 행동에 미치는 영향은 미미하기 그지없다는 것, 군중은 자신들에게 강요된 견해가 아니면 다른 어떤 견해도 가질 수 없을 만큼 무기력하다는 것, 그리고 순수한 평등이론에 기초한 규칙들이 아닌 그들을 감동시키고 유혹하려는 노력만이 그들을 지도할 수 있다는 것을 충분히 이해할 것이다. 예컨대 어떤 입법가가 새로운 명목의 세금을 군중에게 부과하기를 원한다고 할 때 그가 과연 이론적으로 가장 타당한 세법을 제정할까? 결코 그렇지 않을 것이다. 실

---

2) 게다가 나폴레옹의 가장 영민한 조언자들도 그보다 군중심리를 잘 이해하지 못했다. 탈레랑(Charles-Maurice de Talleyrand, 1754~1838: 프랑스의 정치가 겸 외교관으로, 프랑스혁명과 나폴레옹 시대를 거쳐 왕정복고 시대와 루이 필리프 통치 시대에 이르기까지 고위관직을 연임하는 정치적 생명력을 발휘한 인물로 유명함)은 나폴레옹과 관련하여 "에스파냐는 그분의 군대를 해방군으로 맞이할 것이다"고 썼다. 그러나 실제로 에스파냐는 나폴레옹의 군대를 먹이를 노리는 사나운 맹수로 취급했다. 에스파냐 민족의 유전적 본능을 아는 심리학자라면 그의 군대가 그런 맹수로 취급당할 것임을 쉽사리 예견했을 것이다.

제로는 가장 부당한 세법이 군중에게는 최선의 세법일 수 있기 때문이다. 그와 동시에 그 세법이 애매할수록, 그리하여 부담도 적게 보일수록 군중도 그것을 가장 쉽사리 수용할 것이다. 그래서 군중은 터무니없이 부당한 간접세도 언제나 거부감 없이 수용하는데, 매일 소비하는 물건들에 조금씩 가미되는 간접세는 군중의 습성을 거스르지 않을 것이고 그만큼 군중도 그것을 전혀 지각하지도 못하고 넘어갈 것이기 때문이다. 그러나 간접세를 임금이나 각종 소득에 일괄적으로 부과되는 정률세(定率稅)로 새롭게 대체하면, 비록 이 새로운 세제가 다른 세제보다 부담을 열 배나 줄여준다는 것이 이론적으로 입증되었을지라도 군중은 일치단결하여 반대하고 나설 것이다. 이런 반대는 이전에는 군중이 전혀 알아채지 못할 정도로 조금씩 지불하던 간접세 대신에 일시불로 지불해야 하는 정률세가 군중에게는 엄청나게 많은 세금으로 보인 나머지 그들의 상상력을 요동치게 만들었다는 사실에서 유발된다. 평소에 조금씩이라도 저축을 해둔 사람에게는 새로운 세금이 가볍게 보이겠지만, 이런 경제적 과정을 예견하여 대비할 능력이 군중에게는 없다.

앞에서 살펴본 예는 가장 단순한 것이다. 이것이 적확한 예라는 것은 쉽게 알 수 있을 것이다. 나폴레옹 같은 심리학자는 이런 군중심리에 대한 관심의 끈을 놓지 않았지만, 군

중의 특성들에 무관심하거나 무지한 현대의 입법자들은 군
중심리를 제대로 이해하고 평가하지 못한다. 아직도 그들은
인간들이 결코 순수이성의 가르침에 따라 행동하지 않는다
는 사실을 경험으로부터 충분히 배우지 못했기 때문이다.

다른 많은 분야에도 군중심리학이 실제로 응용될 수 있을
것이다. 이런 과학의 지식은 그것 없이는 전혀 파악하지 못
할 수많은 역사적 현상과 경제현상을 조명할 수 있는 가장
강렬한 빛을 발산한다. 나중에 다시 설명하겠지만, 하여간
근래 가장 주목할만한 역사학자 텐(Hippolyte Adolphe Taine,
1828~1893)도 때로는 프랑스혁명기에 발생한 사건들을 완벽
히 이해하지 못했는데, 그 이유는 그가 군중의 특성을 연구
할 생각조차 하지 않았다는 데 있다. 그는 박물학자들이 의
존하는 묘사기법을 지침으로 삼아 그토록 복잡다단한 시대
를 연구하려고 들었다. 그러나 박물학자들이 연구해야 하는
현상들에 도덕적 세력들은 거의 포함되어있지 않았다. 그럼
에도 역사를 움직이는 진정한 주동력은 정확히 이런 도덕적
세력들에게서 나온다.

요컨대 군중심리는 그것의 실천적 측면만이라도 집중적
으로 연구해볼 만한 가치를 지녔다고 할 수 있다. 군중심리
에 대한 관심이 순전히 호기심의 결과에 불과하더라도 역시
군중심리는 주목할 가치를 지닌 것으로 보인다. 인간들의

행동원인을 판독하는 일은 광물이나 식물의 특성을 판별하
는 일만큼이나 흥미롭다. 그러나 군중의 근본특성을 이해하
기 위한 우리의 연구는 잘 해봐야 우리가 관찰하고 조사한
결과들을 간략히 종합하고 요약하는 데 그칠지도 모른다.
어쩌면 이 연구서에서 얻을 것은 두세 가지 암시적인 견해
밖에 없을 것이므로 차후에라도 다른 연구자들이 나서서 이
분야를 더욱 철저히 연구해주기를 기대할 따름이다. 오늘날
우리가 갓 발을 들여놓은 이 분야는 거의 처녀지나 다름없
기 때문이다.

제1부

군중의 심리구조

군중심리가 드러내는 가장 괄목할 특징은 다음과 같다.
군중을 형성한 개인들이 누구든
그들의 생활양식, 직업, 성격, 지능이 유사하든 아니든
그에 상관없이 그들이 군중으로 변모했다는 사실이
그들을 하나의 집단정신에 소속시켜버린다.
이런 집단정신은 군중에 포함된 개인들이
고립된 개인들과는 매우 다르게 느끼고 생각하고
행동하도록 조장한다.

제1장 군중의 일반적 특성들

– 군중의 정신을 단일화시키는 심리법칙

"군중(群衆, *foule*)"이라는 말은 일반적으로 한 자리에 모인 개인들의 집단을 의미하는 말로 통용되는데, 그런 집단은 그렇게 모인 개인들의 국적이나 직업이나 성별과도 무관하고, 그들을 모이도록 자극한 우연한 계기들과도 무관하다. 심리적 관점에서 보면 "군중"이라는 표현은 대단히 다양한 의미를 나타낸다. 특정한 여건에서, 그리고 오직 그런 여건에서만 형성되는 이 인간의 무리는 그런 무리를 형성한 개인들의 특성과는 판이한 새로운 특성들을 드러낸다. 그렇게 집단화된 모든 개인의 감정과 생각은 단일하고 동일한 방향으로 집중되어 각자가 지닌 의식의 개성은 소멸하고 만다.

그런 집단정신은 일시적인 것이 틀림없지만 대단히 명확한 특성들을 드러낸다. 그렇게 집단화된 개인들을, 당장 더 나은 표현을 찾지 못하는 나로서는 '조직적 군중(*foule organisée*)'으로 부를 것이고, 조금 더 정확하게는 '심리적 군중(*foule psychologique*)'이라고 불러도 무방하다고 본다. 그런 군중은 단일체를 형성하여 '군중의 정신을 단일화시키는 법칙(*loi de l'unité mentale des foules*)'에 종속된다.

수많은 개인들이 우연히 한자리에 모였다는 사실을 자각하더라도 조직된 군중의 성격을 획득하지 않는다는 것은 분명하다. 어느 광장에 천 명의 개인이 우연히 모였더라도 아무런 확고한 목적의식을 지니지 못했다면 심리적 관점에서 볼 때 그들은 결코 군중의 성격을 띠지 못한다. 그들이 군중의 고유한 특성들을 획득하려면 반드시 일정한 감화력(excitants)을 지닌 원인들의 영향을 받아야 하기 때문이다. 우리는 바로 그런 원인들의 본성을 명확히 파악해야 할 것이다.

각자가 지닌 의식의 개성이 사라지고 감정과 생각이 규정된 방향으로 집중되는 현상은 한창 조직되고 있는 군중의 대표적인 특성이지만, 같은 장소에 수많은 개인이 동시에 모였다고 해서 반드시 그런 현상이 나타나는 것은 아니다. 수천 명의 고립된 개인들도 특정한 순간에, 특히 — 예컨대 국가적인 중대사건을 보고 — 격렬한 감정에 휩싸이면 군중심리의 특성들을 획득할 수 있다. 그럴 경우에 단순한 계기만 부여해도 군중 특유의 행동성격을 일단 띠기 시작한 그런 개인들의 집단행동을 충분히 부추길 수 있을 것이다. 대여섯 명만 모여도 군중심리가 형성될 때가 있는 반면에, 수백 명이 우연히 모여도 군중심리가 형성되지 않을 때가 있다. 그런 한편으로 평소에는 눈에 띄는 무리를 형성하지 않는 일국의 국민도 어느 정도 위력적인 정책이 시행되는 동안에는 군중으로 변할 수 있다.

군중심리는 일단 형성되기만 하면 다소 잠정적이면서도 일정한 결정력을 지닌 일반적 특성들을 획득한다. 이런 일반적 특성들과 인접하여 군중의 구성요소에 따라 변하고 군중의 정신구조도 변화시킬 수 있는 군중심리의 특수한 성격들이 존재한다. 그렇기에 심리학적 군중은 분류하기 쉬운 편이다. 이 책의 제3장에서 군중을 이렇게 심리학적으로 분류해볼 것인데, 그럼으로써 상이한 요소들로 구성된 이질적 군중도, 다소 유사한 요소들(파벌, 카스트, 계급 등)로 구성된 동질적 군중과 일정한 특성들을 공유한다는 사실뿐 아니라, 그런 공통특성들과 병행하여 두 부류의 군중이 가진 차이들을 구별할 수 있게 해주는 특수성들도 드러낼 것이다.

그러나 군중의 다양한 부류를 살펴보기 전에 우리는 무엇보다도 그 모든 부류가 공유하는 특성들을 먼저 검토해야 할 것이며, 그러기 위해 우리는 박물학자처럼 작업을 진행해야 한다. 박물학자의 작업방법은 과(科)에 포함되는 속(屬)과 종(種)의 차이를 구별할 수 있게 해주는 특수한 성격들을 묘사하기 전에 과(科)의 모든 구성원이 공유하는 일반적 성격들을 묘사하는 것이다.

군중의 정신구조를 정확히 묘사하기는 쉽지 않다. 왜냐하면 군중조직은 민족과 기질에 따라 다를 뿐만 아니라 군중을 복종시키는 선동적 원인들의 본성과 강도(強度)에 따라서도 달라지기 때문이다. 물론 이런 난관은 개인의 심리를 연구할 때도 똑같이 발생한다. 평생을 변함없이 일관된 성격으로 살아가는 개인은 소설 같은 데서나 발견될 따름이다. 획일적인 환경만이 명확히 획일적인 성격을 창출할 수 있는 법이다. 모든 정신구조는 환경이 급변하면 확연히 표출될 수 있는 성격의 가능성들을 내포하고 있음을 우리는 다른 곳에서 확인한 바 있다. 이 사실은 프랑스 국민공회[3]의 가장 야만적인 의원들 가운데 평상시라면 선량한 공증인이나 점잖은 행정관이 되었을지 모르는 온순한 시민들도 섞여있었던 이유를 설명해준다. 혁명의 폭풍이 잦아들자 그들은 온순하고 준법적인 시민들이 지닌 정상적인 성격을 되찾았다.

여기서 군중이 조직되는 모든 단계를 상세히 살펴보기는 불가능하기 때문에 완전히 조직된 단계로 접어든 군중에만 초점을 맞추어보기로 하겠다. 그렇게만 해도 우리는 군중은 절대로 변하지 않는 것이 아니라 언제든지 변할 수 있는 것임을 알 수 있다. 이처럼 조직적으로 발달된 단계에 도달한 군중만이 새롭고 특수한 성격들을 자민족의 변함없고 지배

---

3) 國民公會(Convention Nationale/ French National Convention): 프랑스혁명기간 중에서도 가장 위태로운 시기였던 1792년 9월 20일부터 1795년 10월 26일까지 프랑스를 통치했던 의회 — 옮긴이.

적인 성격에 중첩시킬 수 있으며, 앞에서도 언급했듯이 집
단화된 모든 감정과 생각을 단일하고 동일한 방향으로 집중
시킬 수 있다. 또한 그렇게 발달된 단계에서만 내가 앞에서
'군중의 정신을 단일화시키는 심리법칙'이라고 부른 것도
제 역할을 할 수 있다.

군중심리의 특성들 중에는 고립된 개인들의 특성과 공통
적인 것으로 보이는 것들도 있는 반면, 개인들의 특성과는
완전히 달라서 오직 집단에서만 찾아볼 수 있는 것들도 있
다. 우리가 군중의 중요성을 입증하기 위해 가장 먼저 연구
해야 할 것도 바로 군중만이 지닌 이런 고유한 특성들이다.

군중심리가 드러내는 가장 괄목할 특징은 다음과 같다.
군중을 형성한 개인들이 누구든 그들의 생활양식, 직업, 성
격, 지능이 유사하든 아니든 그에 상관없이 그들이 군중으
로 변모했다는 사실이 그들을 하나의 집단정신에 소속시켜
버린다. 이런 집단정신은 군중에 포함된 개인들이 고립된
개인들과는 매우 다르게 느끼고 생각하고 행동하도록 조장
한다. 군중을 형성하는 개인들을 제외한 나머지 개인들 사
이에서는 생기지 않거나 행동으로 옮기지 않는 사상이나 감
정도 존재한다. 하나의 생명체를 구성하는 세포들이 흩어졌
다 재결합하면 각 세포가 단독으로 소유하던 성격들과는 매
우 상이한 성격들을 드러내는 새로운 생명체를 형성하듯이,

군중심리도 이질적인 요소들이 잠시 재결합되어 형성된 일시적인 것이다.

허버트 스펜서[4] 같은 철학자가 피력한 날카롭고도 경이로운 견해와는 반대로, 군중을 구성하는 혼성집단에는 여러 구성요소들을 한마디로 요약하거나 확실한 하나의 기준으로 설정할만한 성질이 존재하지 않는다. 비유하자면, 마치 염기성물질과 산성물질 같은 화학물질들을 접촉시켜 합성하면 그것들의 본래 성질과 매우 상이한 성질을 지닌 새로운 물질이 생기는 경우와 흡사하게 군중도 새로운 성격들이 합성된 결과 생겨난 것이기 때문이다.

군중을 형성하는 개인이 고립된 개인과 얼마나 다른지를 증명하기는 쉬운 반면에 그런 차이를 유발하는 원인들을 발견하기는 쉽지 않다.

그 원인들을 조금이라도 파악하려면 현대 심리학이 진리로 규정한 사실, 즉 모든 무의식적 현상들은 유기체의 생활뿐만 아니라 지식인의 활동에도 우세한 영향력을 발휘한다는 사실을 가장 먼저 고찰해야 할 것이다. 정신의 의식적 생활보다는 무의식적 생활이 훨씬 중요하다. 가장 치밀한 분

---

4) Herbert Spencer(1820~1903): 영국의 철학자. 36년간에 걸쳐 총10권으로 집필한 『종합철학체계 *The Synthetic Philosophy*』(1860)는 성운(星雲)의 생성부터 인간사회의 도덕원리 전개에 이르는 모든 것을 진화(evolution)원리에 따라 조직적으로 서술한 대작으로 평가된다. 특히 그는 철학과 과학과 종교를 융합하려고 노력했다 ― 옮긴이.

석가나 가장 날카로운 관찰자도 자신의 행동을 결정하는 무의식적 원인들을 거의 발견하지 못한다. 우리의 의식적 행동들은 주로 우리에게 유전된 것들의 영향을 받아 정신의 심층에서 형성된 무의식의 소산이다. 이런 정신의 심층무의식은 여러 세대를 거쳐 유전되어 한 민족의 천부적 특성을 구성하는 무수한 공통특성들을 이루게 된다. 우리가 밝힌 확연한 행동원인들의 배후에는 우리가 분명히 공언하지 못하는 비밀스러운 원인들이 도사리고 있음은 의심할 나위없지만, 이런 비밀스러운 원인들의 배후에도 우리가 전혀 모르는 또 다른 다수의 비밀스러운 원인들이 은폐되어있다. 우리의 일상적인 행동은 대부분 우리가 관찰하지 못하는 은폐된 원인들의 결과이다.

그래서 모든 개인이 소속된 민족의 특성을 구성하는 무의식적 요소들이 서로 유사하다는 사실을 주목하면서도 그 민족의 성격을 구성하는 의식적 요소들 — 교육의 결과를 포함하여 이례적으로 유전된 여러 조건들 — 이 서로 다르다는 사실도 각별히 주목할 필요가 있다. 지적으로 가장 큰 차이를 보이는 사람들도 아주 비슷한 본능, 정염, 감정을 지녔을 수 있다. 감정의 왕국에 속하는 모든 방면 — 종교, 정치, 도덕, 애정이나 혐오감 등 — 에서는 가장 저명한 개인들조차 가장 평범한 개인들의 수준을 능가하기는 극도로 어렵다. 지식의 관점에서 보면 위대한 수학자와 그의 저서를 제작하는 업자의 차이는 깊고 넓은 심연으로 보일 수 있겠지만, 성격의 관점에서 보면 수학자와 도서제작업자의 차이는 대단히 미미하거나 아예 존재하지 않을 수도 있다.

이런 성격의 일반적인 성질들은 우리가 의식하지 못하는 힘의 지배를 받을 수밖에 없고, 각자가 속한 민족의 대단히 동등하고 정상적인 개인들의 다수결에 따를 수밖에 없다. 다시 말하면 군중의 공통속성으로 변하는 것은 정확히 이런 성질들이라는 말이다. 집단정신에 사로잡힌 개인들의 지적 재능은 약해지고 그 결과 그들의 개성도 약해진다. 이질성은 동질성에 압도당하고 무의식적 성질들이 우위를 차지한다.

군중이 이처럼 일반적인 성질들을 공유한다는 사실이야말로 그들이 고도의 지식수준을 요구하는 행동을 결코 하지 못하는 이유이다. 전체적인 관심현안들에 대한 판단과 결정은 특출한 전문가들의 회합에 맡기게 되지만, 다양한 방면에서 생활하는 전문가들도 저능한 사람들의 집단이 내릴 수 있는 결정보다 확연히 우월한 결정을 내리지는 못한다. 그래서 그들이 모든 평균적인 개인이 타고나는 평범한 소질과 권리를 만족시키는 평범한 활동밖에 할 수 없다는 것은 진실이다. 군중의 진실은 어리석음이지 축적된 상식이나 타고난 지혜가 아니다. '세상 모든 사람의 지혜를 모두 합하면 볼테르(François-Marie Arouet Voltaire, 1694~1778)의 지혜보다 낫다’는 속설도 있지만, "세상 모든 사람"을 군중으로 이해한다면 ‘세상 모든 사람의 지혜를 모두 합해도 볼테르의 지혜보다 못하다’고 말해야 훨씬 정확할 것이다.

군중에 속한 개인들이 각자가 지닌 평범한 성질들을 공유하는 데만 머문다면, 그들이 얻을 것은 우리가 지금까지 엄연한 사실로 언급해온 새로운 특성들이 아니라 하나의 확고한 평균기준밖에 없을 것이다. 그렇다면 이런 새로운 특성들은 어떻게 생겨날까? 지금부터 우리가 조사할 것은 바로 이 문제이다.

다양한 원인들이 고립된 개인들은 소유하지 못하고 오직 군중만이 획득할 수 있는 이런 고유한 특성들을 결정한다. 첫째원인은 개인이 군중에 포함되면 단지 자기와 함께 있는 사람들 수가 많다는 생각만으로도 자신이 무소불위의 힘을 지녔다는 감정을 품을 수 있다는 데 있다. 그런 무적의 힘은 그런 개인이 고립된 상태에서는 강제로 억누를 수밖에 없던 본능에 복종할 수 있도록 허용한다. 그는 익명의 군중이 됨으로써 언제나 개인들을 통제하는 책임감도 완전히 떨쳐버리고 무책임하게 된 나머지 자제하려는 생각도 훨씬 덜하게 될 것이다.

둘째 원인은 감염력(*contagion*)을 가졌는데, 그것은 군중의 고유한 특성들의 표출여부가 결정되는 과정에 개입함과 동시에 군중이 수용할 유행에도 간섭한다. 감염은 현실화되기는 쉬우나 설명하기는 어려운 현상이다. 그것은 최면에 걸리기 쉬운 부류의 사람들이 보이는 현상들 가운데 하나로 분류되어야 마땅한데, 여기서 이 현상을 잠시 살펴보고 넘어가기로 하자.

군중의 모든 감정과 행동은 감염력을 지녔다. 더구나 그런 감염력은 심지어 개인으로 하여금 집단의 이익을 위해 자기의 이익마저 기꺼이 희생하게 만들 정도로 강력하다. 그런 희생정신은 개인의 본성과는 상반되는 성격을 지닌 성질이어서 군중에 참여하지 않는 개인이 발휘기는 거의 힘든 것이다.

단연코 가장 중요한 셋째 원인은 군중에 합세한 개인들이 드러내는 고유한 특성들을 결정짓는다. 그런 특성들은 고립된 개인이 드러내는 특성과 상반되는 성격을 드러내기도 한다. 나는 이 원인을 피(被)암시성(*suggestibilité*)이라는 말로 표현하고 싶은데, 이것은 내가 앞에서 언급한 감염력의 정확한 효과라고 할 수 있기 때문이다.

이런 현상을 이해하려면 최근에 이룬 심리학적 발견들을 고찰할 필요가 있다. 우리는 오늘날 개인이 다양한 과정을 거쳐 의식의 개성을 완전히 상실한 채 그런 개성을 박탈한 선동자의 모든 암시에 순종하고 자신의 본래 성격 및 습관과는 완전히 모순적으로 행동하고 마는 상황에 처할 수 있음을 잘 알고 있다. 가장 신중한 관찰자들은 일정시간 군중 속에 뛰어들어 행동하던 개인도 얼마 지나지 않아 자신이 ― 군중이 발산하는 매력에 현혹되거나 우리가 모르는 또 다른 원인에 이끌려 ― 특별한 상태에 휘말렸다고 자각할 수 있음을 증명할 수 있을 것이다. 그런 특별한 상태란 최면에 걸린 개인이 최면술사의 손짓이 자신을 최면에 빠지도록 현혹했음을 자각하는 상태와 매우 흡사하다. 최면에 걸려 두뇌가 마비된 사람은 최면술사가 그의 척수신경을 마음대로 조종하여 유발할 수 있는 모든 무의식적 활동의 노예로 전락하고 만다. 그동안 의식의 개성은 완전히 소멸되고 의지와 분별력도 상실하고 만다. 그리고 모든 감정과 생각은 최면술사가 결정한 방향으로만 집중된다.

이런 상태와 흡사한 것이 심리적 군중에 속한 개인의 상태이기도 하다. 그런 상태의 개인은 자신의 행동을 더 이상 의식하지 않는다. 그는 최면에 걸린 사람처럼 그의 어떤 자질들은 파괴됨과 동시에 또 다른 자질들은 대단히 고양될지도 모른다. 암시에 걸린 사람은 저항할 수 없는 충동에 휩싸여 행동할 수도 있기 때문이다. 이런 충동은 최면에 걸린 사람보다는 군중 사이에서 더욱 강력한 위력을 발휘한다. 왜냐하면 군중을 형성한 개인들 모두가 동일하게 걸린 암시는 상호작용을 함으로써 더욱 강력한 위력을 획득하기 때문이다. 그런 암시에 충분히 저항할 수 있을 만큼 강한 개성을 소유한 개인들 중에서도 일단 군중에 포함되면 그런 암시에 저항하여 싸울 수 있는 개인은 극히 드물다. 설령 그렇게 저항하는 개인들이 있더라도 그들은 기껏해야 다른 암시를 걸어서 군중의 관심을 딴 데로 돌리기 위한 시도밖에 하지 못할 것이다. 그런 시도의 일환으로, 예컨대 행복의 표상이나 이미지[5]를 시기적절하게 환기하여 최악의 유혈사태를 초래할 수 있는 군중의 행동을 잠시나마 저지했던 경우도 없지는 않았다.

하여간 이로써 군중은 의식의 개성이 소멸하는 경향, 무의식의 개성이 우위를 점하는 경향, 감정과 생각이 암시에 걸리고 감염됨으로써 동일한 방향으로 집중되는 경향, 암시된 생각을 즉시 행동으로 옮기는 경향을 지녔음이 밝혀졌다. 또한 이런 경향들이 군중을 형성하는 개인의 일차적 특성들이라는 것도 밝혀졌다. 그런 개인은 이제 더는 그 자신이 아니어서 자신의 의지대로 움직이지 못하는 자동인형으

---

5) 르 봉은 이 책에서 '이미지(image)'를 '군중이나 개인의 상상력에 작용하여 비현실적인 것(허상, 허구, 가상, 공상, 망상 등)을 현실적인 것(사실, 실상, 실물, 실체 등)과 혼동하게 만드는 상상력의 산물 또는 매체(심상, 연극, 영상, 사진, 공연 등)'를 의미하는 용어로 사용한다 — 옮긴이.

로 전락하고 만다.

　더구나 그런 개인은 조직된 군중을 형성한다는 단순한 사실만으로도 문명의 사다리를 몇 단계나 내려간 인간으로 전락한다. 고립되어 있었다면 교양 있는 개인으로 남을 수 있었던 개인도 군중이 되면 야만인, 즉 본능에 따라 행동하는 동물로 전락하고 마는 것이다. 그런 개인은 무의식성, 폭력성, 잔인성을 지녔을 뿐만 아니라 원시인들처럼 열광적이고 영웅숭배적인 성향을 보이기도 한다. 그는 편의주의에 빠지기도 쉬워서 — 특히 고립된 개인들에게는 아무 영향을 주지 않지만 군중에게는 강제력을 발휘하는 — 언어와 이미지에 맹목적으로 감화되기도 하고 자신의 가장 확실한 이익이나 가장 익숙한 습관과 상반되는 행동도 쉽사리 저지르는 경향을 보인다. 그래서 군중이 된 개인은 바람에 따라 이리저리 몰려다니는 모래더미에 섞인 한 알의 모래나 다름없다.

　바로 이런 이유들 때문에 법정의 배심원단도 배심원 개인이라면 찬성하지 않을 평결을 내렸을 것이고, 의회의원들도 의원 개인이라면 소신에 따라 반대할 수 있을 법률이나 정책들을 채택했을 것이다. 국민공회의원들도 개별적으로는 온순한 습성을 지닌 시민들로 계몽될 수 있었을 것이다. 그러나 그들은 일단 군중으로 단결되자 가장 야만적인 법안들도 서슴없이 지지했고, 가장 결백한 개인들도 서슴없이 단

두대에 세웠으며, 심지어 자신들이 누리던 신성한 권리마저
포기하고 자신들에게도 10분의 1세를 부과하는 등 자신들
의 이익에 역행하는 짓까지 서슴없이 저질렀다.

군중이 합세한 개인을 본래 그 자신과 본질적으로 다르게
만드는 것은 단지 그의 행동만이 아니다. 그가 자신의 독자
성을 완전히 상실하기 전부터 이미 그의 사상과 감정도 변
화를 겪는데, 그런 변화는 구두쇠가 낭비가로, 의혹주의자
가 신앙인으로, 정직한 사람이 범죄자로, 군중이 영웅으로
변하는 과정만큼이나 심원하고 본질적인 것이다. 저 유명한
1789년 8월4일 밤[6] 열광의 도가니에 휩싸여 자신들의 특권
을 포기하는 데 동의했던 프랑스 귀족들도 개인적으로 특권
을 포기하는 데는 결코 동의하지 않았을 것이다.

지금까지 살펴본 결과 군중의 지성은 언제나 고립된 개인
의 지성보다는 열등하지만, 감정과 그것이 촉발하는 행동의
관점에서 본 군중은 상황에 따라 개인보다 우등할 수도 있
고 열등할 수도 있다. 이 모든 것은 군중이 걸리는 암시의
성격에 좌우된다. 바로 이것이 군중을 범죄의 관점에서만
연구해온 작가들이 완전히 오해했던 것이다. 군중이 때로는
범죄를 저지를 수 있음은 의심할 나위없지만 때로는 영웅적

---

6) 이날 밤에 프랑스 국민의회는 봉기한 농민들을 진정시키기 위해 봉건체제와 10분의 1세를 폐지한다는 법령을 공포했다 ― 옮긴이.

인 면모도 보여준다. 하나의 신조나 사상의 승리를 위하여 죽음도 불사할 수 있는 사람들은 고립된 개인들이라기보다는 오히려 군중이다. 또한 군중은, 예컨대 식량도 무기도 거의 없이 이교도들로부터 그리스도의 무덤을 기키기 위해 자발적으로 나섰던 십자군들이나, 1793년과 같은 정세[7]에서 조국을 수호하는 데도 앞장선 국민들이 획득한 바와 같은 영광과 명예에 열광하기도 더욱 잘 한다. 그런 영웅적인 행동은 다소 무의식적인 것이 틀림없지만, 바로 그런 행동이 역사를 만들기도 한다. 그래서 세상에 냉철하고 위대하게 행동하는 사람만 존재했다면 세계의 연대기들에 기록된 사람은 극소수에 불과했을 것이다.

---

7) 프랑스를 지배하던 국민공회는 1793년 1월 루이 16세를 처형하고 영국, 네덜란드, 에스파냐에 선전포고를 했다 — 옮긴이.

제2장 군중의 감정과 도덕

여기서는 앞에서 개괄해본 군중의 주요 특성들을 조금 더 구체적으로 살펴볼 것이다.

주목할만한 것은 군중의 고유한 특성들 가운데는 열등한 진화유형에 속하는 — 여성, 미개인, 어린이 같은 — 인간들을 관찰하면 거의 언제나 발견할 수 있는 여러 특성들 — 충동성, 과잉반응성, 추론력 결핍, 판단력과 비판정신 부재(不在), 과장된 감정표현을 포함하는 특성들 — 도 존재한다는 사실이다. 그러나 나는 이런 특성들을 비유적으로 암시하는 선에서 머물 것인데, 이 짧은 책만으로는 그것들의 존재를 입증하고 해명하기가 힘들기 때문이다. 더욱이 그런 입증이나 해명은 원시인들의 심리에 정통한 사람들에게는 쓸모가 없을뿐더러 그런 심리에 무지하거나 무관심한 사람들에게 설득력을 발휘하기도 거의 힘들 것이기 때문이다.

그러면 지금부터 대다수 군중한테서 관찰될 수 있는 여러 특성들을 차례로 살펴보기로 하겠다.

1. 군중의 충동성, 도덕성, 과잉반응성

군중의 기본특성들을 연구하는 사람들은 거의 전적으로 무의식적 동기(動機)들이 군중을 이끈다고 말한다. 군중의 행동은 두뇌의 영향보다는 척수신경의 영향을 훨씬 많이 받는다. 이런 견지에서 군중은 원시인들과 훨씬 가까워보인다. 그들의 행동은 파괴적인 결과를 낳을수록 더 완벽해질 수 있다. 그러나 그런 행동은 두뇌의 지휘를 받지 않듯이, 개인의 행동도 그가 자발적으로 복종하는 자극원인에 따라 변할 수 있다. 군중은 그들을 자극하는 모든 외부원인을 기꺼이 수용할 뿐 아니라 그런 원인들의 끝없는 변화에도 반응한다. 그래서 군중은 그들이 받은 자극에 반응하려는 충동의 노예이다. 고립된 개인도 군중 속의 개인이 복종하는 것과 동일한 자극원인에 복종할 수 있다. 그러나 고립된 개인의 두뇌는 그런 원인들에 복종하기는 어리석은 짓임을 그에게 경고하기 때문에 그도 복종하는 일은 삼간다. 이 사실을 심리학적으로 요약하면 '고립된 개인은 반사적 행동을 자제할 능력을 보유한 반면, 군중은 그런 능력을 결여했다'는 말로 표현할 수 있을 것이다.

군중이 복종하는 다양한 충동들은 그것들을 자극한 원인들에 따라 관대하거나 잔인할 수 있고 영웅적이거나 비겁할

수도 있다. 그러나 그런 충동들은 언제나 긴급하고 전제적
인 것이어서 개인의 이익이나 심지어 자기보존에 대한 관심
도 그것들을 지배하지 못할 것이다. 군중에게 영향을 미칠
수 있는 자극원인들은 아주 변화무쌍하고 군중은 언제나 그
런 원인들에 순종하기 때문에 군중은 변덕스럽기 그지없다
는 결론이 도출된다. 이런 결론은 가장 잔혹하고 광포한 만
행을 저지르던 군중이 어느새 가장 관대하고 영웅적으로 행
동하는 군중으로 돌변하는 과정을 우리가 목격할 수 있다는
사실로도 설명된다. 군중은 쉽사리 사형집행인이 될 수 있
는 만큼 순교자가 되기도 쉽다. 모든 신앙이 승전보를 울리
기 위해 흘려야 하는 막대한 피의 공급원도 바로 군중이기
때문이다. 군중이 그렇게 많은 피를 흘리며 순교자가 될 수
있다는 것을 확인하기 위해 굳이 고대의 영웅시대까지 거슬
러 올라갈 필요는 없다. 폭동이나 반란에 참가한 군중은 결
코 자기목숨을 아끼지 않는데, 근래에 갑자기 유명해져 짧
은 기간 군중의 인기를 독차지했던 어느 장군[8]도 그가 내세
운 대의를 위해 기꺼이 목숨을 버리겠다는 사람 십만 명 정
도는 쉽게 모을 수 있었을 것이다.

그래서 군중이 미리 계획한 생각을 행동으로 옮길 가능성
은 아예 없다. 그들은 가장 상반된 감정들을 연속적으로 자
극 받아도 매번 상반된 감정에 고무되어 행동할 수 있지만,

언제나 그렇게 일시적으로 작용하는 자극원인의 영향만 받을 것이다. 그들은 마치 거센 바람이 불면 어지럽게 날아올라 사방으로 흩어졌다가 바람이 그치면 땅으로 추락하는 낙엽과 같다. 나중에 혁명적 군중을 살펴보면서 이런 군중감정들의 가변성을 잘 보여주는 몇 가지 사례를 제시할 것이다.

이런 군중의 변덕은 특히 공권력의 수단이 그들의 수중에 떨어졌을 때 그들을 통제하기 매우 어렵게 만든다. 일상생활에 필수적인 것들이 보이지 않는 생존원칙을 구성하지 않았다면, 그 원칙이 민주제도들을 위한 것으로 최근까지 살아남기는 거의 힘들었을 것이다. 더구나 군중의 소망은 잠시 격렬해질 수는 있어도 결코 오래가지 못한다. 군중은 스스로 장시간 사고할 능력을 소유하지 못했기 때문이다.

군중은 단지 충동적이고 변덕스럽기만 한 것은 아니다. 야만인과 같은 군중은 자신들의 욕망과 그 욕망의 실현 사이에

---

8) 이 장군은 불랑제(Georges Ernest Jean Marie Boulanger, 1837~1891)이다. 그는 프랑스-프로이센 전쟁에 패배한 프랑스가 독일에 설욕해야 한다고 주장함으로써 1880년대의 짧은 기간에 대단한 인기를 얻었다. 이른바 불랑제즘(Boulangism)으로 불리는 프랑스판 나치즘을 선동하여 프랑스의 정권을 장악하려던 그는 제3공화국을 붕괴위기까지 몰아갔다. 사관학교를 졸업한 1856년 프랑스육군에 입대하여 이탈리아, 알제리, 인도차이나 등지에서 복무했고, 특히 프랑스-프로이센전쟁 당시 프로이센군대에 포위당한 파리를 사수하는 데 일력을 담당하기도 했다. 1886년 프랑스 내각의 육군장관이 된 그는 모든 계층의 이익을 도모하는 개혁정책을 도입하고 공공연하게 인기전술을 구사했는데, 특히 프랑스 민중의 독일에 대한 반감에 편승하여 대(對)독일 강경정책을 추진하고 군비강화를 주장하였으며 왕당파와 결탁하여 독재체제를 주장하는 정치운동을 벌였다. 말을 탄 채 연설하던 그의 모습은 '메넌호스백(Men on Horseback)'이라는 말이 처음으로 '정치선동가' 내지 '군사독재자'의 의미로도 사용된 계기였다. 1889년 반역혐의로 추방된 그는 1891년 권총으로 자살했다. 그렇게 짧은 기간에 군중의 열광적인 호응을 받았던 그는 사실 정치적으로도 여러 차례 치욕을 당했을 뿐 아니라 연설솜씨도 형편없었다고 전해진다 — 옮긴이.

있을 수 있는 모든 장애나 간섭을 인정하지 못한다. 많은 인원수가 부여한 세력 덕분에 무소불위의 능력을 얻었다는 감정에 빠진 군중이 그런 간섭을 이해할 가능성 역시 줄어든다. 군중에 합세한 개인은 불가능성을 이해할 능력도 상실하기 때문이다. 고립된 개인은 홀로 궁궐에 불을 지르거나 상점을 약탈하지 못한다는 것을 충분히 알 것이고, 그리하고 싶은 유혹을 느껴도 쉽사리 그런 유혹을 떨쳐버릴 수 있을 것이다. 군중의 일원이 된 개인은 많은 인원수가 자신에게 부여하는 권력을 자각한다. 그런 개인은 유혹에 즉시 복종함으로써 살인이나 약탈도 감행할 수 있다고 생각할 가능성도 충분하다. 격노한 군중은 예기치 않은 장애물도 파괴할 것이다. 인간의 신체구조가 맹렬한 정염을 항구적으로 표출할 수 있었다면, 억눌린 욕망을 가진 군중의 정상적인 조건도 바로 그런 맹렬한 정염이 표출되는 상태였을지 모른다.

모든 민족의 감정이 솟아나는 영원한 원천을 구성하는 기본특성들은 언제나 군중의 과잉반응성, 충동성, 변덕에 영향을 줄 뿐만 아니라 우리가 앞으로 연구해야 할 모든 민중의 감정에도 영향을 준다. 모든 군중은 언제나 의심할 나위 없이 과잉반응하고 충동적으로 행동하지만 그 정도는 대단히 다양하다. 예컨대 라틴계 군중과 앵글로색슨계 군중의 차이는 확연하다. 라틴계에 속하는 프랑스에서 최근에 발생한 역사적 사건들을 조명해보면 이런 차이를 실감나게 확인할 수 있다. 25년 전 프랑스의 외교관이 모욕적인 언사를 보였다는 식으로 꾸민 전보 내용이 독일의 언론에 발표된 단순한 사건조차 군중의 분노를 폭발시키기에 충분했고 그 분노는 즉시 가공할 전쟁[9]으로 치달았다. 또한 몇 년 후 랑손[10]에서 프랑스군대가 약소한 패배를 당했음을 알리는 전보가 발표되자 군중은 새로운 분노를 폭발시켰고 정권마저 순식간에 전복시키고 말았다. 그러나 같은 시기에 영국의 원정군이 카르툼[11]에서 연일 훨씬 심각한 피해를 입고 있다는 소식을 접한 영국의 군중은 약간 술렁이기만 했을 뿐 정

---

9) 프랑스–프로이센 전쟁. 이것은 에스파냐 국왕선출 문제를 둘러싸고 벌어진 전쟁이었지만, 그 과정에서 발생한 '엠스전보(電報)사건(Ems Dispatch)'도 중요한 계기로 작용했다. 사건의 개요는 이렇다. 에스파냐 왕위계승문제를 두고 프랑스와 프로이센의 관계가 악화일로에 있던 1870년 7월13일 베네데티(Benedetti)라는 프랑스 대사가 독일의 헤센나사우[Hesse-Nassau: 독일 에센 주 북부에 있는 도시 마르부르크(Marburg)]에 있는 온천장 엠스(Ems)를 방문하여 프로이센의 왕 빌헬름 1세(Wilhelm I, 1797~1888)와 회담을 가졌다. 이 회담의 내용은 베를린에 있던 수상 비스마르크(Otto Eduard Leopold von Bismarck, 1815~1898)에게 전보로 알려졌는데, 비스마르크는 프랑스를 상대로 전쟁을 벌이는 데 이 전보를 이용하려고 그 내용을 프랑스 대사가 프로이센 국왕을 모욕했다는 인상을 풍기게 조작하여 신문에 발표해버렸다. 프로이센의 국민여론이 비등하면서 프랑스에 대한 강경론으로 기울었다. 그 결과 프랑스에서도 프로이센을 상대로 전쟁을 벌이자는 여론이 우세해짐으로써 프랑스–프로이센 전쟁이 벌어졌다 — 옮긴이.

10) Langson: 베트남 하노이(Hanoi)에서 북동쪽으로 140km, 중국의 광시좡족(廣西壯族)자치구와 접하는 국경에서 약 20km 떨어진 곳에 위치한 도시. 일찍이 베트남 국경지방의 상업중심지로 발달한 이 도시는 한때 프랑스 군대에게 점령당하여 경제적으로 수탈당하는 아픔을 겪기도 했다. 이후 여러 차례에 걸쳐 중국의 베트남 침입군이 이곳을 통과하였으며, 베트남전쟁기간에는 원조물자 수송기지로서도 중요한 역할을 했다 — 옮긴이.

11) Khartoum: 수단의 백(白)나일 강과 청(靑)나일 강 합류점의 남안에 위치한 도시. 이 도시는 1824년 이집트의 요새로 건설되어 1884년 영국에게 점령당했다가 1885년에 마흐디(Mahdi)의 반란군에게 파괴되었고, 1898년부터 다시 영국에 의해 재건된 이후 수단의 정치·경제·문화의 중심지가 됐다. 장기간의 포위공격 끝에 1885년 1월26일 카르툼을 함락시킨 마흐디의 반란군은 그곳을 사수하던 영국의 고든(Charles George Gordon, 1833~1885) 장군을 위시한 많은 병사들을 살해했다고 한다 — 옮긴이.

부는커녕 관련부서조차 전복시키지 않았다. 군중은 어디서나 여성적인 특성들을 드러내지만 그중에서도 라틴계 군중은 가장 여성적인 특성을 보인다. 그들을 신뢰하는 자는 누구나 순식간에 고상한 운명을 획득할 수는 있어도, 타르페이아 바위절벽[12]의 아슬아슬한 가장자리만 영원히 배회해야 할 운명을 짊어진 나머지 언젠가는 절벽 밑으로 추락하고 말 것이다.

2. 군중의 피암시성과 잔인성

우리는 앞에서 군중을 정의하면서 그들의 일반적 특성들 가운데 하나가 과도한 피암시성이라고 규정했고, 암시는 모든 인간무리에서 일정하게 발휘하는 감염력을 지닌 것임을 이해했으며, 그런 사실 때문에 군중의 감정이 정해진 방향으로 급속히 집중된다는 것도 알았다. 아무리 냉담하게 보이는 군중도 대개는 암시를 기대하고 주목하기 마련이라서 그들에게 암시를 걸기도 쉽다. 최초의 암시는 공식화되자마

---

12) Tarpeian Rock(rupes Tarpeia): 로마의 카피톨리노 언덕(Mons Capitolino) 정상의 남쪽에 있는 깎아지른 바위절벽. 고대 로마 공화정 시대에 이 절벽은 사형선고를 받은 살인범이나 반역자를 절벽 아래로 떨어뜨려 사형을 집행하는 장소로 사용되었다고 한다 — 옮긴이.

자 감염력을 발휘하여 집단화된 모든 두뇌에 이식되고, 군중의 감정이 집중되는 동일한 성향도 그 즉시 기정사실이 되어버린다.

흔히 그렇듯 암시에 걸린 모든 개인은 일단 두뇌로 진입한 사상을 행동으로 옮기려는 경향을 보인다. 그래서 군중은 왕궁에 불을 지르든 자기를 희생하든 한결같이 쉽사리 행동한다. 군중의 모든 행동의지를 좌우하는 것은 자극원인의 본성이지만, 고립된 개인의 행동의지를 좌우하는 것은 암시된 행동과 그런 행동을 자제하도록 촉구하는 이성이 제시하는 모든 이유 사이의 관계들이다.

그리하여 모든 비판능력을 박탈당한 이성능력에 호소하지 못하고 지나치게 잘 속아 넘어가기밖에 못하는 인간들 특유의 모든 감정적 과격성을 드러내는 군중은 모든 암시에 기꺼이 복종할 태세로 무의식의 변경지대를 끝없이 배회한다. 군중에게 불가사의한 것은 없는데, 바로 이런 사실을 명심해야만 세상에서 가장 불가사의한 전설이나 이야기[13]가 그토록 쉽사리 창작되고 전파되는 이유도 이해할 수 있다.

---

13) (프랑스–프로이센전쟁 중에 1870년 9월부터 휴전협정이 체결된 1871년 1월까지 5개월간 프로이센군대에) 포위된 파리에서 살았던 사람들은 군중이 이처럼 속아 넘어가기 쉬운 특유의 고지식함을 드러내는 무수한 사례를 목격했다. 그 당시 조금만 다시 생각해도 몇 킬로미터나 떨어진 먼 곳에 있는 촛불을 육안으로 도저히 확인할 수 없다는 것이 명백했는데도, 어느 건물의 상층에서 촛불 하나가 켜지자마자 그것이 포위군대에 보내는 신호라며 난리가 나기도 했다.

군중에게 그토록 쉽게 유포되는 전설들을 탄생시킨 것은 단지 군중의 지극한 고지식함만이 아니다. 사건들을 엄청나게 왜곡하는 군중의 집단화된 상상력도 그런 전설들을 창작한다. 가장 사소한 사건도 군중이 목격하면 순식간에 완전히 다른 사건으로 곡해되어버린다. 군중은 이미지로 생각하는데, 일단 머릿속에 떠오른 이미지는 그것과는 아무런 논리적 연관성도 없는 다른 이미지들을 연이어 상기시킨다. 우리가 이따금 어떤 사실을 마음속에 떠올릴 때 사로잡히는 환상적인 일련의 상념들을 잘 생각해보면 이런 상태를 쉽게 이해할 수 있을 것이다. 우리의 이성은 그렇게 상기된 이미지들의 일관성이 없다고 우리에게 명시하지만, 군중은 그런 진실을 거의 깨닫지 못한 채 그런 진실을 그들의 상상력이 곡해한 진실과 혼동한다. 그들은 주관적인 것과 객관적인 것을 거의 구별하지 못하기 때문에 그들은 자신들의 마음에 떠오른 이미지들을 사실로 받아들이지만, 실제로 그것들은 대부분 자신들이 목격한 사실과 엄청나게 다르기 마련이다.

집단을 형성하는 개인들의 기질이 매우 다양하기 때문에 군중이 직접 목격한 사건을 곡해하는 방식도 무수하고 천차만별일 것이라고 생각하는 사람도 분명히 존재할 것이다. 그러나 사실은 그렇지 않다. 감염력이 작용한 결과 집단화된 모든 개인이 곡해하는 방식도 동일하게 됨으로써 그들이 이해하는 사건도 같은 모양새를 띠기 마련이다.

집단화된 개인들 가운데 한 명이 먼저 진실을 곡해하는 순간이 감염력을 지닌 암시가 시작되는 순간이다. 예루살렘의 성벽 위에서 나타난 전설적인 성자 게오르기우스[14]의 모습을 모든 십자군이 목격하는 기적이 일어나기 전에 그 십자군들 가운데 한 명이 먼저 그 성자의 환상을 알아보았을 것이 틀림없다. 이처럼 한 사람에게만 보였던 기적이 암시력과 감염력을 발휘하면서 모든 사람이 목격한 기적으로 순식간에 곡해되었던 것이다.

이것은 역사에서 아주 빈번하게 발견되는 집단환각의 전형적인 메커니즘을 보여준다. 그런 환각들은 모두 수천 명이 동시에 목격했다는 이유로 언제나 출처가 확실한 공인된

---

14) 성자 게오르기우스(Georgius, 275/281~303) 또는 성자 제오르지오(Georgio) 또는 세인트 조지(Saint George)는 영국, 포르투갈, 독일, 이탈리아의 여러 도시 특히 베네치아(Venezia)와 페라라(Ferrara)에서 수호성인으로 모셔지고, 군인과 보이스카우트의 수호자이자 동방교회에서 '위대한 순교자'로 여겨진다. 그에 관해서는 콘스탄티누스 대제의 시대 이전에 팔레스티나(Palestina)의 디오스폴리스(Diospolis)라고도 불리던 리다(Lydda)에서 순교했고 황제근위대였다는 것을 제외하면 알려진 바가 없다. 6세기경부터 널리 퍼지기 시작한 그에 관한 신화와 전설들 가운데 유명한 것은 『황금 성인전 *Legenda Aurea*』에 언급된 용(龍)과 관련된 이야기이다. 어느 나라를 지나던 그가 용의 제물로 바쳐질 어느 여인을 만났는데, 사연을 들은 그는 용이 나타나자 십자가 모양을 만들어 보이며 용을 붙잡았고, 그때 그가 그 나라의 왕과 백성이 예수 그리스도를 믿고 세례를 받는다면 용을 죽여주겠다고 말하자 그들도 동의했으며, 그가 창으로 용을 찔러 죽인 다음에 왕을 포함한 15,000명이 세례를 받았다. 그 후 왕국의 절반을 주겠다는 왕의 제안을 거절한 그는 하느님의 교회들을 잘 돌보고 성직자들을 존경하며 가난한 사람들을 보살펴달라는 부탁을 남기고 그 나라를 떠났다고 한다. 7~8세기에 그가 영국에 알려지면서 영국의 수호성인이 되었고, 중세 이후에는 기사도와 군인들의 수호성인으로 널리 알려졌다. 흰 바탕에 붉은 색으로 그려진 성자 게오르기우스의 십자가는 지금도 영국해군에서 사용하는 기장이고 영국 국기(유니언잭) 도안의 일부이다. 르 봉이 여기서 말하는 기적은 제1차 원정에 나섰다가 예루살렘의 성벽 위에 현신한 성자의 모습을 목격했다는 십자군들의 환상적인 경험담을 가리킨다 — 옮긴이.

특성을 가진 현상으로 여긴다.

이런 나의 주장을 반박하기 위해 군중을 형성한 개인들의 정신적 자질까지 고찰할 필요는 없다. 그런 자질은 중요한 것이 아니다. 교양인이든 무지한 자든 누구나 군중에 합세하는 순간부터 관찰력을 상실하기 때문이다.

이 주장은 물론 역설적(逆說的)인 것으로 보일 수 있다. 그런데 이 주장을 의심할 여지없는 것으로 입증하려면 수많은 역사적 사실을 조사해야 할 것이고 그 결과를 모두 기록하려면 몇 권의 책으로도 부족할 것이다.

그래도 나는 독자들에게 나의 주장들이 증명되지 않은 단언들이라는 인상을 주고 싶지 않기 때문에 무수한 사례들 가운데 눈여겨볼 만한 몇 가지 사례를 무작위로 선택하여 제시하겠다.

먼저 인용해볼 가장 전형적인 사례는 가장 무식한 사람부터 최고의 교양인에 이르는 모든 부류의 개인들에게서 찾아볼 수 있는 집단환각이 군중을 제물로 삼았던 경우이다. 이 사례는 공교롭게도 줄리앙 펠릭스(Julian Felix)라는 해군대위가 쓴 "해류"에 관한 책에서도 언급되었고, 그 이전에는 《과학비평 *Revue Scientifique*》이라는 잡지에 인용된 적도 있다.

프리깃함(艦)[15] 벨풀(Bell Poule) 호는 폭풍 속에서 헤어진 순양함 르베르코(Le Berceau) 호를 찾느라 공해를 순항하고 있었다. 햇살이 작렬하는 정오 무렵, 갑자기 파수병이 조난선 한 척을 발견했다고 외치며 신호기(旗)로 방향을 가리켰다. 벨풀 호 승무원들의 시선이 파수병의 신호기가 가리킨 방향으로 일제히 쏠렸다. 장교와 병사들도 모두 조난신호기를 단 구명정에 예인되는 사람을 가득 태운 뗏목 한 대를 분명히 보았다. 하지만 그것은 집단환각에 불과했다. 데포세(Desfosses) 사령관은 구명정 한 대를 보내 조난한 병사들을 구하라고 명령했다. 구명정을 타고 목표물에 접근하던 장교와 병사들은 "두 손을 열심히 내젓고 있는 무수한 인간들을" 목격했고 "수많은 목소리들이 뒤섞인 알 수 없는 소음을 들었다." 그런데 목표지점에 도달한 그들이 발견한 것은 인근 해안의 파도에 휩쓸려나와 바다를 떠돌던, 잎이 무성한 나뭇가지가 서너 개씩 달린 나무들에 불과했다. 이전까지 그토록 명백하던 환각이 실물을 확인하자 사려져버린 것이다.

이 인용문은 앞에서 설명한 집단환각의 메커니즘을 확연

---

15) 1750~1850년간에 주로 활동한 서양의 군함인데 상갑판과 중갑판에 대포를 장비한 목조쾌속범선이다 — 옮긴이.

히 보여주는 사례이다. 여기서 우리가 확인할 수 있는 것은 한편으로 기대주목(期待注目, *attention expectante*) 상태에 빠진 군중이고, 다른 한편으로는 조난선을 발견한 파수병의 외침과 신호기가 유발한 암시가 벨풀 호의 모든 장교와 병사에게 감염되는 과정이다.

눈앞에서 벌어지는 일을 보는 시력도 파괴될 수 있고, 실재 사실도 그것과 무관한 환각으로 대체될 수 있기 때문에 군중을 형성하는 인원수가 반드시 많을 필요는 없다. 서너 명의 개인이 한 자리에 모여도 쉽사리 군중을 형성할 수 있고, 더구나 그들이 전문적인 지식인들이라도 그들의 전문분야와 무관한 사안들에 관해서는 군중이 지닌 모든 특성을 드러내며, 그들 각자가 개인적으로 보유한 관찰력과 비판정신도 곧장 사라지고 만다. 다베(Davey)라는 영리한 심리학자는 최근에 《심리학 연보 *Annales des Sciences Psychiques*》에도 인용된 바 있는 무척 흥미로운 사례를 우리에게 제공하는데, 그것도 여기서 살펴볼 만한 사례로 보인다.

다베는 영국 과학계의 일인자로 통하는 월리스[16]를 포함

---

16) Alfred Russel Wallace(1823~1913): 영국의 박물학자, 탐험가, 지리학자, 인류학자, 생물학자. 생물분포에 따라 아시아 구(區)와 오스트레일리아 구로 나눈 경계선인 이른바 월리스선(Wallace線)을 제창한 학자로 유명하다. 월리스선은 인도네시아 발리 섬과 롬보크 섬 사이를 거쳐 보르네오 섬과 술라웨시 섬 사이로 그어졌는데, 서쪽은 아시아 구로 동쪽은 오스트레일리아 구로 통칭된다 — 옮긴이.

한 여러 저명한 관찰자들을 초청하여 그들에게 여러 가지 물건들을 확인시키고 각자 그것들을 봉인하여 원하는 곳에 숨기도록 한 다음 교령현상(交靈現象)의 전형들, 정령현신(精靈現身)과정, 석판에 글씨가 쓰이는 현상 등을 시연해보였다. 그 후 이 저명한 관찰자들이 관찰한 현상들은 초자연적인 수단으로만 파악할 수 있는 것들이었다는 견해를 피력한 보고서를 차례로 입수한 다베는 그런 현상들이 지극히 간단한 속임수의 결과들이었음을 관찰자들에게 해명했다. 이 문제와 관련하여 어느 필자는 다음과 같은 견해를 피력하기도 했다.

"다베 씨가 감행한 실험연구의 가장 놀라운 특징을 보여주는 것은 속임수 자체의 경이로움이 아니라 그런 형상을 목격한 전문가들이 작성한 보고서 자체의 지극한 취약성이다. 따라서 목격자가 아무리 많더라도 완전한 오해로 점철된 추정적 목격담을 진술할 수 있다는 것은 분명하지만, 만약 그 목격자들의 진술이 정확한 것으로 이해된다면 그들이 진술한 현상들은 단순한 속임수의 결과로만 보기 어려운 불가해한 것이라는 결론밖에 나오지 않을 것이다. 다베 씨가 발명한 방법들은 너무 간단한데도 그가 대담하게 그것들을 구사했다는 사실을 알면 경악할 사람도 있을 것이다. 그러나 군중의 마음을 지배할 능력을 지녔던 그는 군중이 보지 못한 것을 보았다고 확신하도록 군중을 설득할 수 있었다."

바로 이 대목에서 우리는 언제나 그랬듯이 최면술에 걸린 자를 지배하는 최면술사의 능력을 확인할 수 있다. 더구나 이 의심스러운 능력이 우수한 계층의 정신에도 영향을 미칠 뿐 아니라 예전부터 그들의 관심을 사로잡아왔다는 사실을 감안하면 평범한 군중이 이 능력에 속아 넘어가기가 얼마나 쉬울지 충분히 이해할 수 있다.

이와 유사한 사례는 무수히 많다. 내가 이 글을 쓰고 있는 지금 일간신문들을 보면 센(Seine) 강에서 익사체로 발견된 두 명의 어린소녀에 관한 기사로 가득하다. 이 소녀들을 처음 발견한 대여섯 명의 목격자들의 증언을 토대로 가장 철저히 조사한 결과 소녀들의 신원이 확인됐다. 치안판사는 증인들의 증언이 모두 완벽히 일치하므로 의심할 구석이 하나도 없다고 결론지었다. 그가 사망증명서를 발부했지만 소녀들을 매장하는 도중에 뜻밖에도 익사한 두 소녀가 엄연히 살아있다는 사실을 알게 됐고, 더구나 그 소녀들은 익사한 소녀들과 닮지도 않았다는 것이다.

이런 몇 가지 사례들만 보아도 알 수 있듯이 환각이나 착각에 사로잡힌 최초 목격자의 증언은 다른 목격자나 증인들에게도 충분히 영향을 미칠 수 있다.

우리는 이런 사례들을 보면서 암시의 출발점은 언제나 개인의 막연한 기억이나 회상이 만든 착각과 그런 최초의 착각에서 비롯된 증언이 유발하는 감염력임을 알 수 있다. 아주 예민한 감수성을 가진 최초의 관찰자가 알아보았다고 자신하는 시체가 — 그 관찰자가 알아본 사람과 그 시체가 모든 면에서 닮았느냐의 여부는 상관없이 — 또 다른 사람을 연상시킬 수 있는 특별한 흉터나 의복이나 장신구 같은 몇 가지 특징을 드러내는 경우도 충분히 있을 수 있다. 그렇게 유발된 연상은 이해력을 침해하고 모든 비판력을 마비시켜버리는 결정체(結晶體)의 핵 같은 것이 되어버린다. 따라서 관찰자가 목격한 대상은 이제 더는 본래의 대상이 아니라 그가 연상한 이미지에 불과하다. 이런 사실을 감안하면, 이미 오래전에 발생했지만 최근 여러 일간지에서 다시 다루고 있는 사건에 연루된 어머니들이 자녀의 시체를 오인한 이유도 알 수 있을 것이다. 정확히 두 가지 암시가 그런 오인을 유발했는데, 다음의 인용문들을 보면서 그 메커니즘을 알아보자.

"다른 아이가 그 아이를 알아보았지만 그것은 오인이었

다. 그때부터 일련의 부주의한 신원확인이 시작됐다.

경악스러운 일이 발생했다. 한 학생이 시체의 신원을 확인한 다음날 한 여자가 '하느님 맙소사, 저건 내 아이야!' 라고 외쳤다.

그녀는 시체를 인도받았다. 시체의 옷을 꼼꼼히 살펴보고 이마의 흉터도 확인한 그녀는 이렇게 말했다. '얘는 지난 7월에 실종한 내 아들이 분명해. 유괴되어 살해당한 거야.'

그녀는 4번가(街)에서 수위로 일했다. 그녀의 이름은 샤방드레(Chavandret)였다. 경찰서에 호출된 그녀의 시숙은 '그 아이는 어린 필리베르(Filibert)였습니다' 라고 증언했다. 4번가에 사는 이웃 몇 명도 라빌레트(La Villette)에서 발견된 소년의 시체가 필리베르 샤방드레라고 증언했다. 그들 가운데 소년의 학교친구는 소년이 전에 학교에서 받은 메달을 보면 확실하다고 말했다.

그런데도 이웃들도 시숙도 학교친구도 어머니도 모두 오인했음이 밝혀졌다. 6주 뒤에 소년의 정체가 확실히 드러났기 때문이다. 보르도에 살던 그 소년은 보르도에서 살해되어 운수회사를 통해 파리로 운반되었다고 한다."[17]

---

17) 《르클레르 *L'Eclair*》, 1895년 4월21일자.

이런 신원확인의 대부분이 여자들이나 어린이들 — 조금 더 정확히 말하면 가장 예민한 감수성을 지닌 사람들 —에 의해 이루어진다는 사실은 주목할만하다. 뿐만 아니라 그들이 법정에서 하는 증언이 얼마나 가치 없는 것인지도 우리는 알 수 있다. 특히 법정에 어린이를 증인으로 세우는 일만큼은 한사코 피해야 한다. 판사들은 어린이는 거짓말을 하지 않는다고 입버릇처럼 말한다. 그러나 기초적인 심리학적 교양을 조금이라도 갖춘 판사들은 어린이는 시도 때도 없이 거짓말을 일삼는다는 사실을 알 것이다. 어린이의 거짓말은 분명 천진난만한 것이지만 그래도 거짓말이기는 마찬가지이다. 따라서 어린이의 증언보다는 자주 그래왔듯이 차라리 동전던지기로 피고인의 운명을 결정하는 편이 더 나을지도 모른다.

지금까지 군중의 관찰력을 살펴본 결과 우리는 그들이 집단적으로 관찰한 것들은 오인될 가능성이 있고, 그것들은 대부분 감염력에 편승하여 동료들에게 암시를 거는 한 개인의 착각을 대변할 뿐이라는 결론을 내릴 수 있다. 군중의 증언은 철저히 의심할수록 좋다는 것을 증명하는 사실들은 매우 많을 것이다. 예컨대 프랑스-프로이센전쟁의 와중에 프랑스군이 참패한 스당전투(Battle of Sedan, 1870. 9. 1)에 참전한 기병대원은 수천 명에 달했지만 그 부대를 지휘한 자의 정체는 목격자들 사이에서도 가장 논란이 분분하여 아직도 오리무중이다. 영국의 울즐리(Garnet Joseph Wolseley, 1833~1913) 장군은 최근 출간한 저서에서 지금까지 사실에 대한 가장 지독한 오인은 워털루전투(Battle of Waterloo, 1815. 6. 18)에서 발생한 가장 중대한 사건들에 대한 오인— 그럼에도 수백 명이 목격했다고 증언한다 — 이었음을 증명했다.[18]

이런 사례들은 군중의 증언이 지닌 가치가 얼마나 하찮은 것인지를 잘 보여준다. 논리정연하게 작성된 조약문서들은 어떤 사실의 정확성을 뒷받침하는 데 동원될 수 있는 가장 강력한 증거들에 속하는 다수 증인들의 만장일치를 포함한다. 그러나 지금까지 우리가 군중심리에 관해서 알아본 것은 논리적 조약문서들도 바로 이런 (즉 군중의 증언은 믿을 수 없다는) 견지에 따라 다시 작성될 필요가 있음을 증명해준다. 가장 많은 사람들이 관찰한 사건들이야말로 가장 의심스러

---

18) 단일한 전투의 전황이라도 우리가 과연 정확히 파악할 수 있을까? 나는 그러기는 대단히 어려우리라고 생각한다. 우리는 승리자들과 패배자들이 누군지만 알 수 있을 뿐 나머지는 우리가 하나도 모를 것이다. 다르쿠르(D'Harcourt) 씨가 목격했고 특히 개인적으로 참전까지 했던 솔페리노전투(Battle of Solferino)에 관해서 했던 다음의 말은 모든 전투에 적용될 수 있을 것이다. "(당연히 수백 명의 목격자들이 증언한 바에 따르면) 장군들은 공식보고서를 제출했다. 당직 장교들은 이 보고서를 수정하여 규정된 서식에 따라 서류를 작성했다. 선임 장교는 반론을 제기하고 서류를 완전히 뜯어고쳐 다시 작성했다. 그 서류를 받아본 사령관은 '귀관은 완전히 오인해버렸군'이라며 호통을 친 다음에 서류를 새롭게 작성했다. 그 결과 원래 보고서의 내용은 거의 남아나지 않았다." 다르쿠르 씨는 이런 사실을 진술함으로써 가장 충격적이고 가장 분명히 관찰된 사건들의 진실도 완전히 파악하기는 불가능하다는 사실을 증명해보인 셈이다.

운 것들이다. 수천 명의 목격자들이 동시에 어떤 사건의 진실을 확인했다고 말하더라도 그 사건의 진실은 대개 그런 군중이 이해하고 공인한 진실과 판이하게 다르다.

이로써 우리가 내릴 수 있는 분명한 결론은 관련 역사서들을 순수한 상상력의 소산들로 고찰할 필요가 있다는 것이다. 역사서들은 잘못 관찰한 사실들에 대한 공상들과, 그것들을 성찰하여 얻은 설명들로 버무린 것들이라고 할 수 있다. 그런 책을 쓰는 일은 완전한 시간낭비일 것이다. 물론 과거의 역사가 문학작품과 예술작품을 포함하는 기념비적 유물들을 우리에게 남기지 않았다면 우리가 지나간 시대의 실상을 알기는 절대로 불가능할 것이다. 헤라클레스, 붓다, 마호메트 같이 인간의 역사에 강력한 영향을 끼친 위인들의 실생활에 관해서 우리가 과연 단 한 가지 진실이라도 말할 수 있을까? 그럴 가능성은 거의 없다. 더구나 그들의 실생활은 사실 우리에게 별반 중요한 것이 아니다. 우리가 알고 싶은 것은 우리의 위인들이 민중의 전설에 등장하는 바로 그런 위인들이냐의 여부이다. 군중의 정신을 감동시키는 위인은 잠시라도 실존했던 영웅이 아니라 전설적인 영웅이기 때문이다.

불행히도 그런 전설들 자체는 — 심지어 관련서적들에 그것들이 아무리 뚜렷이 기록되어 있을지라도 — 원형을 항구적으로 유지할 내구력을 지니지 못했다. 흐르는 세월과 특히 민족적 원인들의 영향을 받는 군중의 상상력은 그 전설들을 부단히 변형시킨다. 예컨대 그리스도교경전인 『구약전서』의 무자비하고 잔인한 신 야훼는 성녀 테레사(Teresa, 1515~1582)가 섬긴 사랑의 신과 엄청나게 다르고, 중국에서 숭배된 붓다는 인디아에서 존경받은 붓다와 전혀 다르다.

　물론 군중의 상상력이 수세기동안 영웅들의 전설을 변형시켰더라도 그 영웅들과 우리가 완전히 단절되었다고 생각할 필요는 없을 것이다. 때로는 고작 2~3년 만에 그런 변형이 이루어지기도 한다. 오늘날 우리는 역사상 가장 위대한 영웅들 가운데 한 명(나폴레옹)의 전설도 채50년이 못되는 기간에 여러 번 개작되었음을 잘 알고 있다. 제2차 부르봉왕조 시대(1814~1830)에 나폴레옹은 어느덧 목가적이고 자유로운 박애주의자요 빈민의 친구로 여겨졌고, 시인들은 그런 그가 시골사람들의 기억에 오랫동안 남으리라고 노래하기도 했다. 30년이 지나자 그 영웅은 이제 피에 굶주린 독재자로 탈바꿈하여 권력을 찬탈하고 자유를 탄압하면서 오직 자신의 야망을 충족시키기 위해 3백만 명을 사지로 몰아넣은 인물로 변형됐다. 지금 우리는 그의 전설이 또다시 새롭게 변형되는 과정을 목격하고 있다. 그의 전설이 수십 세기가 흐르는 동안 거듭 변형된다면 이런 모순적인 평가들에 직면한 미래의 학자들은, 지금 일부 학자들이 붓다의 실존을 의심하듯이 그 영웅의 실존여부를 의심할지 모르고, 그 전설도 태양신화나 헤라클레스의 전설에 불과한 것으로 취급당할지도 모른다. 그들은 필시 이런 불확실성 덕분에 쉽사리 위안을 얻을 것이고, 우리가 오늘날 아는 군중의 특성들과 군중심리를 조금 더 잘 알게 되면 그들은 신화를 제외한 역사의 어떤 것도 기억할만한 가치가 거의 없다는 것도 알게 될 것이다.

3. 과장적이면서도 단순한 군중의 감정

군중이 드러내는 감정은 좋든 나쁘든 하여간 매우 단순하면서도 매우 과장된 이중성격을 보인다. 다른 많은 성격과 함께 이런 성격을 감안하면 군중 속의 개인은 원시인들과 닮았다. 그는 사건이나 사태를 면밀히 관찰하지 못하고 전체적으로 뭉뚱그려서 보기 때문에 그 중간과정들도 전혀 파악하지 못한다. 군중의 감정은 일단 표출되면 암시와 감염을 통해 순식간에 전파되고 그것에 대한 확실한 찬동이 그 위력을 괄목하게 증폭시키기 때문에 과장되기 마련이다.

군중은 의심도 불확실성도 모르기 때문에 군중의 감정은

단순하며 과장될 수밖에 없다. 여성들처럼 군중도 감정의 극과 극을 순식간에 오갈 수 있다. 그들의 막연한 의심도 그럴싸하게 보이는 증거가 제시되면 순식간에 확신으로 탈바꿈하고 만다. 반감이나 반론도 고립된 개인이 표명하면 위력을 발휘하지 못하지만 군중에 합세한 개인이 표명하면 단번에 격렬한 증오로 폭발한다.

특히 이질적 군중이 모든 책임감을 떨쳐버린 상태로 드러내는 감정의 과격성은 더욱 증폭된다. 고립된 개인이 하기 불가능한 감정표현과 행동을 군중으로 하여금 가능하게 만드는 것은 무사하리라는 확신, 군중은 인원수가 많으므로 더 강력하다는 확신, 많은 인원수 덕분에 잠시나마 세력을 확보했다는 관념이다. 어리석고 무지하며 시기심 많은 개인들이 군중에 합세하면 자신들이 무의미하고 무기력하다는 감정에서 해방되어 잔인하고 일시적이지만 엄청나게 강하다는 생각을 품게 된다.

불행히도 이렇게 군중이 기질적으로 과장하는 감정은 자주 나쁜 감정으로 악화된다. 이런 감정은 원시인들로부터 격세유전(隔世遺傳)된 본능의 잔재이다. 고립되고 책임감 있는 개인은 처벌을 두려워하는 감정에 복종하여 이런 감정을 스스로 억제한다. 그래서 군중은 최악의 극단적 감정에도 그토록 쉽게 이끌리는 것이다.

그러나 이런 사실이 군중은 아무리 좋은 영향을 받아도 영웅적이고 경건하게 행동할 자질도, 가장 고귀한 미덕을 보여줄 자질도 갖추지 못했음을 의미하지는 않는다. 그것은 고립된 개인보다 군중이 오히려 그런 자질들을 훨씬 잘 표출할 수 있음을 의미한다. 이 문제는 앞으로 군중의 도덕성을 살펴보면서 다시 언급할 기회가 있을 것이다.

군중의 감정이 과장되는 성질을 지닌 만큼 오직 과장된 감정만이 군중을 감동시킬 수 있다. 군중에게 감동을 주고 싶은 웅변가는 과격하고 선정적인 확언을 사납게 퍼부어야 한다. 과장하고 확언하기를 반복하되 이성적인 증명은 절대로 하지 말아야 한다는 것은 대중연설가들도 잘 아는 연설 기법이다.

특히 군중은 그들의 영웅들에게도 자신들의 감정만큼 과장된 감정을 요구한다. 영웅들이 드러낸 자질과 미덕은 언제나 과대포장되기 마련이다. 예컨대 군중은 연극을 관람할 때도 실생활에서는 결코 찾아볼 수 없는 고도의 용기, 도덕성, 미덕을 연극의 주인공에게 요구한다는 사실이 군중의 기질을 정확히 반영한다.

극장에서는 연극을 관람하는 시점(視點), 즉 특수한 관점이 매우 중요하다는 것은 누구나 인정할 것이다. 그런 관점이 존재한다는 것은 의심할 여지가 없지만 그 관점을 정하는 규칙들의 대부분은 상식이나 논리와는 무관하다. 군중에게 호소력을 발휘하는 예술은 한결같이 수준이 열악하지만 아주 특별한 소질을 요구한다. 대본만 읽고 연극의 성공여부를 점치기는 어려운 법이다. 대본을 읽어본 극장경영자도 대개는 연극의 성공여부를 판단하지 못한다. 왜냐하면 연극의 성공여부를 판단하려면 경영자 자신도 군중(관객)의 관점에서 연극을 볼 수 있어야 하기 때문이다.[19]

여기서 조금 더 광범위하게 설명할 여지가 주어진다면 민족적 원인들의 압도적인 영향력도 살펴볼 필요가 있을 것이다. 때로는 일국의 군중을 열광시키는 연극이 다른 나라에서는 전혀 성공을 거두지 못한다든지 아니면 부분적으로나 의례적인 성공밖에 거두지 못하는 경우도 있다. 왜냐하면 어떤 민족에게 먹히는 영향력이 다른 민족에게는 먹히지 않을 수 있기 때문이다.

---

19) 바로 이런 이유 때문에 모든 극장경영자가 거부한 대본이 우연한 계기로 무대에 올려져서 대성공을 거두는 일 가끔 발생한다. 아직은 무명에 가까운 프랑수아 코페(François Coppée)의 희곡 「왕관을 위하여 Pour la couronne」(1895)가 최근에 성공을 거두었다는 사실은 유명한데, 파리의 유명 극장경영자들은 10년간이나 이 희곡을 무대에 올리기를 거부했다고 한다. 또한 모든 극장에서 퇴짜를 맞다가 어느 주식중개인의 후원으로 겨우 무대에 올려진 「찰리의 고모 La marraine de Charley」는 프랑스에서 200회나 공연되었고 영국에서는 1,000회를 돌파하는 대성공을 거두었다고 한다. 이런 사례들은 극장경영자들이 정신적으로 관객(군중)과 같은 입장에 서기는 불가능하다는 사실을 단적으로 보여주는데, 심각한 위험부담을 기피하는 데 여념이 없지만 하여간 유능하다고 회자되는 그런 극장경영자들이 개인적으로 그렇게 오판을 저지를 수 있다는 것도 불가해한 일로 보일 수 있다. 이 문제는 내가 여기서 다룰 수는 없지만, 연극계에 정통한 작가나 프랑시스크 사르세(Francisque Sarcey, 1827~1889: 프랑스의 언론가 겸 연극평론가 — 옮긴이) 같은 명석한 심리학자들의 구미 정도는 충분히 당길 수 있을 것이다.

군중의 과장성향은 감정적인 사안에 대해서만 드러날 뿐, 지적인 사안에 대해서는 전혀 드러나지 않는다는 것은 더 말할 필요가 없다. 나는 개인이 군중에 합세했다는 단순한 사실만으로도 그의 지적 수준이 즉시, 그리고 괄목하게 낮아진다는 것을 앞에서 밝혔다. 박식한 치안판사 타르드(Tarde)도 군중의 범죄를 연구한 결과 이런 사실을 입증해보였다. 따라서 군중의 감정만이 아주 높이 고양되거나 아니면 정반대로 지극히 낮은 수준으로 추락할 수 있다.

4. 군중의 편협성, 독재성, 보수성

군중은 오직 단순하고 극단적인 감정들만 인식한다. 그들은 자신들에게 암시된 견해, 사상, 신념을 전체로 뭉뚱그려 수용하거나 거부하고, 절대적 진리로 여기거나 절대적 오류로 치부해버린다. 이성적 추론 대신에 암시작용으로 유발되는 신앙도 언제나 이런 경향을 보인다. 종교적 신앙은 편협성을 동반한다는 것과 그것이 인간들의 정신을 사로잡는 독재적 지배력을 지녔다는 것을 모르는 사람은 없을 것이다.

진리나 오류를 구성하는 것을 의심하면서도 그것이 강한 위력을 지녔다는 사실만은 확신하는 군중은 그것이 편협한 것일수록 그것이 유발하는 발상들에도 독재적인 효력을 부여하려는 경향을 보인다. 개인은 반론과 토론을 수용할 수 있지만 군중은 결코 수용하지 않을 것이다. 대중연설회 같은 데서 연설자가 지극히 미미한 반론만 피력해도 그 즉시 청중들은 온갖 욕설과 악담을 퍼부어댈 것이고 그래도 연설자가 주장을 철회하지 않으면 곧장 주먹세례를 받으며 연단에서 쫓겨나고 말 것이다. 권위 있는 대표자가 나서서 청중을 자제시키지 않는다면 반론을 제기한 연설자가 실제로 맞아죽는 사태도 생긴다.

독재성과 편협성은 모든 부류의 군중이 공유하지만 그것들이 표출되는 강도(强度)는 다양하다. 이 대목에서 민족의 기본관념이 인간의 모든 감정과 사고체계를 지배한다는 사실을 거듭 상기할 필요가 있다. 특히 라틴계 군중의 독재성과 편협성이 최고도로 발달한 것으로 보인다. 라틴계 군중 사이에서 발달한 그런 성격들은 실제로 앵글로색슨족이 드러내는 바와 같은 개인의 강력한 독립감정을 완전히 파괴해 버리고 말았다. 라틴계 군중은 오직 자신들이 속한 파당의 집단적 독립에만 관심을 보이고, 그들이 생각하는 독립 개념의 특징적 요소는 자신들에게 동조하지 않는 자들을 즉각적인 폭력으로 자신들의 신념에 복종시키는 체험욕구이다. 특히 저 악명 높은 에스파냐 종교재판소를 기점으로 혼란기

마다 위세를 떨친 라틴계 과격파들은 자신들이 생각하는 바
와 다른 자유의 개념을 결코 이해하지 못했다.

독재성과 편협성은 군중이 아주 확실히 인지하고 쉽사리
느끼는 감정들이어서, 그것들이 군중에게 일단 부과되면 군
중은 기다렸다는 듯이 그것들을 실천으로 옮기며 기뻐하기
까지 한다. 군중은 강자에게는 순종하며 존경심을 표하지
만, 자신들이 받은 약간의 친절도 약점으로밖에 여기지 않
는다. 군중은 온유한 지배자들에게는 결코 공감을 표시하지
않으면서도 자신들을 가혹하게 탄압한 폭군들에게는 동조
해왔다. 더구나 군중이 가장 높이 세운 동상들도 언제나 폭
군들의 것이었다. 물론 군중도 기꺼이 독재자의 권력을 박
탈하고 그를 짓밟아버리기도 한다는 것은 사실이지만, 그
이유는 그가 세력을 상실한 나약한 개인으로 돌아가 두려움
의 대상이 아닌 경멸의 대상으로 전락했다는 데 있다. 군중
의 존경을 받는 유형의 영웅은 언제나 율리우스 카이사르와
닮았을 것이다. 그의 표징은 군중을 매혹하고 그의 권위는
군중을 압도하며 그가 휘두르는 검(劍)은 군중에게 두려움을
각인시킨다.

군중은 나약한 개인을 상대로는 언제든 거침없이 반란을
일으키고 강력한 권력자 앞에서는 언제든지 비굴하게 부복
(俯伏)하기를 주저하지 않는다. 권력자가 간헐적으로 권력을

행사할 때마다 권력자의 극단적 감정에 순종하는 군중은 무정부 상태에서 노예상태로, 아니면 노예상태에서 무정부 상태로 오락가락한다.

그렇다고 군중의 혁명본능이야말로 가장 강력하다고 믿는다는 것은 군중심리를 완전히 오해하는 것이다. 그런 믿음은 단지 그들의 과격한 성향의 기만적인 효과에 불과하다. 그들의 반항적이고 파괴적인 폭동은 언제나 지극히 일시적인 것이기 때문이다. 군중은 무의식적 동기의 지배를 너무 강하게 받을 뿐만 아니라 자신들이 물려받은 오래된 세속적 유습들의 영향력에도 너무 강하게 예속되어 있기 때문에 극도로 보수화될 수밖에 없다. 그들에게 아무리 무한한 자유를 선사해도 그들은 그런 무질서를 금방 지긋지긋하게 느끼고 본능적으로 노예상태로 되돌아가고 만다. 프랑스의 모든 자유를 억압하고 철권통치로 전운을 몰아온 나폴레옹을 가장 열렬히 환영한 자들도 바로 가장 거만하고 고집불통들이던 급진과격파들이었다.

이처럼 철저히 보수적인 군중의 본능을 충분히 이해하지 못하면 역사뿐 아니라 특히 민중혁명들을 이해하기는 어려울 것이다. 군중이 자신들을 지배하는 제도들의 명칭을 변경하기를 원할 수 있고 때로는 폭력혁명까지 감행하여 명칭 변경에 성공하기도 한다는 것은 사실이지만, 그런 제도들의 골자나 본질은 군중에게 유전된 민족적 욕구들을 너무 강하게 표현하기 때문에 오히려 그 골자나 본질만큼은 변함없이 지키려고 든다. 군중의 쉴 새 없는 변덕은 극히 피상적인 문제들에 대해서만 그런 욕구들의 영향력이 행사되도록 만들 따름이다. 실제로 군중의 보수적 본능은 모든 원시인의 보수적 본능처럼 불멸하는 것이다. 모든 전통에 대한 그들의 맹목적인 존경심은 가히 절대적인 것이다. 그들의 생존을 위한 근본조건들을 변화시킬 수 있는 모든 새로운 것에 대한 그들의 무의식적 공포의 뿌리는 대단히 깊은 것이다. 만약 방직기, 증기기관, 철도가 발명되고 도입되었던 시대에 오늘날처럼 민주주의자들이 세력을 확보하고 행사했다면 그런 발명품들이 실용화되기는 불가능했을 것이고, 설령 가능했더라도 반복적인 혁명과 대학살로 그 대가(代價)를 치러야 했을 것이다. 과학과 산업이 이룩한 중대한 발견들의 결과가 이미 실용화되고 나서야 비로소 군중세력이 등장했다는 것은 문명진보를 위해서는 다행스러운 일이다.

5. 군중의 도덕성

"도덕성"을 특정한 사회관습들에 대한 지속적 존중심과,

이기적 충동들에 대한 항구적인 자제력을 의미하는 말로 본다면, 군중은 너무 충동적이고 너무나 변덕스러워서 도덕인들이 될 수 없다는 것은 아주 자명하다. 그런데 우리가 도덕성을 '금욕, 희생정신, 이타심, 헌신, 평등욕구 같은 속성들의 일회적 표현'을 의미하는 말로 확대해본다면, 우리는 오히려 군중도 때로는 아주 고귀한 도덕성을 표현할 수 있다고 말할 수 있을 것이다.

군중을 연구해온 소수의 심리학자들도 군중을 범죄행위의 관점에서만 고찰했는데, 군중이 범죄행위를 저지르는 빈도를 조사함으로써 군중의 도덕기준은 지극히 낮다는 결론을 내렸다.

이 결론이 대체로 옳다는 것은 분명하다. 그렇다면 왜 그럴까? 그 답은 일단 우리의 야만적이고 파괴적인 본능들이 원시시대부터 우리 모두에게 잠복해온 유전형질이라는 데서 찾을 수 있다. 고립된 개인이 생활하면서 이런 본능들을 만족시키려면 위험을 감수해야 하겠지만, 그가 무책임한 군중에 흡수된 결과 처벌받지 않으리라는 확신을 품으면 완전히 자유롭게 그 본능들을 추구할 것이다. 사소한 사건들로 이루어지는 일상에서 동료인간들에게는 이런 파괴적 본능들을 행사하지 못하는 우리도 동물들에게만은 그런 본능들을 행사할 수 있다고 생각한다. 거의 어디에서나 볼 수 있는 군중의 사냥에 대한 열정과 잔인한 만행도 바로 이런 생각과 동일한 관념에서 비롯된다. 방어력을 상실한 희생물을 서서히 도살하는 군중은 지극히 비겁한 잔인성을 드러낸다. 철학자가 볼 때 이런 잔인성은 사냥개들을 풀어 불운한 수사슴을 추격하고 도살하는 희열을 맞보기 위해 수십 명으로 무리를 이룬 사냥꾼들의 비겁한 잔인성과 아주 밀접한 관계가 있는 것으로 보인다.

군중은 살인과 방화를 포함한 모든 종류의 범죄를 저지를 수 있지만 헌신, 희생, 이타행(利他行) 같은 아주 고귀한 행위도 할 수 있고 실제로 고립된 개인이 할 수 있는 것보다 훨씬 고귀한 행위를 할 때도 있다. 군중에 합세한 개인에게 영예감, 명예감, 애국심을 호소하면 특히 잘 먹히는데, 그런 호소에 감명한 개인은 때로는 목숨까지 바치기도 한다. 역사에서도 그런 개인들을 많이 찾아볼 수 있는데 십자군이나 프랑스혁명의 와중인 1793년에 활약한 의용군도 바로 그런 개인들로 결성됐다. 집단만이 위대한 이타행과 위대한 헌신을 할 수 있다. 역사를 보면 얼마나 많은 군중이 자신들은 거의 이해하지 못하는 신앙과 이념과 구호를 위해 목숨을 던졌던가! 군중이 파업하는 훨씬 커다란 이유는 쥐꼬리만한 임금을 조금이라도 인상해보자는 데 있기보다는 어떤 명령에 복종하는 데 있다. 개인적 이익은 군중을 움직일 만큼 강력한 동기로 작용하는 경우가 드문 반면에 고립된 개인에게는 거의 압도적인 행동원인으로 작용한다. 군중으로 하여금 대개 자신들의 지능으로는 전말을 이해하지 못하는 수많은 전쟁 — 사냥꾼의 거울이 부리는 최면에 걸린 종달새처럼 자신을 기꺼이 죽음에 내맡겨야 하는 전쟁 — 에 뛰어들게 만드는 것도 자기이익이 아니라는 것은 확실하다.

심지어 세상에서 가장 흉악한 악당들도 단지 군중에 섞이기만 했는데도 대단히 엄격한 도덕률들을 준수하는 자들로 변모하는 경우가 있다. 역사학자 텐은 1793년 9월 대학살을 주도한 폭도들이 마음만 먹으면 쉽사리 빼돌릴 수 있었던 희생자들의 지갑이나 장신구들을 수거하여 혁명위원회의 회의석상에 제출했다는 사실을 주목해야 한다고 주장하기도 했다. 1848년 2월 혁명이 발생했을 때 튈르리에 궁전[20]에 난입하여 소란스럽게 몰려다니던 거칠고 가난한 군중도 한 개만 훔쳐서 팔아도 오랫동안 배불리 먹고살 만한 돈을 만지게 해줄 수 있을 호화찬란한 물건들에는 일절 손대지 않았다고 한다.

개인이 군중에 섞이면 이처럼 도덕적 인간이 된다는 법칙

---

20) Tuileries: 프랑스 파리에 있던 궁전으로 1871년 소실되었다 — 옮긴이.

은 반드시 항구적인 것은 아니지만 빈번하게 관찰되는 것이다. 이 규칙은 내가 바로 앞에서 인용한 상황들보다 훨씬 가벼운 상황에서도 관찰된다.

극장에서 군중은 연극의 주인공(영웅)에게 과장된 미덕을 요구한다고 내가 앞에서 강조한 바 있듯이, 심지어 열등한 인간들이 모인 집회나 회합에서도 대개는 서로 질세라 얌전을 떨어대거나 고상한 척하는 자들을 언제든지 관찰할 수 있다. 난봉꾼이나 뚜쟁이나 파락호조차 약간이라도 외설적인 장면이나 표현을 접하면 그것들이 평소 자신들의 습관적인 말버릇에 비해 훨씬 무해한데도 못마땅하다는 듯이 구시렁댄다.

그런 군중은 저열한 본능들에 자신을 내맡겨버린 경우에도 이따금 고귀한 도덕적 행동의 모범을 보여주기도 한다. 그러나 무욕(無慾), 체념, 현실적이거나 공상적인 이상(理想)에 대한 절대적 헌신을 도덕적 미덕이라고 본다면, 가장 현명한 철학자들도 거의 도달하기 어려운 그런 미덕들을 때로는 군중이 소유하기도 한다고 말할 수도 있다. 군중이 그런 미덕들을 무의식으로 실행에 옮긴다는 것은 의심할 여지없는 사실이만 그것을 중요하게 여길 필요는 없다. 그리고 군중이 이성적 논리보다는 무의식적 원인들에 유달리 강하게 이끌린다고 우리가 탄식할 필요도 없다. 만약 군중

이 어떤 경우에나 자신들과 직결된 이해득실을 이성적으로
따져보고 타인에게 의견을 구하기도 했다면 지구상에서 어
떤 문명도 성장하지 못했을 것이고 인류역사도 존재하지
않을 것이다.

제3장 군중의 사상, 추론능력, 상상력

1. 군중의 사상

나는 이전 저서[21]에서 민족의 진화와 관련하여 사상이 담당하는 역할을 살펴보면서 모든 문명은 거의 쇄신되지 않는 두세 가지 기본사상의 소산임을 확인했다. 또한 나는 그런 사상들이 군중의 정신에 이식되는 과정을 살펴보면서 그런 이식과정에 어떤 난관이 존재하는지, 그리고 일단 이식된 사상들은 얼마나 강력한 위력을 발휘하는지를 확인했다. 마지막으로 나는 역사를 뒤흔든 격동들은 대개 그런 기본사상들이 변동한 결과라는 것도 확인했다.

이전 저서로 이 주제를 충분히 다루었기 때문에 나는 여기서 같은 주제를 다시 다루지는 않겠지만, 군중이 수용할 수 있는 몇 가지 기본사상들과 군중이 그것들을 이해하는 방식들에 관해서 간략히 살펴보고 넘어갈 필요는 있다고 본다.

그 사상들은 두 부류로 구분될 수 있다. 첫째 부류는 어떤 인물이나 교리에 심취하다가 우연히 떠오른 조잡하고 일시

---

21) 르 봉이 이 책을 출간하기 1년 전인 1894년에 출간한 『민족진화의 심리법칙』를 가리킨다 ― 옮긴이.

적인 사상들이다. 둘째 부류는 환경과 유전법칙과 여론이 아주 강력한 내구력을 부여한 근본사상들이다. 과거의 종교적 신념들과 현대의 사회사상과 민주사상이 이 부류에 속한다.

이런 근본사상들은 정해진 방향으로 서서히 흐르는 거대한 해류와 닮았다. 반면에 일시적인 사상들은 해류의 표면에서 끝없이 변하며 요동치는 작은 파도들과 같아서 해류보다 눈에 잘 띄지만 실질적인 중요성은 없다.

우리 조상들의 대들보 같은 중대한 근본사상들은 현재 갈수록 심하게 기우뚱거리고 있다. 그것들은 견고함을 완전히 상실했고 그와 동시에 그것들에 의존하던 제도들도 심하게 흔들리고 있다. 그런 와중에 내가 방금 말한 일시적이고 조잡한 사상들이 날마다 대량생산되고 있다. 그러나 모든 면을 감안해도 오랜 생명력을 타고나서 우월한 영향력을 획득할 수 있는 사상은 극소수에 불과한 것으로 보인다.

군중에게 암시된 모든 사상은 아주 절대적이고 강경하며 단순한 형태를 지녀야만 영향력을 발휘할 수 있다. 따라서 그것들은 이미지를 덮어쓰고 나타나는데, 그래야만 대중에게 수용될 수 있기 때문이다. 그렇게 이미지를 덮어쓴 사상들은 유사점이나 계통성을 공유하지 않으므로 논리적으로도 서로 무관할뿐더러, 재래식 환등기로 한 장씩 따로 비춰보는 서로 다른 슬라이드 같은 것들이다. 이런 사실 때문에

완전히 상반되는 사상들도 군중에게는 동시에 통용될 수 있
다. 때가 맞아떨어지면 군중은 축적된 각종 사상들 중에서
자신들이 이해할만한 한 가지 사상에 사로잡힐 것이고, 그
결과 이전과는 전혀 다른 행동도 할 수 있다. 군중에게는 비
판정신이 아예 없기 때문에 이런 모순들을 전혀 인지하지
못한다.

물론 오직 군중에게서만 이런 현상이 나타나는 것은 아니
다. 고립된 개인들 사이에서도 이런 현상이 빈번하게 관찰
되고, 원시인들뿐만 아니라 원시인들의 것과 어떤 방면에서
수준이 비슷한 지능을 가진 — 예컨대 종교적 광신도들 같
은 — 사람들은 누구나 이런 현상을 드러낸다. 유럽 각지의
대학에는 인디아로부터 유학을 와서 공부하고 학위도 취득
한 교양 있는 힌두교도들을 볼 수 있는데 나는 그들 사이에
서도 신기하리만치 확연히 드러나는 이런 현상을 관찰한 적
이 있다. 그들의 변함없고 근본적인 유전형질이나 사회사상
에는 서양의 많은 사상들이 겹쳐 있었다. 그런 사상들은 계
기가 주어질 때마다 이합집산을 거듭하면서 각자의 행동이
나 발언으로 표출되었고, 동일한 개인도 극도로 모순적인
행동과 발언을 서슴지 않았다. 그러나 이런 모순들은 실질
적인 것이 아니라 훨씬 표면적인 것이었는데, 유전된 사상
들만이 고립된 개인의 행동을 자극할 만큼 충분한 영향력을

발휘하기 때문이다. 상이한 민족들이 혼합된 결과 상이한 유전적 성향들을 겸비하고 태어난 사람만이 때에 따라 그렇게 완전히 모순적인 행동을 할 수 있을 것이다. 여기서 이런 현상들을 더 구체적으로 살펴볼 필요는 없겠지만, 하여간 그것들이 심리적으로 가장 중요하다는 것만은 분명하다. 나는 그런 현상들을 완전히 파악하려면 적어도 10년 정도는 여행과 관찰을 병행해야 한다고 생각한다.

극히 단순한 형태를 취한 결과 군중에게만 수용될 수 있는 사상들은 대개 가장 철저히 변모해야만 군중의 인기를 얻을 것이다. 특히 어느 정도 고상한 철학사상이나 과학사상을 군중이 이해할 수 있는 수준까지 낮추려면 방대한 수정작업이 필요하다. 그런 과정에서 수정할 내용은 군중이나 그들이 소속된 민족의 본성에 따라 달라질 수 있어도, 그 내용을 최대한 축소하고 단순화시키는 방향으로 수정작업을 진행해야 한다. 이것은 사회적 관점에서 볼 때 사상들의 위계 같은 것 — 이를테면 사상들의 등급 — 은 현실적으로 거의 존재하지 않는다는 사실을 의미한다. 처음에는 아무리 위대하거나 진실한 어떤 사상이라도 군중의 이해력에 포섭되어 그들에게 영향을 미친다는 단순한 사실이 그 사상의 고급함과 위대함을 구성하는 모든 요소를 박탈해버리기 때문이다.

그러므로 사회적 관점에서 볼 때 어떤 사상의 위계적 가치나 타고난 가치는 중요하지 않다. 주목해야 할 것은 그 사상이 유발한 효과들이다. 중세의 그리스도교사상이나 18세기의 민주사상, 또는 오늘날의 사회주의사상은 아주 고차원적인 사상은 분명히 아니다. 철학적으로 따져보면 그런 사상들은 다소 아쉬운 오류로밖에 평가될 수 없지만, 지금까지 막대한 영향력을 발휘해왔고 미래에도 그럴 것이어서 향후 오랫동안 국가들의 행위를 좌우할 가장 근본적인 요인들 중에서도 두각을 드러낼 것이다.

그러나 군중이 수용할 수 있도록 수정되고 개작된 사상도 나중에 검토해볼 다양한 과정을 거쳐 군중의 무의식 영역에까지 침투하여 하나의 감정으로 변모해야만 비로소 영향력을 발휘할 수 있는데, 그러자면 너무 많은 시간이 걸린다.

왜냐하면 그 사상이 교양인의 정신도 움직일 수 있을만한 타당성을 지닌 것으로 증명되었을지라도, 그런 단순한 이유만 가지고는 그 사상이 암시력을 발휘하지 못할 것은 틀림없기 때문이다. 이런 사실은 가장 명백한 논증도 대다수 사람들에게는 미미한 영향조차 주지 못하는 경우가 있다는 것을 아는 사람이라면 금세 이해할 수 있는 것이다. 어떤 증거가 만약 아주 확실하다면 교양인도 일단 납득하고 마음을 바꾸겠지만, 그러자마자 그의 무의식적 자아는 그를 신속하게 본래 생각으로 되돌려놓을 것이다. 며칠 후 그를 다시 만나면 그는 이전과 다름없는 주장을 마치 새로운 것이라도 된다는 듯이 열심히 피력한다. 실제로 그는 이미 자신의 감정으로 정착된 이전 사상들의 영향을 받고 있는데, 그렇게 감정화(感情化)된 사상들만이 우리가 하는 행동과 발언의 심층원인들에 영향을 줄 수 있다. 군중도 바로 그런 사상들의 영향밖에 받지 않는다.

어떤 사상이 다양한 과정을 거쳐 군중의 정신에 침투하는 데 성공하면 무소불위의 힘을 획득하여 아무도 거역할 수 없는 연쇄효과를 발휘한다. 프랑스혁명을 부른 철학사상들은 근 1세기 동안 군중의 정신에 이식됐다. 그것들이 일단 군중의 정신에 뿌리를 내렸을 때 획득한 무소불위의 힘은 이미 잘 알려져 있다. 사회적 평등을 쟁취하고 추상적 권리와 이상적 자유를 실천하기 위해 프랑스 국민이 일제히 궐기하자 모든 왕조가 경악했고 서양세계는 뿌리마저 흔들렸다. 이후 20년간 프랑스 국민은 동족상잔의 혈전에 휘말렸고, 유럽인들은 칭기즈칸이나 티무르[22]조차도 오금을 저렸을 처절한 대학살을 목격했다. 널리 전파된 하나의 사상이 그토록 엄청난 결과를 초래하는 장면을 세계는 결코 목격한

---

22) Timur(1336~1405): 이슬람교를 신봉한 투르크족 정복자. 타메를란(Tamerlane)이라고도 불린다 — 옮긴이.

적이 없었다.

사상이 군중의 정신에 뿌리를 내리려면 오랜 시간이 걸리기 마련이지만 그 사상이 근절되는 데도 그만큼 오랜 시간이 필요하다. 그래서 사상에만 국한해서 보면 군중은 학자들이나 철학자들이 이해한 사상을 몇 세대가 지난 다음에야 겨우 이해할 수 있다. 오늘날 정치인들은 누구나 내가 여기서 잠시 돌이켜본 기본사상들에 오류가 섞여있음을 잘 알고 있지만, 그런 사상들이 여전히 아주 강력한 영향력을 발휘하고 있기 때문에 그들도 이미 신뢰하지 않는 진리의 원칙들에 따라 정치를 하는 수밖에 다른 도리가 없을 것이다.

2. 군중의 추론능력

군중이 이성적으로 추론하지 않고 이성적 추론의 영향도 받지 않을 것이라고 단언하기는 어렵다. 그러나 그들이 제시하거나 그들에게 영향을 줄 수 있는 주장들은 논리적으로는 열악한 것들이어서 그것들을 논리적으로 진술하려면 오직 비유적인 방법밖에 사용할 수 없다.

고도의 추론과 마찬가지로 군중의 열악한 추론도 사상들의 연상(聯想)을 토대로 이루어지지만, 군중이 연상한 사상들 사이에 존재하는 듯이 보이는 유사점이나 계통성의 유대 관계는 피상적인 것에 불과하다. 군중의 추론방식은 에스키모나 식인종이나 노동자의 추론방식과 닮아 있다. 투명하고 단단한 얼음을 입에 넣으면 녹는다는 것을 체험한 에스키모는 투명하고 단단한 유리도 입에 넣으면 녹을 것이라는 결론을 내리고, 식인종은 용맹한 적의 심장을 꺼내먹으면 적의 용맹성을 자신의 것으로 만들 수 있다고 상상하며, 노동자는 고용주가 노동을 착취한다는 사실을 깨닫자마자 세상의 모든 고용주는 노동자들을 착취한다고 결론지어버린다.

군중의 추론능력이 지닌 특성은 표면적으로만 서로 유관하게 보이는 상이한 사실들을 연결시키고 특수한 사례들도 즉각 일반화시켜버린다는 것이다. 군중을 다루는 법을 아는 사람들은 언제나 군중에게 이렇게 연결되고 일반화된 논리들만 주장한다. 오직 이런 주장들만이 군중에게 영향을 줄 수 있다. 군중은 논리적 증명과정을 전혀 파악하지 못하는데, 바로 이런 이유 때문에 군중은 이성적으로 추론하지 않거나 경솔하게 추론하고 이성적 추론의 영향도 받지 않는다고 말해도 무방할 것이다. 어떤 연설문들은 조금만 자세히 읽어봐도 어처구니없이 취약한 논리가 발견되는데, 그런 연설문들도 군중에게는 엄청난 영향력을 발휘하기도 했다. 하지만 그것들은 철학자들에게 읽히기 위해가 아니라 집단을 설득하기 위해 작성되었다는 사실은 망각되고 있다. 현장에서 군중과 직접 소통하는 연설가는 군중을 매혹할 수 있는 이미지들을 환기시킬 수 있다. 그런 연설로 노리는 목표를 현장에서 달성할 수 있다면, 언제나 오랜 성찰의 결과이기 마련인 장광설로 이루어진 스무 권의 책도 확신을 요구하는 군중의 두뇌에 호소력을 발휘하는 몇 마디 구호에 비하면 무기력하기 짝이 없을 것이다.

비판정신이 군중에게 표현되지 않도록 방해하는 것, 즉 군중으로 하여금 오류와 진실을 분간하지 못하게 만들거나 어떤 문제에 대한 정확한 판단을 내리지 못하도록 방해하는 것이 다름 아닌 군중의 무기력한 추론능력임은 재차 말할 필요가 없을 것이다. 군중은 오로지 자신들에게 강요된 판단만 받아들일 뿐 토론과 합의로 도출된 판단은 결코 수용하지 않는다. 이런 문제와 관련하여 군중의 수준을 능가하지 못하는 개인도 무수히 많다. 특히 대다수 사람들이 자기만의 논리에 따라 독창적인 견해를 제시하기는 불가능하다는 것을 체험한 결과 군중에게 호소력을 발휘하는 견해들일수록 일반적인 호응을 얻기도 용이할 수밖에 없다.

3. 군중의 상상력

　추론능력을 결여한 사람들의 경우와 마찬가지로 군중의 비유적 상상력은 아주 강력하고 대단히 활동적이며 아주 쉽게 감동을 받기도 한다. 어떤 인물이나 사건이나 사태가 그들의 마음에 환기시킨 이미지들은 거의 현실만큼 생생한 것이다. 군중은 어떤 면에서 잠자는 사람과 같은데, 그동안 그의 이성도 잠들어 있어서 극도로 강렬한 이미지들이 그의 머릿속에서 난무하지만, 그가 잠에서 깨면(그의 이성이 기지개를 켜면) 그것들은 순식간에 흩어져서 이성의 반성활동에 복종하고 말 것이다. 반성도 추론도 하지 못하는 군중은 세상에 불가사의한 일은 아예 없다고 생각한다. 군중을 가장 큰 충격에 빠뜨리거나 군중에게 가장 큰 감동을 주는 것이 대개는 가장 불가사의한 일이라는 것은 주목할만하다.

　그래서 사건의 기적적이고 전설적인 면이 군중에게는 언제나 훨씬 강렬한 인상을 준다. 어떤 문명이든 자세히 들여다보면 문명의 진정한 버팀목은 기적과 전설임을 알 수 있다. 역사의 실상보다는 외면이 언제나 훨씬 중요한 역할을 했고, 비현실적인 것이 현실적인 것보다 훨씬 중요한 계기로 작용하기 마련이었다.

이미지로써밖에 생각할 줄 모르는 군중은 오직 이미지에만 감동한다. 그들을 공포로 몰아넣거나 매혹하여 그들의 행동을 유발할 수 있는 것도 이미지밖에 없다.

그러므로 이미지를 가장 뚜렷한 시각적 형태로 제시하는 연극기법들은 언제나 군중에게 엄청난 영향을 준다. 고대 로마의 민중은 빵과 연극구경을 이상적인 행복의 요건으로 여긴 나머지 다른 것은 아무것도 더 바라지 않았다. 시대가 바뀌어도 이런 이상적인 요건은 거의 변하지 않았다. 연극기법들만큼 군중의 상상력을 강력하게 자극하는 것은 없기 때문이다. 극장에서는 모든 관객이 동시에 동일한 감정을 체험한다. 이런 감정이 그 순간에 행동으로 옮겨지지 않는다면, 그 이유는 완전한 무의식 상태에 빠진 관객은 자신이 환상에 사로잡혀 상상의 모험을 하며 웃거나 울고 있음을 자각할 수 없다는 데 있다. 그러나 그런 이미지들이 암시한 감정들은 때로는 매우 강력해서 습관적으로 걸리는 암시들처럼 행동으로 표출되려는 경향을 보인다. 어느 대중적인 극장의 경영자가 들려준 일화도 이런 경향을 잘 보여준다. 어떤 배우는 줄곧 음울한 연극에만 출연한 결과 그 경영자의 극장에서도 어쩔 수 없이 배반자 역할을 맡을 수밖에 없었는데, 그가 연극을 마치고 극장을 나갈 때면 그가 연극 속에서 저지른 범죄를 실제로 저지른 것으로 착각한 관객들이 분노하여 그를 폭행할 가능성에 대비하여 그에게 경호원을 붙여주었다고 한다. 나는 바로 이런 관객들이야말로 군중의 정신상태뿐 아니라 특히 암시에 걸리기 쉬운 군중의 특성을 가장 잘 보여주는 사례라고 생각한다. 군중에게는 현실적인 것보다는 비현실적인 것이 거의 언제나 훨씬 강력한 영향을 발휘하는데, 군중은 현실적인 것과 비현실적인 것을 구분하지 않으려는 명백한 성향을 지녔기 때문이다.

정복자들의 권력과 국가들의 세력도 자민족 군중의 상상력에 기반을 두고 있다. 이런 상상력을 이용하면 군중을 더욱 쉽게 지도할 수 있다. 불교, 그리스도교, 이슬람교의 성장, 종교개혁, 프랑스혁명, 그리고 현재 진행되고 있는 사회주의세력의 위협적인 침투를 위시한 역사적으로 중대한 모든 사실들은 군중의 상상력이 유발한 강력한 감동의 직·간접적인 결과들이다.

더구나 절대독재자들을 위시한 모든 시대, 모든 나라의 모든 중요한 정치가들은 자민족 군중의 상상력을 권력의 토대로 중시하면서 그런 상상력에 역행하는 통치행위는 시도조차 하지 않았다. 나폴레옹은 프랑스 최고행정법원에서 다음과 같이 진술한 바 있다.

"나는 가톨릭교도로 개종하여 방데의 반란[23]을 진압할
수 있었소. 이집트 원정을 위한 교두보도 내가 이슬람교도
가 되었기 때문에 놓을 수 있었소. 내가 교황권 지상주의
자(Ultramontane)가 되었기 때문에 이탈리아 성직자들도 나
의 지지자들이 되었소. 내가 만약 유대민족을 다스려야 했
다면 솔로몬 왕의 신전부터 재건했을 것이외다."

알렉산드로스 대왕과 카이사르 이후 군중의 상상력을 감
동시키는 방법을 나폴레옹보다 더 잘 이해한 위인은 아마도
없었을 것이다. 그는 언제나 군중의 감정을 사로잡는 데 골
몰했다. 그는 전쟁에서 승리한 순간이건, 열띤 토론을 벌일
때건, 연설할 때건, 하여간 언제나 군중의 상상력을 염두에
두고 행동했다. 그는 죽기 직전에도 그런 생각에 빠져있었
을 것이다.

그렇다면 군중의 상상력을 어떻게 감동시킬 수 있을까?
곧 그 방법을 알아보겠지만 여기서 일단 명심해야 할 것은
군중의 지성이나 추론능력에 호소하려다가는, 다시 말해
서 논리적으로 증명하려다가는 군중의 상상력에 결코 아무

런 감동도 줄 수 없다는 것이다. 안토니우스[24]가 카이사르 암살범들에 대한 군중의 분노를 폭발시키는 데 성공한 비법은 정연하고 유창한 연설이 아니라, 군중 앞에서 카이사르의 유언장을 낭독하고 카이사르의 시체를 전시하는 것이었다.

군중의 상상력을 감동시키는 모든 것은 구구한 설명을 일절 필요치 않는 깜짝 놀랄만하고 지극히 선명한 이미지, 아니면 적어도 기적처럼 보이거나 신비하기 그지없는 사실 한두 가지를 동반하는 이미지의 형태로 나타난다. 예컨대 위대한 승리, 형언할 수 없는 기적, 흉악한 범죄, 장대한 희망 같은 것들이 그런 이미지를 구성한다. 군중에게는 사건이나 사실을 총괄적으로 제시해야지 그것들의 발생경위나 전말은 결코 공개하지 말아야 한다. 잡다한 범죄들이나 사소한 사건들이 아무리 많이 발생해도 군중의 상상력은 미동도 하지 않는다. 반면에 단 한 건의 흉악범죄나 단 한 건의 대형사고라도, 그것이 백 건의 사소한 사건들이 초래한 피해를 합한 것보다 훨씬 미미한 피해를 초래했을지언정 군중의 상상력에 가하는 충격은 심대할 것이다. 몇 년

---

24) Marcus Antonius(서기전82~30): 율리우스 카이사르 휘하의 로마 장군이자 제2차 삼두정치(三頭政治: 서기전43~30) 때의 세 실력자들 중 한 사람. 로마 공화정을 무너뜨린 최후의 내전인 악티움 해전(Battle of Actium, 서기전31. 9. 2)에서 이집트 여왕 클레오파트라와 함께 옥타비아누스(훗날의 아우구스투스 황제)에게 패배했다 — 옮긴이.

전에 파리에서만 무려 5천 명의 목숨을 앗아간 유행성 독
감도 프랑스 군중의 상상력에는 거의 영향을 주지 않았다.
왜냐하면 이처럼 확실한 대량 인명피해도 어떤 가시적인
이미지로 구체화되지 않은 채 일주일 단위로 집계된 사망
자통계로만 발표되었기 때문이다. 그러나 만일 파리의 에
펠탑이 무너져서 5천 명이 아닌 5백 명이 단 하루 동안 공
개적으로 목숨을 잃는 대형사고가 발생한다면, 군중의 시
각에는 강렬한 인상을 남기는 그런 한 건의 대형사고가 군
중의 상상력에 엄청난 충격을 줄 것이다. 대서양을 횡단하
던 대형증기선이 항해도중에 침몰하여 연락이 두절되고 실
종된 것으로 추정되는 기사가 언론에 발표되자 군중의 상
상력이 받은 충격파는 일주일이나 지속됐다. 공식통계를
보면 1894년 한 해에만 범선 850척과 증기선 203척이 침
몰되거나 실종됐다. 그러나 대서양 항로에서 발생했을 가
능성이 있는 해난사고에 비하면 훨씬 많은 인명피해와 재
산손실을 초래했다는 점에서 훨씬 중요했을 이렇게 연발한
소규모 해난사고들에 대해 군중은 일말의 관심도 보이지
않았다.

그런데 군중의 상상력에 충격을 주는 것은 사건들 자체가
아니라 그런 사건들이 발생하는 경우와 군중에게 알려지는
방식이다. 요컨대 그것들이 군중의 마음을 완전하고 확실하

게 사로잡으려면 반드시 경악할 이미지를 생산해야 한다. 군중의 상상력을 사로잡는 기술을 아는 것이 곧 그들을 지배하는 기술도 아는 것이기 때문이다.

제4장 군중의 모든 확신이 두르는 종교적 외피

우리는 앞에서 군중은 이성적으로 추론하지 않는다는 것, 사상들을 일괄적으로 수용하거나 거부한다는 것, 토론도 반론도 일절 허용하지 않는다는 것, 그리고 그들이 걸린 암시들은 그들이 가진 이해력의 모든 영역으로 침투하여 곧장 행동으로 옮겨지는 경향을 가졌다는 것을 알았다. 또한 군중은 적절한 분위기만 조성되면 자신들이 열광하는 이상(理想)을 위해 기꺼이 목숨을 바친다는 것도 알았다. 아울러 그들은 오직 과격하고 극단적인 감정에만 호응하고, 그럴 경우에 공감은 재빨리 동경이나 숭배로 변모하고 반감(反感)도 순식간에 증오로 돌변한다는 것도 알았다. 이 모든 일반적인 현상은 군중이 품은 확신들의 본성에 대한 예감을 우리에게 선사한다.

그런 확신들을 조금 더 면밀히 검토해보면 종교적 광신의 시대에나, 아니면 지난세기에도 볼 수 있었던 정치적 대격변기에는 언제나 그것들은, 종교적 감정이라는 이름 외에 더 나은 이름을 붙일 수 없는 특별한 외피를 두르고 나타난다.

이 감정은 매우 단순한 성격들을 지녔는데, 우월하게 보이는 자에 대한 숭배, 신뢰하는 인간의 권능에 대한 경외감, 그런 자의 명령에 대한 맹목적 복종, 그런 자가 내세운 교리나 신조에 반론을 제기할 수 없는 무능력, 그런 교리나 신조를 전파하려는 욕망, 그것들을 수용하지 않는 모든 자들을 적으로 간주하는 경향 등으로 나타난다. 이 감정이 보이지 않는 신에 적용되든, 목조상이나 석조상에 적용되든, 영웅이나 정치적 관념에 적용되든 하여간 앞에서 제시한 성격을 드러낸다면 그 본질은 언제나 종교적인 것이다. 초자연적 현상이나 기적도 바로 이런 감정상태에 있는 사람에게 나타나는 것으로 보인다. 그리하여 군중은 당장 자신들을 열광시키는 정치적 신조나 승전한 지도자를 무의식적으로 신비한 권력과 결부시켜버린다.

신을 섬기는 인간만 종교적 인간은 아니다. 자신의 생각과 행동을 이끄는 귀감과 지침이 되는 어떤 사상이나 인물에 마음을 완전히 사로잡혀 자신의 의지마저 철저히 복속시킨 채 미친 듯이 헌신하는 인간도 종교적 인간이다.

편협성과 광신성은 종교적 감정이 필연적으로 동반하는 성향이다. 지상의 행복이나 영원한 행복의 비밀을 안다고 자신하는 사람들도 필연적으로 이런 성향들을 드러내기 마련이다. 이 두 가지 성향은 어떤 확신에 감동받아 집단화된 모든 인간에게서 발견될 것이다. 공포정치를 자행한 프랑스의 자코뱅당원들도 근본적으로는 (이단자를 잔혹하게 고문하고 살해하기로 악명 높았던) 에스파냐 종교재판소의 가톨릭교도들과 마찬가지로 종교적 인간들이었는데, 그들의 잔혹한 광신성은 모두 동일한 종교적 감정에서 비롯된 것이었다.

군중의 확신들은 종교적 감정에 고유한 맹목적 순종, 맹렬한 편협성, 과격한 선동욕구 같은 성향들로 표현되기 때문에 군중의 모든 신념은 종교적 형식을 취한다고 말할 수 있다. 군중이 찬양하는 영웅은 군중에게는 영락없는 신이다. 나폴레옹도 15년간 그런 신이었는데, 그만큼 많은 골수 신봉자를 갖거나 그만큼 많은 사람을 쉽게 사지로 내몰았던 신은 결코 없었을 것이다. 그리스도교의 신은 물론 다른 어떤 종교의 신들도 자신들을 경배하는 신도들의 정신에 대해 그만큼 절대적인 지배력을 행사하지는 못했을 것이다.

종교나 정치적 강령의 창시자들이 모두 자신의 종교나 정치적 강령을 정착시킬 수 있었던 유일한 이유는, 우상을 숭배하고 그 우상에 복종하면 행복해지고 그 우상을 위해서라면 목숨을 바쳐도 아깝지 않다고 느낀 사람들이 품는 것과 같은 광신적 감정을 군중에게 고취하는 데 그들이 성공했다는 것이다. 역사의 전환기에는 언제나 이런 일이 발생했다. 쿨랑주[25]는 로마제국의 갈리아에 대한 탁월한 연구서에서 로마제국을 유지한 것은 결코 군사력 자체가 아니라 그 군

사력이 유발한 종교적 감탄이었다고 정확히 지적했다. 그는
다음과 같이 정확히 사태를 파악했다.

> "백성으로부터 그토록 미움을 사면서도 5세기 동안이
> 나 유지된 정부는 세계사에서도 유래를 찾아볼 수 없을
> 것이다…. 로마제국이 고작 30개 남짓한 군단으로 1억여
> 명을 제압하여 복종시켰다는 사실은 참으로 불가사의하게
> 보이리라."

그렇게 많은 이들이 로마제국에 복종한 이유는 제국의 위
용을 상징하는 황제가 만장일치로 신처럼 숭배되었다는 것
이다. 로마제국의 가장 작은 마을에도 황제를 모시는 제단
이 있었다고 한다.

> "황제들이 아예 신처럼 숭배되기 시작했을 무렵 로마제
> 국 전역에서는 하나의 새로운 종교가 발흥하는 듯이 보였

---

25) Numa Denis Fustel de Coulanges(1830~1889): 프랑스 역사학자. 대표작 『고대 도시 *La Cité antique*』(1864)에서 고대 그리스와 로마를 비교연구하여 종교가 공동체의 형성과 결합을 유지시키는 원리라고 규정지었다. 이후 1875~1892년간 발간된 『고대 프랑스 정치제도사 *Histoire des institutions politiques de l'ancienne France*』(6권)에서는 봉건제도와 같은 프랑크왕국의 여러 제도의 기원이 로마에 있다는 주장을 폈다. 다른 저서로는 『로마제국의 갈리아 *La Gaule romaine*』(1891), 『게르만족의 침략과 로마제국의 멸망 *L'Invasion germanique et la fin de l'empire*』(1891), 『프랑크왕국 *La Monarchie franque*』(1888) 등이 있다. 르 봉이 여기서 언급하는 저서는 『로마제국의 갈리아』를 가리킨다 — 옮긴이.

다. 그리스도교가 공인되기 몇 년 전 리옹(Lyons) 인근 마을에 있던 황제를 위한 신전과 같은 신전이 갈리아 전역의 60개 도시에도 일제히 건축되었다…. 갈리아 시민들의 만장일치로 선출된 신전의 사제들은 갈리아의 각 도시를 대표하는 유명인사들이었다…. 이 모든 현상의 원인을 공포감과 노예근성으로 볼 수는 없다. 제국을 구성한 모든 민족이 노예로 살지는 않았고, 특히 300년 동안은 더욱 그랬다. 황제를 숭배한 자들은 신하들이 아니라 로마 자체였고, 나아가 로마뿐 아니라 갈리아와 에스파냐, 그리스와 아시아도 황제를 숭배했다.”

오늘날 군중의 마음을 사로잡는 위인들의 대다수는 그런 제단에서 숭배되지는 않지만, 동상으로 세워지거나 존경하는 사람들이 소장할 초상화로 그려지기도 한다. 그러나 그런 동상이나 초상화를 대상으로 한 숭배는 과거의 위인들이 받던 숭배와 별다른 차이가 없는 것이다. 역사철학을 이해하려면 반드시 이런 군중심리의 근본요소를 충분히 파악해야 한다. 군중이 가장 먼저 원하는 것은 바로 신이기 때문이다.

이것들을 이성이 확실히 굴복시킨 낡은 미신으로 치부하지는 말아야 한다. 이성을 상대로 줄기차게 투쟁해온 감정은 결코 이성에 굴복하지 않았고, 앞으로도 그럴 것이기 때문이다. 군중은 장구한 세월동안 자신들을 노예로 부려온 신과 종교의 이름으로 하는 말밖에 듣지 않을 것이다. 그러나 군중은 지난 100년간 물신(物神, fétiche)을 결코 많이 소유하지 않았고, 옛 신들도 자신들을 기념하는 동상과 제단을 결코 많이 소유하지 않았다. 근년에 불랑기즘[26]이라는 이름으로 진행된 민중운동을 연구해본 사람은 군중의 종교본능이 얼마나 부활하기 쉬운 것인지를 알 수 있을 것이다. 당시에 그 영웅(불랑제)의 초상화는 심지어 시골여인숙에도 걸려 있었다. 그는 모든 불의와 모든 해악을 일소할 능력을 지닌 인물로 믿겼는데, 수천 명이 그를 위해 목숨을 바쳤을 것이다. 그러나 그의 역사적 위상은 대단하게 평가될 수 있을지 몰라도 그의 인격은 전설적인 유명세에 비하면 형편없는 것이었다.

그래서 종교가 군중에게 반드시 필요하다는 것은 두말 할 필요가 없다. 왜냐하면 정치적이고 신성하며 사회적인 모든 신조는 언제나 종교적 외피 — 반론의 위험을 미연에 제거하는 외피 — 를 두를 수 있는 조건에서만 군중에게 각인될 수 있기 때문이다. 설령 군중을 무신론자로 개종시킬만한 신념이 존재하더라도 그것 역시 종교적 감정의 모든 편협한

---

26) 각주 8)번 참조 — 옮긴이.

광신성을 드러낼 것이고, 그것이 외부로 표현되는 방식도 곧장 숭배나 예배의 형식을 띠고 말 것이다. 실증주의자들 가운데 한 소수파의 진화과정은 이런 현상을 예증하는 흥미로운 증거를 우리에게 제공한다.

심오한 사상가이기도 했던 도스토예프스키는 어느 소설에서 니힐리스트가 경험한 것을 실증주의자들도 그대로 경험한다고 썼다. 어느 날 이성의 빛을 받아 계몽된 실증주의자는 교회의 제단에 모셔진 신들과 성자들의 이미지(조각상이나 그림 따위)들을 부숴버리고 촛불도 꺼버리고 부서진 물건들을 뷔히너[27]와 몰레스호트[28]같은 무신론자들의 작품과 저서로 황급히 대체한 후 경건한 자세로 촛불을 다시 켰다. 그런데 이처럼 그가 종교적 신앙의 대상을 바꿨다고 해서 과연 그의 종교적 감정까지 변했다고 단언할 수 있을까?

거듭 말하건대 필시 가장 중요할 어떤 역사적 사건들은 군중의 확신들이 언제나 장기간 따르는 종교적 형식을 충분히 파악하지 않으면 이해할 수 없는 것이다. 박물학적 관점

---

27) Georg Büchner(1813~1837): 독일의 극작가. 자연주의자와 표현주의자의 선구자로 통한다. 정치활동에도 참여했는데, 현대연극의 여러 과제를 가장 많이 가장 먼저 다룬 극작가로 유명하다. 주요작품으로 『당통의 죽음 Dantons Tod』, 『보이체크 Woyzeck』 등이 있다 — 옮긴이.

28) Jacob Moleschott(1822~1893): 네덜란드의 생리학자. 생명을 기계적·화학적으로 설명했고, 특히 사상이 뇌의 인소(燐素)에서 비롯된다고 주장하였다. 그리고 세계는 근본물질의 운동이고, 만물은 자연법칙에 의해 규정된다고 설명했다. 대표저서는 『생명의 순환 Der Kreislauf des Lebens』(1852)이다 — 옮긴이.

보다는 심리학적 관점에서 훨씬 깊이 연구해야 하는 사회적 현상들도 있다.

위대한 역사학자 텐도 프랑스혁명을 오직 박물학적 관점에서만 연구한 나머지 관련 사건들의 진정한 발생원인들을 간과하는 경우가 자주 있었다. 그는 사실들을 완벽하게 관찰했지만, 군중심리에 대한 연구를 소홀히 했기 때문에 언제나 그 원인들을 깊이 추적하지 못했다. 잔혹하고 무질서하며 과격하기 그지없는 측면을 지닌 사실들을 목격하고 너무나 소름끼친 그는 고삐 풀린 본능들을 마음껏 발산하며 미쳐 날뛰는 야만적인 무리들에게만 시선을 고정한 나머지 위대한 드라마의 주인공들은 거의 보지 못했다.

프랑스혁명이 기존의 모든 것을 향해 폭발시킨 난폭성, 대량학살, 선동욕구, 선전포고는 그 혁명이 단지 군중의 정신에 새로운 종교적 신념을 정착시키는 과정에 불과했음을 성찰해야만 비로소 설명될 수 있을 것이다. 종교개혁, 바르톨로뮤(Bartholomew: 예수의 12제자 중 한 명) 축일(1572년 8월 24일)에 벌어진 프로테스탄트교도 대학살, 프랑스에서 벌어진 각종 종교전쟁들, 에스파냐의 종교재판, 자코뱅당의 공포정치도 역시 격동하는 종교적 감정을 표출한 군중이 초래한 동일한 과정이었다. 그런 종교적 감정에 도취된 군중은 필연적으로 새로운 신념의 정착을 반대하는 자들을 모조리

무자비하게 불태워 죽이거나 칼로 베거나 찔러 죽여서라도 아예 씨를 말리려고 덤빌 것이다. 종교재판소가 구사한 방법들은 독실하고 완고한 확신을 품은 모든 사람이 구사하는 방법이다. 그들의 확신이 또 다른 방법으로 표출되었다면 그렇게 독실하다거나 완고하다는 평을 듣지는 않았을 것이다.

내가 앞에서 거론한 것들과 유사한 격변들은 군중의 영혼이 그것들을 추동하는 경우에만 발생할 수 있다. 가장 절대적인 독재자도 그런 격변들을 추동할 수 없다. 바르톨로뮤 축일의 대학살을 한 명의 왕이 저질렀다고 말하는 역사학자들은 자신들이 군왕들의 심리를 모르는 만큼 군중심리도 모른다는 것을 자백하는 셈이다. 그런 격변들을 현실화시킬 수 있는 것은 오직 군중의 영혼밖에 없기 때문이다. 가장 독재적인 군왕이 행사하는 가장 절대적인 권력도 군중의 영혼이 현실화되는 순간을 앞당기거나 지연시키기밖에 하지 못한다.

---

29) Maximilien de Robespierre(1758~1794): 프랑스혁명기의 정치가. 자코뱅당의 지도자로서 왕정을 폐지하고, 1793년 6월 독재체제를 수립하여 공포정치를 자행했지만, 1794년 테르미도르의 쿠데타(Thermidor coup d'État)로 타도되어 처형당했다 — 옮긴이.

30) Georges Jacques Danton(1759~1794): 프랑스혁명기의 정치가. 자코뱅당의 지도자로서 혁명재판소를 설치하고 왕당파를 처형했지만, 로베스피에르의 독재에 반대하다가 처형당했다 — 옮긴이.

31) Louis Antoine Léon de Saint-Just(1767~1794): 프랑스의 정치가. 프랑스혁명기에 로베스피에르와 함께 공포정치를 이끌었지만, 이후 반대파에게 처형당했다 — 옮긴이.

바르톨로뮤 축일의 대학살이나 종교전쟁들이 왕들의 소행이 아니었었듯이 공포정치도 로베스피에르[29]나 당통[30]이나 생쥐스트[31]의 소행이 아니었다. 그런 사건들의 저변에는 언제나 군중의 영혼이 암약하고 있을 뿐 주권자들의 권력은 결코 발견되지 않는다.

제2부

군중의 여론과 신념

철학은 군중을 매혹할 수 있는
어떤 이상도 군중에게 제시하지 못했다.
그러나 군중은 어떤 희생을 치르고라도
자신들의 환상을 가져야 하기 때문에
자신들이 원하는 환상을 선사할 웅변가들을
마치 불빛을 찾는 불나방들처럼 본능적으로 찾아 나섰다.
진실이 아닌 오류야말로
언제나 민족진화를 주도하는 요인이었다.

제1장 군중의 여론과 신념을
결정하는 간접요인들

앞에서 우리는 군중의 정신구조를 살펴보면서 그들이 느끼고 생각하고 추리하는 방식에 익숙해졌다. 여기서는 군중의 여론과 신념이 형성되고 확립되는 과정을 살펴보기로 하자.

여론과 신념을 결정하는 요인들은 간접요인들과 직접요인들로 분류될 수 있다.

간접요인들은 확신할 수 있는 것만 수용하고 확신할 수 없는 모든 것을 절대적으로 거부할 수 있는 능력을 군중에게 부여한다. 이런 요인들은 겉보기로는 자생적인 것으로만 보이지만 어느 날 갑자기 실로 경악할만한 세력과 결과들을 초래할 새로운 사상들이 싹틀 수 있는 토양을 마련해준다. 군중 사이에서는 어떤 사상들이 때로는 엄청난 속도로 폭발하여 급속히 실천되기도 한다. 그러나 이것은 표면적인 효과에 불과하고, 그 이면에서 예비과정이나 준비운동이 장기간 진행되었다는 사실을 알아야 한다.

직접요인들은 군중을 효과적으로 설득하기 위한 자원으로 사용된다. 그런데 이 요인들은 준비운동이 절정에 이르렀을 때에만 생성되고, 준비운동이 이루어지지 않으면 전혀 생성되지 않는다. 다시 말하면 이 요인들은 사상에 형태를 부여하고, 그 사상이 발휘할 수 있는 모든 영향력을 발휘할 수 있는 여건을 제공한다. 어느 날 갑자기 집단을 사로잡아 결연한 의지로 불타게 만드는 것은 바로 이런 직접요인들이다. 이 요인들은 폭동이나 파업의 기폭제로 작용하기도 하고, 절대다수의 국민이 단 한 사람에게 정부를 전복시킬 권한을 몰아주는 계기로도 작용한다.

이 두 가지 요인들이 맞물려 유발하는 연쇄효과는 모든 역사적 대사건에서도 발견된다. 프랑스혁명 — 앞에서도 거론했지만, 역사적으로 가장 충격적인 대사건이어서 다시 거론해볼 만하다 — 의 간접요인들로는 철학자들의 저작물, 귀족들의 착취, 과학사상의 진보 등을 들 수 있다. 그런 간접요인들 덕분에 준비운동을 마친 군중의 정신은 연설가들의 연설 같은 직접요인들에 쉽게 호응하면서도 왕당파가 내놓은 무의미한 개혁안들을 거부할 수 있었던 것이다.

간접요인들 중에는 군중의 모든 신념과 여론의 저변에서 작용하는 일반적이고 자연스러운 것들도 있는데 민족, 전통, 시간, 제도, 교육이 그런 것들이다.

이제부터 이런 다양한 요인들의 영향을 검토해보기로 하자.

1. 민족

　민족은 다른 모든 간접요인을 압도할 정도로 강력한 요인
이므로 최우선적으로 고려되어야 마땅할 것이다. 이 요인은
앞서 언급한 나의 저서에서 충분히 다루었기 때문에 여기서
는 재론할 필요가 없을 줄로 안다. 나는 그 저서에서 역사적
민족의 개념을 정의하고, 일단 형성된 민족의 성격이 유전법
칙의 결과로 강력한 위력을 획득하는 과정을 살펴보았다. 그
러면서 민족의 신념과 제도와 예술 — 요컨대 그 민족의 문명
을 구성하는 모든 요소 — 은 민족이 타고난 특성의 외부적
표현에 불과하다고 지적했다. 이어서 나는 민족성의 역량은
가장 심대한 변화를 겪지 않으면 다른 민족에게는 결코 이식
될 수 없는 강력한 요소임을 증명해보였다.[32]

　어떤 시기의 환경, 상황들, 사건들은 그 시기의 사회적 암
시들을 표현한다. 그런 암시들이 상당한 영향력을 지녔을
수 있지만 그런 암시들이 민족적 암시들, 즉 어떤 민족이 자
민족의 모든 조상으로부터 물려받은 암시들과 상반될 경우
에는 언제나 이런 영향력은 일시적으로만 발휘된다.

---

32) 한창 주목받고 있는 신기할 정도로 참신한 이 명제 없이는 역사를 제대로 이해할 수 없기 때문에 나는
　　이전 저서(『민족진화의 심리법칙』) 가운데 4개의 장을 이 명제를 증명하는 데 할애했다. 그 저서를 읽
　　는 독자는 언어, 종교, 예술을 불문한 문명의 모든 구성요소는 이 민족에서 저 민족으로 결코 완전하게
　　이전될 수 없다는 믿기 어려운 사실을 알 수 있을 것이다.

나는 뒤에서 몇 장(章)을 할애하여 민족의 영향력을 재검토하면서 이런 영향력이 군중의 특성이 드러내는 고유한 성격들을 지배할 정도로 강력하다는 것을 증명할 것이다. 이 사실 때문에 군중의 신념과 행동도 민족에 따라 매우 다양한 차이를 보이고, 또 동일한 환경, 상황, 사건에도 그만큼 다양한 반응을 보이는 것이다.

2. 전통

전통은 과거의 사상들, 욕구들, 감정들로 나타난다. 그것은 종합된 민족성이어서 엄청난 무게로 우리를 압박한다.

과거가 생물진화에 막대한 영향을 준다는 것을 발생학이 증명한 이래 생물학계는 변화를 거듭해왔다. 또한 역사학계도 이런 개념이 점차 유포되면서 적잖은 변화를 겪었다. 그러나 전반적으로 변화는 아직 충분히 이루어지지 않아서 오늘날 많은 정치가들은 '사회는 과거와 단절할 수 있고, 오직 이성의 빛만이 밝힐 수 있는 완전히 새로운 노선으로 진로를 수정할 수 있다'고 믿었던 지난 세기의 이론가들보다 한 발짝도 앞으로 나아가지 못하고 있다.

하나의 민족은 과거가 창출한 유기적 조직체여서 다른 모

든 유기체와 마찬가지로 유전형질들이 장기간 서서히 축적
되어야만 비로소 변이될 수 있다.

　민족을 견인하는 전통은 특히 군중에게 더욱 강력한 견인
력을 행사한다. 그런 전통의 구성요소들 가운데 쉽게 변화
시킬 수 있는 것은, 내가 앞에서 거듭 말했듯이 전통의 명칭
이나 외면적인 형태밖에 없다.

　전통의 이런 성격을 유감스럽게 여길 수는 없다. 민족의
특성이나 문명도 전통 없이는 형성될 수 없을 것이기 때문
이다. 그리하여 유사 이래 인간의 두 가지 중대한 관심은 그
가 물려받은 여러 전통들의 연결망을 조직하는 것이었고,
그 연결망이 시효를 다하여 유익함을 상실하면 그것을 파괴
하는 것이었다. 문명은 그런 전통들 없이는 건설될 수 없지
만, 그것들을 다시 파괴해야만 진보할 수 있다. 실로 헤아릴
수 없이 어려운 이 난제는 문명의 내구성과 가변성을 동시
에 적절히 유지하려면 부득이하게 감내할 수밖에 없는 것이
다. 자민족의 관습이 자신들에게 너무 확고하게 뿌리를 내
리도록 방치한 민족은 그것을 더 이상 변화시킬 수 없기 때
문에 중국처럼 개선불능상태로 전락할 수도 있다. 그런 경
우에 폭력혁명도 소용이 없다. 왜냐하면 그럴 경우에는 부
서져 흩어진 쇠사슬 파편들을 다시 주워 모아 이어붙이는
식으로 과거와 다름없는 제국을 복원하든지 아니면 흩어진

파편들을 그대로 방치한 채 곧바로 무정부상태로 몰락하든
지 하는 수밖에 없을 것이기 때문이다. 그래서 한 민족의 이
상(理想)은 도저히 감지할 수 없을 정도로 조금씩 변할 따름
인 과거의 제도들을 통해서 보존된다. 그런 이상을 실현하
기는 어렵다. 고대의 로마인들과 현대의 영국인들만이 그런
이상을 완전히도 아닌 겨우 근접하게 실현했을 따름이다.

전통적인 사상에 가장 끈질기게 매달려서 변화를 가장 완
강하게 거부하는 자들은 바로 군중이다. 확고한 신분(카스트)
으로 구성된 부류의 군중일수록 이런 경향을 현저하게 드러
낸다. 나는 앞에서 군중의 보수적 기질을 강조하면서, 가장
과격한 반란도 단지 표현법이나 용어를 변화시키는 선에서
막을 내리고 만다는 것을 증명해보였다. 교회들이 파괴되고
성직자들이 추방되거나 단두대의 이슬로 사라진 18세기말
에는 낡은 종교적 사상들이 완전히 세력을 상실했다고 생각
될 수도 있었겠지만, 철폐된 대중예배제도가 만인의 요구를
못 이겨 재건되기 이전 몇 년간이나 그 세력은 거의 변함없
이 유지되고 있었다.[33]

---

33) 텐이 인용한 푸르크루아(Fourcroy)라는 골수관습주의자가 제출한 보고서는 이런 사실을 확실히 예증한
다. "주일날을 지켜서 교회에 예배하러 가는 사람들을 어디서나 볼 수 있는데, 이런 추세는 프랑스인의
대다수가 옛 풍습이 회복되기를 원하고 있다는 것, 그리고 이처럼 자연스러운 추세를 이제 더는 막지
못한다는 것을 증명한다…. 국민의 대다수가 종교와 집단예배와 성직자들을 필요로 한다. 나도 한 때 심
취했던 종교적 편견들을 타파할 수 있는 교육이 보편화될 수 있다는 믿음은 일부 현대 철학자들의 오신
(誤信)이다. 종교적 편견들이야말로 대다수 불행한 사람들에게 위안을 주는 원천이기 때문이다…. 따라
서 국민대중에게는 그들의 성직자들, 그들의 제단들, 그들의 집단예배가 허용되어야할 것이다."

한동안 철폐되었던 낡은 전통들도 이렇게 다시 지배력을 회복하고야 말았다. 위 사례는 군중의 정신을 지배하는 전통의 위력을 가장 잘 보여준다. 가장 무서운 우상들은 신전에 모셔지지 않고 가장 독재적인 폭군들도 왕궁에 살지 않는다. 우상이나 폭군은 모두 순식간에 무너질 수 있기 때문이다. 그러나 우리의 내면 가장 깊은 곳에 군림하는 보이지 않는 지배자들(전통들)은 우리가 아무리 한순간에 무너뜨리려 해도 꿈쩍하지 않고 수백 년의 세월이 흐르는 동안 서서히 사라질 뿐이다.

3. 시간

시간은 생물학적 문제들뿐만 아니라 사회적 문제들에도 가장 강한 영향을 미치는 간접요인들 가운데 하나이다. 시간이야말로 유일한 진정한 조물주요 유일한 대(大)파괴자이다. 시간은 모래알로 산맥을 만들고 태고의 미미한 단세포 생물을 존엄한 인간으로까지 진화시켰다. 수백 년의 세월이 변화시키지 못하는 것은 없다. 흰개미가 충분한 수명만 부여받는다면 몽블랑 산만큼 거대한 개미집도 축조할 수 있을 것이다. 시간을 마음대로 조종할 수 있는 마력을 소유하면

신도들이 오직 신만이 지녔다고 믿는 권능도 소유할 수 있을 것이다.

그러나 여기서는 시간이 군중여론의 발생과정에 미치는 영향만 주목해보기로 하자. 이런 관점에서 본 시간의 작용력은 실로 막대하다. 민족처럼 거대한 세력도 시간에 좌우되고 시간 없이는 형성될 수도 없다. 시간은 모든 신념을 탄생시키고 성장시키며 사멸시킨다. 모든 신념은 시간 덕분에 세력을 획득하지만 시간에 먹혀서 세력을 상실한다.

군중의 여론과 신념 또는 적어도 그것들이 싹틀 토양을 마련하는 것도 바로 시간이다. 그래서 어떤 사상들은 제때를 만나면 실현될 수 있지만 그렇지 못하면 실현될 수 없다. 무수한 신념과 생각을 퇴적시켜 그런 사상들이 제때 싹틀 수 있는 토양을 만드는 것도 시간이다. 그런 사상들은 아무렇게나 우발적으로 성장하지 않는다. 그것들은 저마다 머나먼 과거에 뿌리박고 있기 때문이다. 그것들이 만개하기 위한 준비를 할 수 있는 여유를 선사하는 것도 시간이다. 그것들의 발생과정을 분명히 이해하려면 반드시 그것들의 과거를 추적하여 연구해야 한다. 그것들은 과거의 딸들이요 미래의 어머니들이지만 언제나 시간의 노예였고 앞으로도 계속 그럴 것이다.

요컨대 시간은 우리의 진정한 지배자이므로 만물이 변한

다는 사실은 시간에 모든 것을 맡기기만 해도 족히 알 수 있을 것이다. 오늘날 우리는 군중이 품은 위험한 열망들과 그것들이 파괴와 격변을 몰아올지도 모른다는 불길한 예감에 젖어 매우 불안해 하고 있다. 그러나 시간만 충분히 주어진다면 우리는 불안을 해소하고 평상심을 회복할 수 있을 것이다. 그래서 라비스[34]가 피력한 다음과 같은 견해는 매우 타당하게 보인다.

"어떤 정부도 하루아침에 수립되지 않았다. 정치조직과 사회조직들이 확립되려면 수백 년이 걸린다. 봉건제도는 자체의 법칙을 확립하기 전까지 수백 년간 허술하고 혼란스러운 상태에 머물렀다. 절대군주체제도 정규적인 통치 방법을 완비하는 데 수백 년을 소비했다. 그런 기다림의 시절은 극도로 파란만장했다."

---

34) Ernest Lavisse(1842~1922): 프랑스의 역사학자. 저서로 『프로이센 역사에 대한 연구 *Etudes sur l'Histoire de la Prusse*』(1879), 『독일의 세 황제 *Trois empereurs d'Allemagne*』(1888), 『프리드리히 대왕의 청소년기 *La Jeunesse du grand Frédéric*』(1891) 등이 있다 — 옮긴이.

4. 정치제도와 사회제도

제도가 사회의 결함을 고칠 수 있고 제도와 정부를 개선하면 민족도 진보하며 법령으로 사회를 변화시킬 수 있다는 발상은 아직도 일반적으로 통용되는 듯이 보인다. 이런 발상이 프랑스혁명의 출발점이었고 오늘날에도 사회이론들의 기반이 되고 있다.

아무리 지속적인 경험도 이런 심각한 미망을 뒤흔들지는 못했다. 철학자들과 역사학자들도 제도는 사상, 감정, 관습의 산물이라서 법전을 고쳐도 사상, 감정, 관습은 바뀌지 않는다는 것은 쉽사리 증명했지만, 이런 미망의 부조리만은 입증하지 못했다. 어떤 민족도 머리카락이나 눈동자의 색깔을 마음대로 선택하지 못했듯이 제도도 마음대로 선택하지 못한다. 제도와 정부는 민족성의 산물이다. 그것들은 시대의 창조자가 아니라 시대의 피조물이다. 민족은 자신들이 시시때때로 부리는 변덕에 따라 통치되지 않고, 오히려 민족성이 정부로 하여금 자신들을 통치하도록 결정한다. 하나의 정치체제를 형성하려면 수백 년이 걸리고 그것을 바꾸는 데도 수백 년이 걸린다. 제도들이 타고난 미덕은 전혀 없다. 그것들 자체는 이롭지도 해롭지도 않다. 특정 순간에 특정 민족에게 이로운 제도들도 다른 민족에게는 극도로 해로울 수 있다.

더구나 자민족의 제도들을 변화시킬 능력을 가진 민족은 결코 없다. 단언하건대 폭력혁명도 제도의 명칭은 바꿀 수 있을지언정 제도의 본질은 바꾸지 못한다. 명칭이란 사건의 근저를 추적하는 역사학자라면 주목할 필요가 거의 없을 정도로 하찮은 꼬리표에 불과하다. 예컨대 이것은 세계에 현존하는 국가들 가운데 입헌군주제를 채택하고 있으면서도 가장 민주적인 국가가 잉글랜드[35]인 반면에 공화제를 채택하고 있으면서도 가장 억압적인 독재정치가 만연하는 국가들이 아메리카의 에스파냐계 공화국들이라는 사실로도 증명될 수 있다. 민족의 운명을 결정하는 것은 민족성이지 정치제도가 아니다. 나는 이전 저서(『민족진화의 심리법칙』)에서 확실한 사례들을 거론하면서 이런 나의 견해를 확립하려는 노력을 경주했다.

제도를 바꾼다는 명복으로 갖은 무미건조한 헌법조문이나 대량생산하며 시간을 낭비하는 짓은 결국 철없는 짓이요 무지한 수사학자의 소일거리에 불과하다. 우리가 필요성과

---

35) 미합중국에서 가장 진보적인 공화주의자들도 이 사실을 인정한다. 이와 같은 견해가 미합중국의 잡지 《포럼 The Forum》 최근호에서 솔직하게 표현되었고 《리뷰 오브 리뷰 Review of Review》 1894년 12월호에 다시 실렸다. 그 내용은 이렇다. "심지어 귀족정치에 대한 가장 맹렬한 적대자들조차 오늘날 잉글랜드가 세상에서 가장 민주적인 나라, 개인의 권리들이 가장 존중받는 나라, 개인이 가장 많은 자유를 누리는 나라임을 결코 망각하지 않을 것이다."

시간이라는 두 간접요인을 잘 파악하여 시기적절하게 적용시키는 지혜를 발휘한다면 두 요인도 제도들을 가다듬는 과업을 자연스럽게 떠맡아 수행할 것이다. 이것이 바로 앵글로색슨족이 채택한 전략인데, 영국의 저명한 역사학자 매콜리[36]는 라틴계 국가의 정치인들이 깊이 명심해야 할 가르침을 우리에게 선사한 바 있다. 그는 순수이성의 관점에서 보면 부조리와 모순이 혼란스럽게 뒤섞인 법률로 성취될 수 있는 모든 이익을 제시한 연후에, 라틴계 민족들의 격동에 휩쓸려버린 헌법조문들과 잉글랜드의 헌법조문들을 비교하면서 잉글랜드의 것들은 결코 사변적인 이성이 아닌 즉각적인 필요성에 따라 아주 천천히 조금씩 변경되어왔을 뿐이라고 지적한다.

　　"세력균형 같은 것은 일절 생각하지 말고 최대한 편의성만 고려할 것. 단지 변칙이라는 이유만으로 변칙을 결코 무시하지 말 것. 어느 정도 불편하게 느껴지는 경우 말고는 새로운 제안을 결코 하지 말 것. 불편을 없애기 위한 경우 말고는 새로운 제안을 결코 하지 말 것. 특수한 경우

---

36) Thomas Babington Macaulay(1800~1859): 영국의 역사학자 겸 정치가. 인디아 총독의 고문으로서 법 앞에서 만인평등을 주장하고, 영어교육과 인디아 형법전 작성 등 인디아를 통치하는 데 중요한 제언들을 했다. 대표저서는 『제임스 2세가 암살된 이후 잉글랜드역사 *The History of England from the Accession of James II*』이다 ― 옮긴이.

에 필요한 진술을 제외한 어떤 주장도 결코 제기하지 말
것. 이것들은 존 시대부터 빅토리아 시대까지[37] 250차례
회기(會期)를 거치는 동안 우리의 의회에서 일반적으로 준
수되어온 토의규칙들이다."

각 민족의 법률과 제도는 그들이 표현할 수 있는 욕구들
의 범위를 규정했다는 것, 그런 이유로 그들의 법률과 제도
가 급격히 변할 수 없었다는 것을 증명하려면 그들의 법률
과 제도를 일일이 구체적으로 검토해야 할 것이다. 그러다
가 보면, 예컨대 중앙집권화의 장점과 약점에 관한 철학적
논문 같은 것도 쓸 수 있을지도 모른다. 그러나 매우 다양한
민족성으로 구성된 민족이 이런 중앙집권화를 이룩하기 위
해 무려 천 년을 소비했다는 것을 우리가 안다면, 그리고 과
거의 모든 제도를 혁파할 목적으로 발생한 대규모 혁명도
이런 중앙집권화를 모색하는 세력들에 의해 강요된 것이고
심지어 그들의 세력을 강화시켰다는 것을 우리가 간파한다
면, 중앙집권화는 곧 절박한 욕구의 소산이었고 바로 그 민
족의 존재조건이라는 것을 우리는 인정해야 할 것이고, 나

---

37) 즉 잉글랜드의 왕 존(John, 1166~1216)의 재위기간인 1199~1216년부터 영국의 여왕 빅토리아
(Alexandrina Victoria, 1819~1901)가 왕위 등극한 1837년 이후 매콜리가 활동한 1859년 이전까지 ―
옮긴이.

아가 중앙집권체제를 파괴해야 한다고 말하는 정치인들의 빈곤하고 협소한 정신을 가련하게 여길 수밖에 없을 것이다. 만약 그 정치가들이 우연하게라도 중앙집권체제를 무너뜨리는 데 성공했다면, 그들이 거둔 성공은 한동안 치열한 내전[38]이 벌어졌다는 표시일 것이고, 더구나 그 내전이 끝나자마자 과거보다 훨씬 억압적인 새로운 중앙집권체제가 다시 수립되었다는 표시일 것이다.

이런 사실들로부터 도출할 수 있는 결론은 제도는 군중의 특성에 심대한 영향을 줄 수 있는 어떤 수단도 제공할 수 없다는 것이다. 미합중국 같은 나라들은 민주적인 제도들에 편승하여 고도로 번영하고 있는 반면에 아메리카의 에스파냐계 공화국들 같은 나라들은 절대주의제도와 흡사한 제도들이 압제하는 와중에도 참담한 무정부상태에 머물고 있다.이런 상황을 우리가 안다면 제도는 다른 민족들의 타락이나 몰락과 무관하듯이 자민족의 위대성과도 무관한 것임을 인정할 것이다. 민족들은 각기 자신들의 민족성에 지배되므로, 그 민족성

---

38) 심각한 사회문제들이 발생하여 혼란기로 접어든 프랑스에서 다양한 분파를 탄생시킨 근본적인 종교적·정치적 내분들과, 프랑스혁명기간에 명백히 표출되었다가 프랑스–프로이센전쟁의 막바지에 다시 표출되기 시작한 분파주의 경향들을 비교해보면, 프랑스를 구성하는 다양한 민족성이 완벽하게 혼합되기는 아직도 한참 멀었다는 것을 알 수 있을 것이다. 프랑스혁명을 강력하게 중앙집권화하고, 전통적인 대교구들을 뒤섞어 인위적인 행정구역으로 재편성하는 작업은 확실히 가장 유익한 것이었다. 만일 오늘날 예지력을 결여한 정신의 소유자들이 몰두하고 있는 지방분권화가 성공한다면 그 즉시 피비린내나는 혼란과 무질서가 만연할지도 모른다. 이 사실을 간과하면 프랑스의 전체 역사도 이해하지 못할 것이다.

을 흡사하게 본받지 못한 모든 제도는 단지 빌려 입은 옷이나 잠시 썼다가 버리는 가면 같은 것에 불과하다. 참혹한 전쟁이나 폭력혁명들은 마치 성자들의 유품처럼 위안을 주는 초자연적 능력을 지닌 것으로 착각되어온 제도들을 민족들에 강요하는 데 이바지해왔고, 또 앞으로도 계속 그럴 것이 틀림없다. 따라서 어찌 보면 제도들은 그런 격변들을 유발하는 한에서 군중의 정신에 반응하는 것이라고도 말해질 수 있을 것이다. 그러나 현실적으로 제도들은 그렇게 반응하지 않는다. 그것들이 번영하든 사멸하든 그것들 자체는 아무 가치도 없다는 것을 우리는 잘 알고 있기 때문이다. 군중의 정신에 영향을 주는 것은 환상과 언어이다. 특히 언어는 터무니없이 강력한 영향력과 경이로운 지배력을 발휘한다.

5. 교육과 학습

이 시대를 지배하는 사상들 가운데 독보적인 것은 '교육이 사람들을 괄목하게 변화시킬 수 있고, 그것이 성공적으로 완수되면 사람들을 개선시킴과 동시에 평등하게도 만들 수 있다'는 관념이다. 교육이 부단히 반복되어왔다는 단순한 사실 때문에 이런 관념은 가장 확고부동한 민주주의의 교리(dogme)로 확립되고 말았다. 과거에는 교회의 교리를 공박하기가 어려웠던 만큼이나 오늘날 이 교리를 공박하기도 어려울 것이다.

그러나 이런 점을 감안하면 다른 많은 사상들처럼 민주주의 사상들도 심리학이나 경험의 결과들과는 근본적으로 상반된 것으로 보인다. 허버트 스펜서를 위시한 여러 탁월한 철학자들은 교육이 인간을 더 도덕적으로 만들거나 더 행복하게 만들지 못했고, 인간의 본능도 인간의 유전적 정염도 변화시키지 못했으며, 때로는 — 그런 변화가 해로운 방향으로 요구될 때도 있기 때문에 — 유익하기보다는 훨씬 해로울 수도 있다는 것을 쉽사리 증명해보이기도 했다. 통계학자들은 각종 교육이 보편화되면서 범죄발생률도 증가했고 무정부주의자처럼 사회적으로 가장 유해한 자들이 학교에서 상(償)을 타는 경우도 있다고 말하면서 이 철학자들의 견해를 확실히 뒷받침했다. 아돌프 기요(Adolphe Guillot)라는 유명한 치안판사의 최근 조사결과를 보면 현재 문맹자인 범죄자가 1,000명인데 비해 교육받은 범죄자는 3,000명에 달하고, 최근 15년간 인구 100,000명당 범죄자의 수가 227명에서 552명으로 늘어서 그 비율은 133%나 증가했음을 알 수 있다. 기요는 프랑스에서 도제기술교육기관을 대신하여 설립된 무상교육기관과 의무교육기관에 다니는 청소년들의 범죄율이 괄목하게 증가했다는 동료판사들의 의견에도 찬성했다.

　피교육자의 도덕수준을 향상시키겠다는 취지는 아니더라도 최소한 직업능력을 개발시키겠다는 취지로 피교육자를 선도(善導)하는 교육이 유익하고도 실용적인 결과를 거둘 것이 틀림없는데도 지금까지 아무도 이런 의견을 제시한 사람이 없었다. 불행히도 라틴족들은 특히 최근 25년간 교육제도의 기반을 극히 잘못된 원칙들에 두고 있었다. 브레알[39], 쿨랑주, 텐을 위시한 많은 뛰어난 학자들도 교육제도를 연구했지만 안타까운 실수를 저지르고 말았다. 나는 예전에 출간한 저서[40]에서 프랑스의 교육제도가 다수의 피교육자들을 사회의 적으로 변모시켰을 뿐만 아니라 가장 악질적인 유형의 사회주의 신봉자들을 대거 배출했다는 것을 증명해 보인 바 있다.

　라틴적인 제도라고 불려도 무방할 이런 교육제도가 지닌 근본적인 위험은 교과서를 반복학습하면 지능이 발달한다는 근본적인 심리학적 오류에 기반을 두고 있다는 데서 비

---

39) Michel Jules Alfred Bréal(1832~1915): 프랑스의 고전문헌학자로서 현대 의미론의 개척자들 가운데 한 명으로 평가된다. 1864년에 콜레주드프랑스(College de France)의 비교문법학 교수가 됐다. 주요 저서로는 『라틴어 어원사전 Dictionnaire étymologique Latin』(1885), 『라틴어문법 Grammaire latine』(1890), 『의미론 Essai de Sémantique』(1897) 등이 있다 ― 옮긴이.

40) 이 저서는 르 봉이 1881년에 출간한 1,000쪽에 달하는 대작 『인간과 사회』를 가리키는 것으로 보인다. 이후 르 봉은 사회주의심리와 교육심리에 관한 연구를 더욱 구체화하여 1898년에는 『사회주의심리』를, 1902년에는 『교육심리』를 출간했다 ― 옮긴이.

롯된다. 이런 견해가 채택되면서 교육자들은 두꺼울수록 좋게 평가되는 편람 같은 책에 담긴 것과 같은 잡다한 지식을 피교육자에게 최대한 많이 주입하는 데 몰두했다. 그리하여 초등학교에 입학해서 대학을 졸업할 때까지 청소년들은 자신의 판단력이나 개인적인 창의력을 발휘할 모든 기회를 박탈당한 채 오로지 책을 암기하는 데만 몰두해야 한다. 그런 청소년에게 교육은 반복적인 암기와 복종에 불과하다. 전직 교육부장관 쥘 시몽(Jules Simon)은 다음과 같이 썼다.

"수업을 열심히 듣고, 문법이나 요점을 암기하고, 복습과 모방을 반복하는 것. 이토록 우스꽝스러운 교육은 온갖 노력을 경주하여 선생은 절대로 오류를 범하지 않는다고 묵묵히 믿으려는 일종의 신앙행위와 다름없어서 우리를 비루하고 무능하게 만드는 결과밖에 가져오지 않는다."

이런 교육이 그토록 쓸모없기만 하다면, 살아가는 데 필요한 공부 대신에 프랑크왕국 클로타르(Clothar) 왕가의 족보나 네우스트리아와 아우스트리아[41]의 경쟁이나 동물분류법

---

41) 유럽 중세초기의 프랑크왕국 메로빙거 왕조(6~8세기) 시대에는 왕국의 서부를 네우스트리아(Neustria) 네우스트라시아(Neustrasia)로 동부를 아우스트라시아(Austrasia)로 불렀는데, 두 지역은 서로 왕국의 주도권을 다투는 경쟁관계에 있었다 — 옮긴이.

따위만 배우는 불행한 초등학생들에게 그저 동정심만 표하고 마는 사람도 있을 것이다. 그러나 이런 교육제도는 훨씬 심각한 위험을 드러낸다. 이 제도는 그것에 복종하는 사람들에게 자신들이 태어나서 생활해온 삶의 여건에 대한 극도의 증오심을 심어주고 그런 여건으로부터 탈출하려는 강렬한 욕망을 자극하기 때문이다. 노동자는 더는 노동자로 남기를 원하지 않고 농부도 더는 농사를 짓지 않으려고 한다. 또한 중류계층에서도 최하층에 속하는 사람들은 자신의 아들이 가질 수 있는 직업은 오직 공무원밖에 없다는 사실을 인정한다. 프랑스의 학교들은 인생을 준비하는 교육 대신에 오직 공무원을 양성하는 데 필요한 교육에만 몰두하는데, 인생의 진로를 스스로 결정하지 않거나 개인의 창의성을 전혀 발휘하지 않아도 공무원이 될 수 있기 때문이다. 이런 교육제도는 사회의 최하층에서는 자신의 처지를 불만스럽게 여기며 언제든지 반란을 일으킬 태세를 갖춘 프롤레타리아 군단을 양성하는 한편, 사회의 최상층에서는 경솔하고 시시한 부르주아들을 양산한다. 쉽사리 의심하고 쉽사리 믿기를 반복하는 이 부르주아들은 국가를 일종의 신의 섭리처럼 여기며 맹목적으로 신뢰하면서도 국가에 대한 끝없는 적개심을 드러내기를 잊지 않고 언제나 자신들의 잘못을 정부의 책임으로 전가하지만 당국의 배려가 없이는 구멍가게조차 운영하지 못한다.

　국가는 교과서의 힘으로 각종 졸업장이나 자격증을 소지한 사람들을 대량생산하지만 정작 그들 가운데 극소수밖에 활용한 채 나머지는 실업자로 방치하고 만다. 그 결과 국가는 그런 극소수의 사람들을 먹여 살리는 데도 급급하여 나머지 사람들마저 사회의 적으로 만들어버린다. 사회계층피라미드의 최하층부터 최상층, 말단 사무원부터 대학교수와 장관에 이르기까지 졸업장 및 자격증을 소지한 무수한 사람들은 결국 취업전쟁에 내몰리고 만다. 사업가들이 식민지에 파견할 간부를 찾지 못해 허덕이는 와중에도 수천 명의 구직자들이 최하급 말단직에라도 취직시켜달라고 아우성친다. 센 구(區)에만 교원자격증을 소지하고도 취직자리를 찾지 못한 남녀가 20,000만 명에 달하지만, 그들은 누구나 할 것 없이 농사를 짓거나 공장에서 일하기를 경멸하고 기피하면서 국가에게 자신들의 생계를 해결해달라고 요구한다. 채용인원마저 제한된 상황에서 불평불만은 폭증하기 마련이다. 그런 불평불만세력은, 지도자가 누구건 그 목표가 무엇이건 상관없이 여차하면 혁명이라도 일으킬 태세를 갖추고 있다. 아무짝에도 쓸모없는 지식을 주입시키는 짓이야말로 반란을 촉발하는 확실한 방법이다.[42]

　우리가 이런 추세를 바꾸기는 이미 너무 늦었다는 것은 분명하다. 만인을 가르치는 최고의 교육자라고 할 수 있는 경험(expérience)만이 우리가 저지른 과오를 그나마 깨닫게 해줄 것이다. 또한 경험만이 우리의 가증스러운 교과서들과 가련한 시험절차들을 대신하여 산업교육을 도입할 필요성을 입증할 수 있을 것이다. 그런 산업교육은 우리의 젊은이들을 그들이 어떤 대가를 치르더라도 기피하려고 드는 농촌이나 공장이나 식민지의 사업장으로 유인할 수 있을 것이다.

오늘날 모든 계몽된 정신의 소유자들이 요구하는 직업교육은 과거 우리의 조상들이 받아온 교육이었다. 그런 교육은 지금도 자신들의 의지력, 창의력, 기업정신으로 세계를 지배하는 민족들 사이에서는 활발히 이루어지고 있다. 내가 잠시 후에 인용할 저서를 쓴 위대한 사상가 텐은 그 저서에서 중요한 내용을 설파했다. 텐은 과거 프랑스의 교육제도가 오늘날 영국과 미국에서 유행하는 교육제도와 흡사하다는 것을 확실히 증명한 다음 라틴족과 앵글로색슨족의 교육

---

42) 특히 이런 현상은 라틴족들에게는 거의 상식적인 것이다. 중국에서도 이런 현상을 관찰할 수 있다. 중국의 각급 관청들은 확고한 관등체계를 구비하고 있고, 프랑스에서와 마찬가지로 공채시험을 통해서 관리들이 채용되는데, 엄청나게 두꺼운 교범(敎範)을 침착하게 암송하는 것이 유일한 시험과목이다. 교육받은 실업자 군단은 현재 중국에서 부인할 수 없는 국가적 재난으로 여겨진다. 인디아에서도 같은 현상을 관찰할 수 있는데, 영국이 본토에서와 마찬가지로 본격교육이 아니라 원주민들에게 영어나 가르치는 수준의 기초교육만을 위한 교육기관들을 인디아에 도입한 다음부터 인디아어로 '바부(Baboo)'라고 불리는 교육받은 사람들로 구성된 특수한 계층이 생겨났지만, 그들이 취업에 실패하면서 영국의 식민통치를 거부하는 적대집단으로 바뀌었다. 바부들은 취업여부와는 상관없이 영국의 기초교육이 인디아에서 거둔 첫 결실이었지만 그들의 도덕주준은 모든 면에서 영국인의 도덕수준보다 낮았다. 이것은 『인디아 문명 Les civilisations de l'Inde』(1887)이라는 나의 저서에서 길게 강조한 사실인 동시에 인디아를 방문한 모든 작가가 관찰한 사실이기도 하다.

제도를 훌륭히 비교함으로써 두 교육제도가 각기 산출한 결과를 간단명료하게 지적한다.

만약 프랑스의 재래식 교육이 피교육자들에게 수많은 피상적인 지식을 주입하고 수많은 교과서의 내용을 달달 외우게 하여 조금이라도 지식수준을 향상시킬 수 있다면, 설령 그런 교육이 주어진 삶의 조건에 적응하지 못하는 불평분자들밖에 생산하지 못하더라도, 그런 교육의 모든 약점을 그대로 감수하는 수밖에 다른 도리가 없다고 생각하는 사람이 있을지도 모른다. 그러나 그런 교육이 과연 진실로 지식수준을 그렇게 향상시킬 수 있을까? 절대 그렇지 않다! 인생을 성공적으로 이끄는 것은 판단력, 경험, 창의력, 인격이다. 이런 자질들은 책으로 얻을 수 없는 것들이다. 책은 필요할 때 참고하는 유용한 사전 같은 것일 뿐, 그 내용을 머릿속에 가득 집어넣어도 제대로 활용하지 못하면 쓸데없는 것이다.

재래식 교육으로는 거의 불가능한 수준까지 지식을 향상시킬 수 있는 직업교육은 어떻게 가능할까? 텐은 이 문제에 대한 훌륭한 해법을 들려준다.

"사고력은 자연스럽고 정상적인 환경에서만 형성될 수 있다. 젊은이가 성장공장, 광산, 법원, 사무실, 건설현장,

병원 등에서, 공구들이나 자재들을 관리하거나 그것들을 사용하여 작업하고, 숙련되거나 미숙한 직공과 함께 작업하며, 부유하거나 검소한 고객들을 상대하면서 매일같이 자극받는 무수한 감각적 인상들은 그의 사고력의 성장을 촉진한다. 그렇게 시각, 청각, 촉각은 물론 후각으로 느끼는 사소하고 구체적인 감각들은 그가 자각하지 못하는 사이에 조용히 분류되고 정리되면서 형태를 갖추고 곧바로 또는 차후에 이런저런 형태로 새롭게 조합되거나 정련되거나 효율화되거나 개선되거나 발명될 가능성들을 획득한다. 프랑스의 젊은이는 가장 혈기왕성할 시기에 이런 귀중한 사회적 접촉을 경험할 기회와 사회에 적응하고 동화되는 데 필수적인 요소들을 경험할 기회를 모두 박탈당하고 만다. 그 결과 그는 적어도 7~8년간은 학교에 붙들려 인간과 사물을 예리고 정확하게 이해하는 데 필요한 개인적인 경험들을 직접 해보고 그것들을 다양한 방식으로 활용해볼 기회도 박탈당한다. … 이 젊은이들의 십중팔구는 그들의 인생에서 중요하고 귀중하며 결정적이기까지 한 몇 년을 그렇게 헛되고 고통스럽게 보내버린다. 더구나 내가 계산해본 바로는 그들의 절반 내지 2/3가 시험에서 낙방한다. 시험을 잘 봐서 학위나 자격증이나 졸업장을 딴 젊은이들 중에도 절반이나 2/3는 탈진상태에 빠지는 것으로 추산된다. 그들은 어떤 날에는 무려 두 시간이나 의자에 앉거나 칠판 앞에 서서 여러 과목을 몰아서 배우며 인류의 모든 지식을 저장하는 살아있는 창고가 되기를 강요당할 정도로 지나치게 많은 요구를 받는다. 실제로 그들이 두 시간 만에 그런 지식들을 모조리, 아니면 적어도 거의 다 몰아서 머릿속에 구겨 넣었더라도 한 달만 지나면 그것들을 다 까먹고 말 것이다. 이제 그들이 같은 시험을 다시 보면 낙방할 가능성이 농후하다. 그들의 머릿속에 가득했던 너무나 방대하고 너무나 벅찬 지식들은 줄기차게 빠져나가지만 새로운 지식은 그 자리를 채우지 않기 때문이다. 그들의 정신적 활기도 잦아들고, 그들의 풍부한 성장 잠재력도 고갈되어, 겉보기는 완숙하게 보여도 대개는 완전히 기진맥진한 사람이 되고 만다. 그렇게 결혼을 하고 가정을 꾸려도 생활은 다람쥐 쳇바퀴 돌리듯이 하고 직장에서도 쫓겨나지 않는 것만을 다행으로 여기는 무기력하고 무능한 인간으로 전락하고 만다. 이런 실정이 프랑스교육의 평균적인 결과이다. 요컨대 투자한 노력에 비해 수확한 결실은 턱도 없이 모자란다는 말이다. 영국이나 미국에서는 반대로 1789년 이전에 프랑스에서 실시된 바와 같은 교육이 실시되고 있는데, 그런 교육은 투자한 노력에 버금가거나 그 노력을 상회하는 결실을 수확하고 있다.”

이 탁월한 심리학자는 계속해서 프랑스의 교육제도와 앵글로색슨계 국가들(영국, 미국 등)의 교육제도의 차이점을 예증한다. 앵글로색슨계 국가들은 프랑스처럼 수많은 특수학교를 보유하고 있지 않다. 그런 국가들의 교육은 교과서암기가 아니라 실습 위주로 이루어진다. 예컨대 엔지니어 교육은 학교가 아니라 반드시 공장실습으로 진행되는데, 그런 실습교육은 피교육자 개인들의 자질에 따라 각자의 지식수준을 최대한 향상시킬 수 있다. 실습교육을 받는 학생은 대개 직공이나 작업반장이 될 수 있고 적성이 더욱 뛰어나면 엔지니어도 될 수 있다. 이런 교육과정은 열아홉 살이나 스물 살에 고작 몇 시간동안 치르는 시험으로 개인의 인생을 완전히 얽어매는 교육과정에 비하면 훨씬 민주적일 뿐만 아니라 사회에도 대단히 유익한 것이다.

"병원, 광산, 공장, 건설현장, 법률사무소 등에서 어릴 때부터 실습생활을 시작한 학생들은 프랑스의 법률사무소 보조사무원들이나 예술작업실의 예술가지망생들처럼 차근차근 단계를 밟아나가면서 실무를 익힌다. 그들은 실습을 시작하기 전에 미리 일반적이고 개괄적인 교육을 받음으로써 현장에서도 빠르게 경험을 축적할 수 있는 조건을 구비한다. 더구나 그들은 대개 갖가지 기술을 개인적으로 연습할 수 있는 자유시간도 날마다 부여받기 때문에 현장에서 익힌 기술과 경험에 완전히 숙달할 수도 있다. 그런 실습교육제도 덕분에 학생들의 실무능력은 각자 미래에 담당할 과업이나 당장이라도 자신이 담당하기를 원하는 특수한 작업에 필요한 방향으로, 각자의 재능이 허락하는 한도 내에서 지속적으로 향상되고 개발된다. 영국이나 미국에서 이런 실습교육을 받는 젊은이의 능력이 최고도로 발달하는 속도도 빠르다. 그런 젊은이가 25세만 되어도, 그리고 다루는 재료와 분야에 따라 더 어린 나이에도 이미 유능한 기술자로 대우받을 뿐 아니라 자신의 사업체도 운영할 수 있다. 그는 기계의 일부이면서 기계를 움직이는 원동기 같은 존재이다. 이런 실습교육과 상반되는 교육이 만연한 — 더구나 세대가 지날수록 중국과 닮아가는 — 프랑스에서는 막대한 인적자원이 낭비되고 있다.”

이 위대한 철학자는 라틴족의 교육제도와 실생활에 필요한 교육의 갈수록 심해지는 부조화를 조명하면서 다음과 같은 결론에 도달한다.

“유년기, 청소년기, 청년기로 나뉜 3단계 교육과정 중에서도 학생들을 교실에 앉혀놓고 교사가 주도하여 교과서

위주로 실시하는 이론적인 교육과정은 갈수록 길어지면서 시험에 합격하여 학위와 졸업장과 자격증 따위를 획득해야 한다는 견해에 따라, 오직 이런 견해에 따라서, 학생들이 졸업 후 선택해야 할 진로와 성년기로 진입할 때 겪을 혼란이나 직업생활도, 그들이 머지않아 던져질 현실세계도, 우리가 활동하는 사회이자 그들에게 적응하든지 아니면 순응해야 한다고 가르칠 사회도, 인간이라면 누구나 치를 수밖에 없는 사회적 투쟁도, 그들이 스스로를 지키기 위해서나 그들이 마땅히 구비하고, 무장하고, 훈련하고, 단련했어야할 소양을 유지하기 위해 치러야 할 투쟁도 전혀 고려하지 않는 최악의 교육방법, 부자연스럽고 반(反)사회적 체제의 응용, 실습교육의 한없는 유예, 기숙사제도, 인위적인 복습과 기계적인 주입, 탈진으로 귀결되는 과도한 시험공부만 학생들에게 강요해왔다. 이런 프랑스의 학교들은 젊은이들에게 가장 필수적이고 중요한 소양인 건실한 상식과 용기와 의지력을 선사하지 못한다. 반대로 학교들은 젊은이들에게 사회생활에 잘 대처하고 적응할 자질을 부여하기는 커녕 그런 자질을 빼앗고 있다. 그 결과 그들이 사회에 진출해도 대부분은 첫걸음부터 실패를 겪는 연속적인 좌절의 경험은 개인을 오래토록 괴롭히는 상처와 앙금으로 남거나 때로는 살아갈 의욕마저 박탈해버린다. 실험은 심각하고 위험한 것이다. 시험을 준비하거나 치르는 사람은 정신적 안정과 도덕적 균형감각을 잃고 다시는 재기하기 못할 위기에 빠져버린다. 그러다가 돌연히 엄습하는 철저한 환멸이 그를 미몽에게 일깨운다. 그러나 너무나 깊은 미몽에서 깨어난 그는 쓰라진 실망감에 몸서리친다."[43]

그런데 내가 인용한 위 내용들이 군중심리라는 주제와 무관한 것은 아닐까? 절대 그렇지 않다. 오늘날 군중 사이에서 싹트고 있고 내일이면 만개할지도 모를 사상들과 신념들을 이해하기 원하는 사람은 그것들이 싹트고 만개할 토양이 마련되는 과정을 알아야 하기 때문이다. 일국의 젊은이들이 받는 교육을 보면 그 나라가 향후에 어떤 나라로 변할지를

---

[43] 이 인용문들은 텐이 최근에 출간한 저서인 『현대의 제도 *Le Regime moderne*』(제2권, 1894)에서 인용한 것이다. 이 인용문들은 위대한 철학자가 오랫동안 겪은 경험들의 결과를 훌륭히 요약하여 보여준다. 내가 볼 때 아쉽게도 인용문들은 해외에서 살아보지 않은 프랑스 대학교수들의 경험을 모두 포괄하지 못한 것으로 보인다. 지금 상황에서 교육은 프랑스 국민들에게 어느 정도 영향을 줄 수 있는 유일한 수단이지만, 현재 프랑스의 교육제도가 프랑스를 급속히 퇴보하게 만드는 심각한 원인으로 작용하여 젊은이들을 고양시키기보다는 추락시키고 악화시킨다는 것을 이해할 수 있는 사람을 프랑스에서는 거의 찾아보기 힘들다는 사실은 참으로 통탄할 일이다. 이 대목에서 위에 인용한 텐의 글과 폴 부르게(Paul Bourget, 1852~1935: 프랑스의 소설가 겸 비평가)의 탁월한 여행기 『저 바다 너머 *Outre-Mer*』에 수록된 최근의 미국교육에 대한 관찰결과를 비교해보는 것도 유익할 것이다. 그도 역시 프랑스의 교육이 창의력과 의지력이 결핍된 협소한 정신을 소유한 부르주아 내지 무정부주의자들 — "이 두 부류는 모두 무기력하고 단조롭게 혹은 광적이리만치 파괴적으로 퇴행한 문명인의 해로운 전형"이다 — 만 양산한다고 지적했다. 또한 그는 이제 더 따져볼 필요도 없이 퇴행적인 인간들을 양산하는 공장으로 전락한 프랑스의 공립학교들(*lycées*)과 인생을 훌륭히 살아갈 인간을 기르는 미국의 학교들을 비교했다. 나아가 진정한 민주국가들과 말로만 민주주의를 외치면서도 속으로는 결코 그렇게 생각하지 않는 사람들이 사는 국가들을 가르는 커다란 차이도 그의 비교분석을 통해서 확연해졌다.

알 수 있다. 지금 세대에게 맞춰진 교육은 가장 우울한 예견들에까지 타당성을 부여한다. 군중의 정신을 개선시키거나 악화시키는 것은 부분적으로 학습과 교육이다. 그러므로 유행하는 교육제도가 군중의 정신을 형성하는 과정과, 냉담하고 중립적인 군중조차 이상주의자들과 웅변가들이 거는 모든 암시에 기꺼이 순종하는 불평불만세력으로 차츰 변해가는 이유와 과정을 살펴보아야 할 것이다. 오늘날 사회주의자들과 무정부주의자들이 발견되는 곳도 교실이고 라틴족들이 쉽사리 타락의 길로 빠져드는 곳도 교실이다.

제2장 군중의 여론과 신념을
결정하는 직접요인들

이 책의 초반부에서 우리는 집단의 감정, 사상, 추론방식을 알아보았다. 그렇게 밝혀진 지식을 토대로 삼는다면 군중의 정신을 감동시키는 수단도 개괄적으로 도출할 수 있을 것이 틀림없다. 우리는 군중의 상상력에 충격이나 감동을 주는 것이 무엇인지를 앞에서 알았고, 암시들, 그중에도 특히 이미지의 형태로 제시되는 암시들이 지닌 위력과 감염력도 이미 알고 있다. 그러나 암시들이 매우 다양한 원천에서 비롯될 수 있는 만큼 군중의 정신에 영향을 줄 수 있는 요인들도 상당히 다양할 수 있다. 따라서 그 요인들을 몇 가지로 나누어 살펴보아야 한다. 이런 분류탐구방법은 유용한 면을 지녔다. 그런데 어찌 보면 군중은 고대의 우화에 나오는 스핑크스와 닮았다. 그래서 군중심리가 제기하는 문제들을 해결해야 할 것인데, 그러지 못하면 그 문제들이 우리를 잡아먹고 말 것이기 때문이다.

1. 이미지, 단어, 격언

군중의 상상력을 연구해보면 그것이 이미지들이 산출한 인상과 감동을 특히 잘 흡수한다는 것을 알 수 있다. 이런 이미지들은 언제나 쉽사리 파악되지는 않지만, 단어와 구호를 적절히 배합하여 사용하면 환기시킬 수 있는 것들이기도 하다. 이미지들은 교묘한 솜씨로 잘 조작되기만 하면 과거에 능란한 마술사가 그것들에 부여했던 신비한 마력을 본격적으로 발휘할 수 있다. 그것들은 군중의 마음속에 걷잡을 수 없이 사나운 광풍을 몰아치게 할 수도 있고 그런 군중의 마음을 조용히 진정시킬 수도 있다. 지금까지 단어와 격언의 위력에 희생된 인간들의 뼈를 쌓아올리면 이집트 쿠푸(Khufu, ?~서기전 2566?) 왕의 피라미드보다도 훨씬 높은 피라미드를 건설할 수도 있을 것이다.

단어의 위력은 그것이 불러일으키는 이미지들과 밀접한 관계가 있고, 그것의 본래 의미와는 아주 다른 의미를 생산한다. 의미를 규정하기 가장 어려운 단어들이 때로는 가장 강력한 영향력을 발휘한다. 예컨대 민주주의, 사회주의, 평등, 자유 같이 막연한 의미를 지닌 단어들은 아무리 두꺼운 책으로도 그 의미를 정확하기 규정하기 어렵다. 그러나 본격적인 마력이 그런 간단한 단어들에 부여되면 그것들은 마치 모든 문제를 해결해주는 열쇠처럼 여겨지기 마련이다. 그런 단어들은 가장 다채로운 무의식적 욕망들과 그것들이 실현되리라는 희망을 종합한다.

이성과 논증은 이런 단어들과 격언들을 상대로 전투를 벌일 수 없다. 이런 단어들과 격언들이 군중 앞에서 장엄하게 발설되면, 그 즉시 군중은 하나같이 표정으로 확연히 드러나도록 그것들에 대한 존경심을 표하면서 그것들에게 머리를 조아리게 된다. 많은 사람들은 그런 단어들과 격언들이 자연적인 물리력이나 초자연적인 위력을 발휘한다고 생각한다. 그것들은 사람들로 하여금 웅대하고 막연한 이미지를 떠올리게 만들지만, 그것들의 신비한 마력을 자아내는 것은 애매한 논리로 포장해버리는 이런 기막힌 막연함이다. 그것들은 마치 이동식 신전이 감추고 다니는 신비로운 신상(神像) 같아서 독실한 신자만 접근할 수 있는 두렵고 전율스러운 것으로 여겨진다.

본래 의미와 다른 의미로 해석되는 단어들이 유발하는 이미지들은 시대와 민족에 따라 변모하지만 격언들은 변하지 않는다. 특정 단어에는 일시적인 어떤 이미지가 부착되는데, 그런 단어는 마치 초인종과 같아서 그런 이미지들을 불러내는 계기로 작용한다.

모든 단어와 모든 구호가 이미지를 환기하는 위력을 지닌

것은 아니고, 일부가 이런 위력을 발휘한 적이 있지만 그것
도 자주 사용되면 위력을 상실하여 종국에는 군중의 마음에
아무 영향도 주지 못한다. 그 결과 그런 단어와 격언은 공허
한 메아리에 지나지 않게 될 것인데, 그것들은 원래 그것들
을 처음을 떠올려 사용한 인물에게만 유용했기 때문이다.
그런 견지에서 우리는 온갖 잡다한 생각을 지루하게 숙고하
지 않아도 대개 어릴 때 배운 몇 가지 짧은 격언이나 속담만
으로도 족히 인생여로를 헤쳐갈 수 있다.

어떤 특정한 언어를 연구해보면 그 언어를 구성하는 단어
들이 시대가 바뀌어도 오히려 훨씬 느리게 변하는 반면에
그런 단어들이 유발하는 이미지들이나 그 이미지들에 부착
되는 의미는 줄기차게 변한다는 것을 알 수 있다. 이것이 바
로 내가 다른 저서에서 언어들, 그중에서도 특히 사멸한 언
어를 완벽하게 번역하기는 절대로 불가능하다는 결론에 도
달한 이유이다. 우리가 프랑스어를 라틴어나 그리스어나 산
스크리트어로 번역하려고 노력한들, 혹은 심지어 2~3세기
전에 프랑스인이 사용하던 고어로 쓰인 책을 이해하려고 노
력한들 현실적으로 그런 노력이 과연 성공할 수 있을까? 우
리는 다만 지금과는 완전히 다른 조건에서 살았던 민족들의
정신에 그들의 삶이 부여한 전혀 다른 개념들과 이미지들
위에, 현대의 삶이 우리의 지성에 부여한 이미지들과 개념

들을 포개놓기밖에 더 할 수 없다. 프랑스혁명에 동참한 사람들이 자신들을 고대 그리스인들과 로마인들의 복사판이라고 상상하면서 했던 일이란 그 고대인들이 사용하던 단어들은 결코 지니지 않았던 의미를 그 단어들에 부착하는 일 외에 무엇이었는가? 고대 그리스인들의 제도와 오늘날 마련된 제도 사이에 서로 상응하는 단어들만 가지고 설명할 수 있는 두 제도의 유사점이 과연 존재할 수 있겠는가? 고대 그리스의 공화정치제도는 본질적으로 귀족제도였고, 그것은 가장 철저히 예속된 노예군중을 지배하는 군소 독재자들의 재결합으로 형성된 것이었다. 이렇게 노예제도를 기반으로 결성된 귀족제도는 노예 없이는 잠시도 유지될 수 없는 것이었다.

여기서 다시 "자유(*liberté*)"라는 단어를 예로 들어보자면, 자유로운 생각이 가능함을 의심하지 않는 이 시대의 우리가 그 단어에 부여하는 의미와, 도시를 수호하는 신들, 법률들, 관습들에 이의를 제기하는 일보다도 중대하고 이례적인 범죄는 없다고 여겼던 고대인들이 그 단어에 부여한 의미가 과연 얼마나 유사할 수 있을까? 또한 "조국(*patrie*)"이라는 단어의 경우, 만약 조국이 아테네나 스파르타에서 숭배되지 않았고 더구나 줄기차게 서로 경쟁하며 전쟁을 치르던 그런 도시국가들로 이루어진 그리스 전체에서도 숭배되지 않았다면, 아테네인들이나 스파르타인들은 조국이란 말을 과연 어떤 의미로 이해했을까? 나아가 서로 다른 언어를 사용하고 다른 종교를 믿으며 경쟁하던 여러 부족들과 민족들로 분할된, 그리하여 그들 가운데 한 부족이나 민족과 언제든지 쉽사리 동맹을 맺을 수 있던 카이사르에게 차례로 정복당했던 고대 갈리아인들에게 "조국"은 과연 어떤 의미로 이해되었을까? 갈리아라는 나라를 만든 것은 그 나라에 정치적·종교적 단일성을 부여한 로마제국이었다. 멀리 거슬러 올라갈 필요 없이 2세기 전의 시대만 살펴본다면, 자신들의 주권을 위협하던 외세와도 서슴없이 손을 잡았던 콩데[44]공작 같은 프랑스의 귀족들이 과연 이런 조국의 개념을 오늘날 프랑스인들이 생각하는 바와 다름없는 것으로 생각했다고 믿을 수 있을까? 가깝게 보면 프랑스의 왕당파들 중에는 프랑스혁명의 전란을 피해 외국으로 망명한 자들도 있었다. 봉건법칙은 영토가 아니라 영주에게 가신들을 귀속시켰기 때문에 영주가 있는 곳이 곧 진정한 조국이었다. 그런 견해를 지닌 채 망명한 왕당파들은 실제로 그 법칙에 순종하는

---

44) Louis Ⅱ de Bourbon Condé(1621~1686): 흔히 콩데 공작(Le Grand Condé)으로 불린다. 프랑스의 왕 루이 14세(Louis XIV, 1638~1715: 재위 1643~1715)의 미성년기에 발생했던 프롱드의 난(La Fronde, 1648~1653: 프롱드라는 말은 당시 파리의 어린이들이 관헌에 반항하여 돌을 던지는 놀이에 사용한 '투석기'에서 유래)이라는 일련의 귀족봉기들 중에서 마지막으로 발생한 봉기의 지도자 — 옮긴이.

명예를 지키기 위하여 프랑스에 대항하여 싸운다고 생각했는데, 그들이 생각한 조국의 개념도 지금의 우리가 생각하는 개념과 대단히 달랐지 않겠는가?

시대가 바뀌면서 그 의미도 근본적으로 바뀐 단어들은 수없이 많다. 우리가 그런 단어들의 의미를 제대로 이해하려면 예전에는 그것들이 어떤 의미로 이해되었는지를 오랫동안 연구하는 수밖에 다른 도리가 없다. "왕(*roi*)"이나 "왕가(*famille royale*)" 같은 말들이 우리의 먼 조상들에게 어떤 의미로 생각되었는지 이해하는 데만도 그만큼 오랜 연구가 필요함은 진실일 것이다. 하물며 훨씬 복잡한 의미를 가진 단어들은 더욱 오랜 연구를 필요로 하지 않겠는가?

그래서 단어들은 시대와 민족에 따라 변모하는 가변적이고 일시적인 의미밖에 지니지 않는다. 군중에게 그런 단어들로 영향력을 행사하려고 드는 사람은 군중이 일정한 순간에 그것들에 부여하는 의미를 알아야지, 그것들이 예전에 지녔었거나 다른 정신구조를 가진 개인들이 지녔을 수 있는 의미를 알 필요는 없을 것이다.

따라서 정치적 격변이나 신념의 변화가 발생한 결과 어떤 단어들이 환기하는 이미지들에 대해 군중이 깊은 반감이나 혐오감을 품을 때 진정한 정치가의 최우선 과제는 군중이 물려받았으면서 차후에 바뀔 수도 있는 정신구조와도 밀접하게 연결된 사건사실들 자체에는 일절 손대지 말고 그것들을 표현하는 단어들만 바꾸는 것이다. 일찍이 현명한 토크빌[45]은 프랑스의 집정정부와 황제정부[46]는 옛 제도들의 대부분을 새로운 단어들로 갈아입히기 — 바꿔 말하면, 군중의 상상력이 혐오하는 이미지들을 유발하는 단어들을 그런 이미지들의 발생을 예방하는 다른 고상한 단어들로 교체하기 — 에 특히 골몰했다는 사실을 강조한 바 있다. 그 과정은, 예컨대 "지대(地代, *taille*)"라는 단어는 토지세(*contribution fonciére*)로, "염세(鹽稅, *gabelle*)"는 "소비세(*impót du sel*)"로, "보충세(*aides*)"는 "간접세(*contributions indirectes*) 및 종합세(*droit ré unis*)"로, "기업 및 길드 인가세(*taxe des maîtrises et jurandes*)"는 "면허세(*patente*)"로 바꾸는 식으로 진행됐다.

그리하여 정치인들의 가장 기본적인 역할 가운데 하나는 국민에 세례명을 부여하거나, 군중이 싫증을 느낀 사건사물의 명칭을 조금이라도 참신한 명칭으로 바꾸어주는 것이었다. 단어들은 잘 선정되기만 하면 가장 불쾌한 사건사물에

---

45) Alexis de Tocqueville(1805~1859): 프랑스의 정치학자 · 역사가 · 정치가. 19세기초반의 미국 정치 · 사회 제도에 대한 탁월한 연구서 『미국의 민주주의 *De la démocratie*』(4권, 1835~40)의 저자로 유명하다 — 옮긴이.

46) 프랑스 집정정부(Consulat: 1799~1804)의 초대 집정관을 지낸 나폴레옹은 1804년 5월 프랑스제국을 선포하여 황제로 등극했는데, 1804년 12월에 교황 피우스 7세(Pius Ⅶ)는 나폴레옹을 황제로 승인했다. 한국에서는 이 집정정부가 흔히 '통령정부(統領政府)'로 번역되어왔다. 그리고 '황제정부'는 흔히 '제정시대'로 번역되어왔지만, 나폴레옹이 황제로 등극한 이후 프랑스 정부를 '집정정부'와 대별하는 표현으로는 '황제정부'가 더 적합하다고 본다 — 옮긴이.

부여되어도 군중이 수용할 정도로 강력한 위력을 지녔다. 역사학자 텐도 자코뱅당원들이 자유와 박애 — 당시에 대단한 인기를 모았던 단어들 — 를 호소함으로써 "다오메[47]에서 자행되는 것에 버금가는 독재정치를 자행하고 에스파냐 종교재판소와 닮은 재판소를 설치하여 고대 멕시코에서 저질러졌던 것과 맞먹는 대학살을 저지를" 수 있었음을 정확히 파악했다. 통치자들은 변호사들과 마찬가지로 적절한 단어들을 취사선택하여 적재적소에 활용하는 기술을 최우선적으로 구비해야 한다. 이런 기술을 구사하기 어렵게 만드는 가장 큰 요인은 하나의 동일한 사회에서 가장 자주 사용되는 단어들이 그 사회에서 표면적으로는 같은 단어를 사용하더라도 결코 같은 언어로 말하지 않는 다양한 계층들에게는 각기 아주 다른 의미로 이해될 수 있다는 것이다.

이런 사례들을 보면 단어들의 의미를 변화시키는 중대한 요인이 바로 시간이라는 것을 알 수 있다. 그런데 동일한 시기에 동등하게 문명화되었어도 민족성이 다른 국민들의 언어에 민족성이라는 변수가 개입되면, 그 언어를 구성하는 동일한 단어들도 지극히 상이한 사상들과 결부되는 경우가 빈발한다. 이런 차이들은 많은 여행을 하지 않으면 이해할

수 없는 것이므로 여기서 더는 구체적으로 언급하지 않겠
다. 대신에 상이한 민족들이 가장 다양한 의미로 이해하지
만 군중이 가장 자주 사용하는 단어들에만 국한해서 관찰해
볼 것이다. 예컨대 "민주주의"와 "사회주의"가 그런 단어들
인데, 이 두 단어는 오늘날 대단히 자주 사용되고 있다.

실제로 두 단어는 서로 아주 상반되는 라틴족과 앵글로색
슨족의 사상과 이미지와 동시에 결합됐다. 라틴족들에게
"민주주의"라는 말은 국가로 표상되는 공동체의 의지와 창
의력에 개인의 의지와 창의력이 종속됨을 의미하는 말로 이
해되는 경향이 특히 강하다. 그래서 라틴족들의 국가는 모
든 방면에서 중앙집권화, 독점화, 대량생산체제로 이행하는
경향을 갈수록 강하게 드러낸다. 급진과격파, 사회주의자,
군주주의자를 망라한 모든 정파는 줄기차게 그런 국가에 호
소한다. 반대로 앵글로색슨계 국가들 가운데서도 특히 미국
에서 "민주주의"라는 단어는 개인의 의지가 국가마저 완전
히 종속시켜서 경찰, 군대, 외교기관은 물론 공교육기관도
망라하는 모든 국가기관에게 어떤 자유도 허용하지 않을 만
큼 맹렬히 표출됨을 의미하는 말로 이해된다. 요컨대 동일
한 민주주의라는 단어가 라틴족에게는 개인의 의지와 창의
력이 그것을 압도하는 국가에 종속됨을 의미하는 말로 여겨
지고, 앵글로색슨족에게는 개인의 의지와 창의력이 국가를

완전히 종속시킬 정도로 과도하게 표출됨을 의미하는 말로
여겨진다는 것이다.[48]

2. 환상과 착각

　문명의 여명기부터 지금까지 군중은 언제나 환상의 영향
을 받아왔다. 군중은 다른 어떤 계층의 사람에게보다 환상
의 창조자들에게 더 많은 신전이나 사원, 동상과 제단을 바
쳤다. 과거의 종교적 환상이든, 현재의 철학적이거나 사회
적인 환상이든 이런 환상들의 경이로운 지배력은 지금까지
지구상에서 번영해온 모든 문명의 최상층에서 언제나 발견
된다. 칼데아[49]와 이집트의 신전들과 중세의 종교적 건축물
들도 이런 환상들의 이름으로 건축되었고, 1세기 전에 유럽
전체를 강타한 프랑스혁명도 이런 환상들의 이름으로 발생
했으니, 우리의 정치적, 예술적, 사회적 개념들 가운데 이런
환상들의 강력한 위력을 벗어날 수 있는 것은 하나도 없을

---

48) 나는 『민족진화의 심리법칙』에서 라틴계 민주주의 이상(理想)과 앵글로색슨계 민주주의 이상의 차이점
　　을 충분히 설명한 바 있다. 폴 부르게가 최근에 펴낸 여행기 『저 바다 너머』에도 나의 것과 거의 동일
　　한 결론이 피력되어 있다.

49)　Chaldea: 페르시아 만(灣) 연안에 있던 고대 왕국 — 옮긴이.

50) 다니엘 르쉬외(Daniel Lesueur, 1860~1920: 프랑스의 시인 겸 소설가. 그녀는 시집 『4월의 꽃 Fleurs
　　d'avril』(1882)을 인정받아 프랑스아카데미 회원에 등록되었다 — 옮긴이).

것이다. 이따금 그런 환상들에 미혹되어 혹독한 시련을 겪은 사람은 그것들을 극복하기도 하겠지만, 이후 그것들을 다시 떠올릴 때마다 치를 떨 것이다. 그런 시련을 겪지 않았다면 그는 원시적이고 야만적인 상태를 벗어날 수 없었을 것이지만, 그런 시련을 다시 떠올리지 못해도 그는 곧 다시 그런 상태로 전락하고 말 것이다. 환상들은 의심할 여지없이 헛된 그림자에 불과하다. 그러나 이런 환상들을 꿈꾸는 우리 어린양들은 찬란한 예술작품도 위대한 문명도 창조할 수 있다고 떠벌이는 국가의 종복이 될 수밖에 없다.

"종교적 영감을 받아 창조된 모든 저서와 모든 예술작품 가운데 하나라도 박물관이나 도서관에서 부서지거나 교회 진입로의 포석(鋪石) 위에서 굴러다닌다면, 인류의 위대한 꿈들이 과연 남아날 수 있을까? 인간들은 적절한 희망과 환상 없이는 살아갈 수 없고, 신들과 영웅들과 시인들의 존재이유도 바로 그런 희망과 환상을 인간들에게 부여하는 데 있다. 지난 50년간은 과학이 이런 과업을 담당하는 듯이 보였다. 그러나 과학은 이상(理想)에 굶주린 심정들과 타협하고 말았다. 왜냐하면 과학은 이상을 실현시켜주겠다고 서슴없이 장담할 만큼 대담하지도 못하고 거짓말을 할 만큼 뻔뻔하지도 못하기 때문이다."[50]

지난 세기에 철학자들은 우리의 조상들이 장구한 세월동안 의존해온 종교적, 정치적, 사회적 환상들을 파괴하는 데 열광적으로 몰두했다. 그들은 그런 환상들을 파괴함으로써 희망과 인종(忍從)의 원천을 모조리 말려버렸다. 그렇게 희생된 망상들의 배후에서 그들은 약자에게는 무자비하고 잔인한 자연(본능)의 맹목적이고 말없는 폭력들에 직면하고 말았다.

모든 사태가 그렇게 돌아가는데도 철학은 군중을 매혹할 수 있는 어떤 이상도 군중에게 제시하지 못했다. 그러나 군중은 어떤 희생을 치르고라도 자신들의 환상을 가져야 하기 때문에 자신들이 원하는 환상을 선사할 웅변가들을 마치 불빛을 찾는 불나방들처럼 본능적으로 찾아 나섰다. 진실이 아닌 오류야말로 언제나 민족진화를 주도하는 요인이었다. 오늘날 사회주의가 강력한 위력을 발휘하는 이유도 최근에 태어나 지금도 활발히 작용하는 환상들을 구성한 오류라는 데 있다.

모든 것이 과학적으로 증명되고 있는 오늘날에도 오류는 여전히 증가일로에 있다. 오류의 주력(主力)은 사건·사물의 진상에는 거의 무지한 정신의 소유자들이 현실적으로 인류의 행복을 실현시킬 수 있다고 과감히 장담할 정도로 우위를 확보했다는 사실에서 나온다. 사회주의의 환상은 오늘날 과거가 남긴 폐허더미 위에서 군림하면서 미래까지 지배하려는 태세를 갖추고 있다. 군중은 결코 진실을 갈망하지 않는다. 그들은 자신들을 시험하지 않을 증거들은 외면하지만, 자신들을 유혹하는 오류들이라면 무조건 존경하고 신성시하는 경향을 보인다. 그들에게 환상을 제공할 수 있는 사람이라면 누구나 쉽게 그들의 지배자가 될 수 있다. 반대로 그들의 환상을 파괴하려고 시도하는 사람은 언제나 그들의 희생물로 전락하고 만다.

3. 경험

경험은 군중의 정신에 진실을 확고하게 심고 지나치게 위험하게 성장한 환상들을 파괴하는 효력을 발휘하는 거의 유일한 과정을 성립시킨다. 그러나 이 과정이 완성되려면 경험은 반드시 대단히 광범위하게, 그리고 자주 반복적으로 이루어져야한다.

단 한 세대만 겪은 경험은 대개 다음 세대에게는 쓸모없는 것이어서 증명용으로 인용한 역사적 사실들도 다음세대에게는 아무 설득력도 발휘하지 못한다. 그런 사실들의 유일한 용도는 일정한 경험이 영향력을 발휘할 정도로 몇 세대에 걸쳐 반복될 필요가 있다는 것, 혹은 군중의 정신에 확고히 각인된 오견(誤見)을 뒤흔드는 데만이라도 성공할 필요가 있다는 것을 증명하는 것이다.

18세기와 19세기는 다른 어느 세기보다도 진기한 실험이 많이 시도된 시대였다고 말할 역사학자들이 앞으로 나올 것은 틀림없다.

이런 실험들 가운데 가장 거대한 것은 프랑스혁명이었다. 수백만 명이 학살당하고 유럽이 2년간 극심한 혼란을 겪고 나서야 순수이성의 명령은 한 사회의 꼭대기부터 밑바닥까지 쇄신하지 못한다는 것이 비로소 밝혀졌다. 독재자들은 자신들을 찬양하는 데 국민을 이용한다는 사실이 실험적으로 증명되는 데는 15년간 두 번의 참담한 실험이 필요했지만, 그토록 확실한 실험결과도 충분히 믿기지 않는 듯이 보였다. 그러나 첫째 실험은 3백만 명을 희생시키며 외세침입을 초래했고, 영토를 상실한 둘째 실험은 상비군의 필요성

---

51) 이런 경우에 군중의 여론은 상이한 사건사실에 대한 엉성하고 경솔한 연상들의 결합으로 형성된다. 이런 연상의 메커니즘은 내가 앞에서 설명한 것이다. 그 당시 프랑스의 국경수비대는 군사훈련을 전혀 받지 않은 온순한 상인들로 구성되어 있어서 그런 부대와 동일한 관념을 환기시키는 비슷한 온갖 다른 명칭을 붙여도 진지한 군대로 인정받을 가능성은 거의 없었기 때문에 결국은 무해한 존재로 간주됐다. 그 당시 군중의 오인은 그들의 지도자들도 공유하고 있었는데, 그런 오인은 대개는 사건사실을 총괄적으로 일반화시켜버리는 여론과 결부된 것이었다. 대개는 군중의 여론을 추종하기만 하고 결코 주도하지 못하던 올리비에(E. Ollivier)라는 정치인이 최근에 펴낸 책에도 인용된 — 그리고 나도 티에르(Thier) 씨에게 언급한 — 1867년 12월 31일에 국회에서 어느 정치가가 행한 연설은 프로이센은 프랑스의 국경수비대와 유사한 군대만 보유하고 있기 때문에 걱정할 필요가 없을 뿐 아니라 프로이센이 보유한 정규군도 프랑스의 정규군과 규모가 거의 비슷하다고 선언했다. 그러나 이 정치가가 내린 이런 판단들은 철도가 미래에 별 소용이 없을 것이라고 전망한 그의 예견만큼이나 부정확한 것이었다.

을 일깨웠다. 그런 지 얼마 지나지 않아 셋째 실험이 시도되어 거의 완결될 뻔하다가 말았지만 언젠가는 다시 시도될 것이 확실하다. 30년 전에 체결한 동맹이 여전히 유효한 상황에서 막대한 규모의 독일군대가 무해한 국경수비대와 같지 않았음[51]을 프랑스 국민 모두가 인정하는 데도 자신들을 그토록 두려움에 떨게 만든 참혹한 전쟁이 필요했다. 보호무역이 그것을 채택한 국민들을 피폐하게 만든다는 것이 인식되기까지는 적어도 20년이나 재난을 경험해야만 했다. 이런 사례들은 무수히 많을 것이다.

4. 이성

　군중의 정신에 영향을 주는 무수한 요인들 가운데서도 이성은 그것의 영향력이 지닌 부정적 가치를 지적할 필요가 없는 경우에는 굳이 언급할 필요가 없는 것이다.

　우리는 앞에서 군중은 이성적 논리의 영향을 받지 않는다는 것, 그리고 관념들의 엉성하고 경솔한 연상들만 개략적으로 이해할 수 있다는 것을 알았다. 군중을 감동시키는 방법을 잘 아는 연설가들은 언제나 그들의 감정에 호소하지 그들의 이성에는 결코 호소하지 않는다. 논리의 법칙은 군중에게 아무 영향도 미치지 못하지 때문이다.[52] 군중을 완벽하게 설득하려면 가장 먼저 군중을 흥분시키는 감정을 철저히 파악하고 그 감정에 동참하는 척하면서, 현저히 암시적인 관념들을 개략적으로 연상시켜 그 감정에 호소하여 그 감정을 변화시키기 위해 노력해야 하고, 필요하면 출발점으로 삼았던 견해로 되돌아갈 수도 있어야 하며, 무엇보다도 설득을 위한 한 마디 한 마디에 그 감정이 보이는 반응을 매 순간 간파해야 할 것이다.

이처럼 설득을 위한 연설이 매순간 산출하는 효과에 맞추어 언어를 끊임없이 수정할 필요성은 애초에 준비하고 가다듬은 장황한 연설문을 무용지물로 만들어버린다. 그런 연설문을 그대로 읽기만 하는 연설가는 청중의 생각이 아닌 자기만의 생각을 읊어대고 있는 셈이어서, 이런 사실만으로도

---

52) 파리가 프로이센군대에게 포위당하던 날 나는 군중을 감동시키는 기술을 처음 관찰했고 논리의 법칙으로 이런 문제를 이해하는 것은 별 도움이 못된다는 것도 처음 실감했다. 그날 나는 프랑스의 육군원수 V가 당시 정부청사로 사용되던 루브르 박물관으로 호송되는 장면을 목격했다. 분노한 군중은 박물관 앞에 집결하여 V가 프로이센군에게 파리방어요새들의 설계도를 팔아넘겼다며 성토하고 비난했다. 그러나 정부각료들 가운데 아주 유명한 연설가 한 명(P—장군)이 나서서, 범인을 즉시 처형하라고 요구하는 군중 앞에서 일장연설을 했다. 나는 그 연설가가 V장군이야말로 방어요새들을 축성한 장본인들 가운데 한 명이라는 사실, 그리고 특히 그 설계도는 이미 모든 서점에서 판매되고 있다는 사실을 밝힘으로써 고발의 부당함을 지적하리라고 기대했다. 내가 그 당시 아주 젊었기 때문인지는 몰라도 하여간 그의 연설내용이 나의 기대와는 판이하게 달라서 나는 망연자실하고 말았다. 그는 범인을 옹호하며 이렇게 외쳤다. "정의는 지켜져야 하고 정의는 냉혹합니다. 국방을 담당하는 정부에게 여러분이 요구하는 취조를 맡깁시다. 그동안 우리는 범인을 구금해두겠습니다." 이런 표면적인 양보의 연설을 듣고 진정된 군중은 곧 해산했고, 15분 후 육군원수는 무사히 귀가할 수 있었다. 그 연설가가 군중을 대상으로 ― 지극히 젊었던 나로서는 아주 큰 설득력을 발휘할 것이라고 기대했던 ― 논리적인 주장을 펼쳤다면 육군원수는 군중에 의해 갈기갈기 찢겨 살해당했을 것이 틀림없다.

그의 연설은 아무 효과도 발휘하지 못한다.

　얼마간이라도 정연한 논리적 설명에만 익숙한 논리적 정신의 소유자는 군중이 반감을 표하거나 반론을 제기하더라도 논리적 설득방식에 호소하기를 중단하지 못하기 때문에 자신의 논증이 군중에게 전혀 먹혀들지 않으면 경악하고 만다.

　어느 논리학자는 다음과 같이 썼다.

　　"일반수학의 논증은 삼단논법 — 즉 동일자들을 연결하는 연상방법 — 에 따라 이루어져야 한다는 것은 정언명령이다 … 이런 정언명령은 심지어 비조직적 인간무리도 동일자들을 연결하여 연상할만한 능력을 지녔다는 견해마저 찬성하도록 강요할 것이다."

　이 말은 의심할 나위없는 진실이지만, 군중이 보유한 연상결합능력이나 그런 연상들에 대한 이해력도 그런 비조직적 인간무리가 보유한 것들과 진배없다. 예컨대 야만인들이나 어린이들 같이 원시적 정신의 소유자들을 이성적 논리로 설득해보면 이런 논증방법이 지극히 무기력함을 이해할 수 있을 것이다.

　더구나 이성적 논리가 감정을 상대로 싸워야 할 때면 완전히 무기력하다는 것을 통찰하기 위해 굳이 원시인들까지 관찰할 필요는 없을 것이다. 우리는 가장 간단한 논리로도 증명할 수 있는 모순을 지닌 종교적 미신들이 수백 년간 버텨왔다는 사실만 떠올려도 이성의 무기력함을 쉽게 알 수 있다. 근 2000년간 가장 총명한 천재들도 그런 미신들의 법칙에 머리를 숙였고, 근대에 와서야 그런 법칙들의 진실성이 쟁점으로 부각되기 시작했다. 중세와 르네상스시대에도 계몽된 인간들이 많았지만 자신의 미신들을 이성적으로 평가할 수 있었던 사람도 없었고, 악마의 소행이라거나 마녀는 화형시켜야한다거나 하는 따위의 미신들에 대해 일말의 의혹을 선포한 사람도 없었다.

그런데 이성으로는 결코 군중을 지도할 수 없다는 사실을 유감스럽게 여길 필요가 있을까? 우리는 그렇다고 감히 단언하지는 못할 것이다. 인간의 이성은 필시 인간의 환상들만큼 열광적이고 대담하게 인간을 문명화의 길로 몰아붙이지 못했을 것이다. 우리가 이끌리는 무의식적인 동력의 원천인 이 환상들이 인간에게 필요하다는 것은 틀림없다. 모든 민족의 정신구조는 운명의 법칙을 간직하고 있는데, 아마도 이런 법칙에 따라 그들은 거부할 수 없는 충동과 심지어 가장 비(非)이성적인 것으로 보이는 충동에도 복종할 것이다.

그 결과 때로는 민족들이 마치 도토리를 상수리나무로 키우거나 혜성을 궤도에 따라 움직이게 만드는 자연력과 유사한 신비한 힘에 종속된 존재들처럼 보이기도 한다. 우리가 이런 힘을 조금이라고 통찰하려면 민족이 진화하면서 이따금 드러내는 고립된 사실들이 아닌 민족의 진화과정 전체를 탐구해야 한다.

고립된 사실들만 고찰하면 역사는 불가사의한 우연들의 결과로 보일 것이다. 그럴 경우 갈릴리의 목수(예수)가 2000년간 전지전능한 유일신으로 추앙받지도 않고 가장 중요한 문명들 가운데 하나가 그의 이름으로 건설되지도 않았을지 모른다. 또한 사막에서 등장한 소수의 아랍부족들이 과거 그리스로마세계의 대부분을 정복하지도, 알렉산드로스 대왕의 제국보다 더 광대한 제국을 건설하지도 않았을지 모른다. 그리고 여전히 철저한 신분제도가 유럽 전역을 지배하던 지난 세기말의 유럽에서 무명의 포병대위가 많은 민족들을 정복하고 그들의 제왕으로 등극하는 데 성공하지도 않았을지 모른다.

그래서 우리가 이성을 철학자들에게 맡겨둔다면 그것이 인간들을 통치하는 정치과정에 간섭한다는 것을 지나치게 강조할 필요도 없을 것이다. 모든 문명의 주요 원천인 명예감, 희생정신, 종교적 신념, 애국심, 영예에 대한 애착심 같

은 인간의 감정들은 대부분 이성을 따르기는커녕 이성에 반
항하고 이성을 괴롭혀왔기 때문이다.

제3장 군중의 지도자들과 그들의 설득수단

1. 군중의 지도자들

동물이든 사람이든 하여간 일정한 수의 생물들은 군집하자마자 우두머리의 권위에 자신들을 본능적으로 맡겨버린다.

인간으로 이루어진 군중의 우두머리는 대개 주모자 내지 선동자에 불과하지만 그런 자가 중요한 역할을 맡는다. 그의 의지는 군중의 여론을 결집하여 일치시키는 핵이다. 그는 이질적 군중을 조직화시키는 최초의 요인이어서 그런 조직이 파벌로 진화할 길을 닦으면서 그 조직을 지도한다. 군중은 주인 없이는 아무것도 할 수 없는 노예무리와 같기 때문이다.

지도자는 대개 처음에는 지도받는 위치에서 출발한다. 그는 어떤 사상으로 자기최면을 걸어서 그 사상을 신봉하고 선전하는 사도(使徒)가 된다. 그런 사상에 사로잡힌 그는 그 사상을 제외한 모든 것을 무시해버리고 그 사상과 어긋나는 의견은 모두 오류나 미신으로 간주해버린다. 예컨대 로베스피에르가 그런 지도자였는데, 그는 루소(Jean Jacques Rousseau,

1712~1778)의 철학사상들로 자기최면을 걸고 그것들을 선전
하기 위해 종교재판소가 사용했던 방법들을 사용했다.

　내가 지금 말하는 지도자들 가운데는 사상가보다는 행동
가가 훨씬 많다. 그런 행동가형 지도자들은 날카로운 혜안
도 타고나지 못했고 또 그런 혜안을 습득하지도 못한다. 이
런 자질은 일반적으로 의심과 관조로 귀결되기 때문이다.
행동가형 지도자들은 주로 병적이리만치 신경질적이고 성
마르며 이따금 발광하기도 하는 미치광이와 거의 흡사한 인
간들 중에서 배출된다. 그들이 신봉하는 사상이나 추구하는
목표가 아무리 부조리해도 그들의 확신은 너무 강력해서 어
떤 이성적 논리도 그들 앞에서는 무기력하다. 멸시와 박해
도 그들에게는 소용없거나 그들을 더욱 흥분시키기만 할 따
름이다. 그들은 자신과 가족의 이익 즉 개인적인 모든 이익
을 희생시킬 수 있다. 자신들의 자기보존본능마저 완전히
말살시킨 그들이 원하는 유일한 보상은 순교이다. 그들이
품은 신념의 강렬함은 그들이 애용하는 단어들에 대단히 강
력한 암시력을 부여한다. 다양한 인간들로 구성된 군중은
자신들을 감화시킬 방법을 아는 강력한 의지력을 지닌 사람
의 말은 언제든지 기꺼이 경청한다. 군중을 형성한 인간들
은 모든 의지력을 상실하고 자신들이 상실한 자질을 보유한
개인에게 본능적으로 의존하기 때문이다.

지도자를 갖지 않은 민족이나 국민은 지금까지 없었지만, 모든 지도자가 사도들의 전유물인 그런 강력한 확신에 부화뇌동한 것은 결코 아니다. 이런 지도자들은 대개 능란한 웅변가여서 오직 개인적인 이익만 추구하고 기본적인 본능들을 부추겨 설득하는 데 몰두한다. 그들이 이런 방식으로 발휘할 수 있는 영향력은 매우 강력할 것이지만 언제나 일시적인 것일 따름이다. 베드로를 신봉한 수도사들, 루터주의자들, 사보나롤라[53] 추종자들, 프랑스혁명의 주도자들 같이 군중의 영혼을 흔드는 열광적인 확신을 품은 인간들은 어떤 신조에 자신들이 먼저 홀려야만 비로소 남들도 홀릴 수 있었다. 그런 덕분에 그들은 신앙을 통해서 기적의 힘을 얻을 수 있고 그 힘을 얻으면 꿈의 절대적인 노예가 될 수 있다고 동료들의 영혼에 호소할 수 있었다.

종교적 신앙이든 정치적 신념이든 사회적 신념이든 어떤 작품에 대한 신뢰든 인물에 대한 신뢰든 사상에 대한 신념이든 하여간 신념을 일깨우는 역할은 언제나 군중의 강대한 지도자들이었고, 그들의 영향력도 언제나 그토록 강대했던 것이다. 인간이 발휘할 수 있는 모든 힘 중에서도 가장 무서

---

53) Girolamo Savonarola(1452~1498): 이탈리아의 도미니크회 수도사 겸 종교개혁가. 민주정치와 신재정치(神裁政治)를 혼합한 헌법으로 피렌체를 통치하고자 했지만 교회 내부개혁을 과격한 방법으로 주도하다가 크게 반감을 샀다. 주요저서로 『십자가의 승리 Triumphus crucis, 'Compendium revelationum'』가 있다 ― 옮긴이.

운 것은 언제나 신념의 힘이었으므로, 사도들이 신념의 힘
으로 산맥도 움직일 수 있다고 믿었던 것도 당연할 것이다.
인간이 신념을 품으면 자신이 타고난 능력의 열 배도 발휘
할 수 있다. 역사의 대사건들은 막연한 신념을 품은 자들로
부터 비롯되었는데, 그들의 신념은 자신들이 보답(또는 은총)
을 받으리라는 믿음에 불과했다. 따라서 세계를 지배한 대
형종교들이나 드넓은 지역을 지배한 광대한 제국들을 건설
한 것은 식자(識者)들도 철학자들도 의심가들도 아니었다.

그러나 지금 우리가 인용해본 사례들과 관련된 강대한 지
도자들 가운데도 역사학자들이 주저하지 않고 높이 평가할
만한 지도자는 극소수 불과하다. 이런 지도자들은 위로는
이런 강력한 지배자들부터, 아래로는 담배연기 자욱한 선술
집에서, 자신은 취지도 이해하지 못하지만 하여간 모든 꿈
과 희망을 실현시켜줄 것으로 확신하는 귀동냥한 구호나 문
구를 쉬지 않고 떠벌이며 동료들을 서서히 현혹시키는 노동
자에 이르는 모든 유형의 지도자들 중에서도 가장 높은 자
리를 차지한다.

사회의 최상층에서 최하층에 이르는 모든 계층에서 개인
은 고립상태를 벗어나자마자 한 명의 지도자가 발휘하는 영
향권으로 급속히 흡수되고 만다. 대다수 인간들, 특히 군중
에 속한 인간들은 자신들의 전문분야를 벗어나는 어떤 주제

에 관해서도 명백하고 논리적인 사상을 갖지 못한다. 그들을 인도하는 것은 지도자이다. 지도자는 당연히 교체될 수 있지만 그 방법은 아주 비효율적이어서 독자들이 원하는 여론을 대량생산하고 그들에게 이성적인 논쟁을 벌일 필요가 없는 상투적인 문구들을 공급하는 정기간행물이 동원되기도 한다.

군중의 지도자는 대단히 독재적인 권력을 휘두른다. 이런 독재권력이야말로 지도자들이 추종자를 확보하기 위한 조건이다. 흔히 그것은 설령 그들의 권위를 뒷받침할 수단이 전혀 없더라도 그들이 노동자계급 중에서도 가장 과격한 일파를 자신들에게 복종시킬 수 있는 손쉬운 방편으로 주목된다. 그들은 노동자들의 명예와 임금인상을 보장하고, 노동자들에게 파업을 명령하며, 그 파업도 지정한 시간에 시작하여 끝내라고 지시한다.

오늘날 이런 지도자들과 선동가들이 국가공직들을 갈수록 많이 점령하는 추세를 보이는데, 그럴수록 그런 공직들이 훼손되고 공권력을 박탈당했다는 성토의 목소리도 커지고 있다. 이런 새로운 지배자들의 전제정치는 군중이 다른 어떤 정치형태보다 전제정치에 훨씬 순종적으로 복종하기 때문에 초래된 결과이다. 이런저런 사건들의 결과 지도자들이 군중의 시선 밖으로 나가버리면 군중은 아무 응집력과 저항력도 없는 애초의 단순한 인간무리 상태로 복귀해버린다. 최근에 파리의 승합마차 마부들이 파업을 벌일 당시 그들을 이끈 두 지도자가 내세운 요구는 충분히 수용될 수 있는 것이었다. 그것은 자유를 달라는 요구가 아니라 군중의 영혼을 언제나 지배하는 노예상태를 원하는 요구였다. 그들은 자신들이 스스로 선택한 지도자라면 누구에게라도 본능적으로 복종하는 노예근성에 사로잡혀 있었다.

이런 주동자들이나 선동자들은 두 가지 부류로 명확히 구분될 수 있다. 첫째 부류에는 오직 간헐적으로만 표출되는 정력과 탐욕과 대단히 강한 의지력을 지닌 자들이 속한다. 둘째 부류에는 의지력을 지속적으로 발휘할 수 있는 자들이 속하는데, 이들은 첫째 부류에 비하면 훨씬 드물다. 첫째 부류는 과격하고 용맹하며 안하무인이다. 그런 자질들은 우발적으로 결정된 과격한 기획을 주도하고, 대중을 위험도 불사하는 군중으로 만들며, 내일이면 소시민으로 복귀할 사람들을 영웅으로 탈바꿈시키는 데 특히 유용하다. 제1차 왕정복고 시대의 네[54]와 뮤라[55], 그리고 최근의 가리발디[56]가 이

---

54) Michel Ney(1769~1815): 부하들에게 "붉은 얼굴의 사나이(Le Rougeaud)" 또는 "용장(勇將) 중의 용장(le Brave des Braves)"으로 통한 그는 프랑스혁명전쟁과 나폴레옹전쟁에 프랑군 지휘관으로 참전했다. 특히 나폴레옹이 처음 임명한 18명의 프랑스 육군원수들 가운데 한 명이었다 — 옮긴이.

55) Joachim Murat(1767~1815): 나폴레옹이 가장 아끼던 육군원수들 가운데 한 명이었고, 나폴리 왕(1808~15)으로 임명되어 이탈리아 민족주의를 고취시킨 인물로 평가된다 — 옮긴이.

런 부류의 지도자에 속한다. 특히 가리발디는 재능은 타고
나지 못했지만, 훈련된 군대가 지키던 나폴리를 소수의 게
릴라 부대로 수중에 넣는 데 성공할 정도로 정력적이고 모
험적인 지도자였다.

그러나 이런 부류의 지도자들이 가진 정력이 상당한 위력
을 지녔을지라도 그 위력은 일회적이어서 그것이 작동되도
록 자극하는 원인보다 오래가지 못한다. 이런 종류의 정력
으로 활발히 활동하던 이 영웅들이 평범한 일상생활로 복귀
하면 대개는 어이없을 정도로 허약한 인물이었다는 것이 들
통나버린다. 그들이 남들을 이끄는 능력은 뛰어날지 몰라도
일상생활에서는 남을 돌보지도 못하고 가장 단순한 상황도
대처하지 못해서 쩔쩔맨다. 이런 인간들은 자신들을 끊임없
이 자극하는 조건, 자신이나 자신의 사상이 언제나 횃불 같
은 존재로 여겨질 수 있는 조건, 확실한 행동노선을 취할 수
있는 조건을 제외한 다른 조건에서는 자신의 역할을 제대로
수행하지 못하는 지도자들이다.

둘째 부류의 지도자들은 강한 의지력을 지속적으로 유지
할 수 있어서 화려한 면은 덜하지만 훨씬 중대한 영향력을

---

56) Giuseppe Garibaldi(1807~1882): 이탈리아 리소르지멘토(Risorgimento : 국가통일운동)를 위해 싸운
애국자로 평가되는 군인이고 공화주의자이다. 이른바 '붉은 셔츠대' 라는 게릴라 부대를 이끌고 시칠리
아와 나폴리를 정복함으로써 이탈리아가 사보이 왕가를 중심으로 통일되는 데 이바지했다 — 옮긴이.

발휘할 것이다. 이런 부류의 지도자들 중에 진정한 종교의 창시자들과 대(大)사업가들이 발견된다. 바울, 마호메트, 콜럼버스, 레셉스[57] 등이 이런 부류에 속할 것이다. 이들이 지적인 인물이냐 옹색한 인물이냐 여부는 전혀 중요하지 않다. 세계가 바로 그들의 것이기 때문이다. 그들이 소유한 불굴의 의지력은 극히 드문 것이고 모든 것이 그 앞에 굴복할 만큼 강력하기 그지없는 능력이다. 그토록 강력하고 지속적인 의지력은 언제나 정당한 평가를 받지 못한다. 그러나 자연도, 신도, 인간도 그런 의지력을 이기지 못한다.

그렇게 강력한 불굴의 의지력이 낳을 수 있는 결과를 보여주는 최근의 인물은 바로 동양과 서양을 갈라놓은 레셉스인데, 그는 지난 3,000년간 가장 강대한 군왕들도 완수하지 못한 과업(수에즈 운하건설)을 완수했다. 그러나 그는 이후 동일한 과업(파나마 운하건설)을 완수하는 데 실패했고, 모든 것, 심지어 의지마저 굴복시키고 마는 과거의 시간 속에 파묻히고 말았다.

의지력 하나만으로 해낼 수 있는 일이 무엇인지는 수에즈 운하를 건설하는 과정에서 극복했어야 할 난관들의 역사를

---

57) Ferdinand Marie Vicomte de Lesseps(1805~1894): 프랑스의 외교관 겸 사업가. 마드리드 주재 공사를 역임한 후 1858년에 수에즈 운하회사를 설립하여 1869년에 수에즈 운하를 완공했다. 이후 파나마 운하도 건설할 계획을 세우고 착공했지만 정치적 · 경제적 어려움을 겪자 중단하고 말았다 — 옮긴이.

구체적으로 되짚어보면 충분히 알 수 있다. 그 과정을 목격한 카잘리스[58] 박사는 그 불멸의 지도자(레셉스)가 결코 포기하지 않은 이 위대한 사업의 전말을 다음과 같은 짧은 글로 요약한 바 있다.

"그는 날짜까지 정확히 기억하는 일화들을 차례로 언급하면서 운하에 관한 굉장한 이야기를 내게 들려주었다. 그는 자신이 극복했어야 할 모든 난관들, 불가능한 것을 가능하게 만들었던 사연, 자신이 직면한 반대들, 자신을 몰아내기 위한 집단반발과 음모, 자신을 고무하거나 우울하게 만들었던 좌절, 전화위복, 실패의 순간들을 일일이 말해주었다. 이어서 그는 자신을 위협하고 무자비하게 공격했던 영국, 공사를 망설이기만 하던 이집트와 프랑스, 초기공사단계부터 맨 먼저 반대하고 나서서 식수공급마저 거부하며 공사를 방해하려고 들었던 프랑스 집정관의 악랄한 본성, 노련하고 과학적인 훈련까지 받고도 그런 과학적 지식을 토대로 마치 개기일식을 예측하듯이 정확한 날짜와 시간까지 제시하면서 곧 재난이 벌어지고 말 것이라

---

58) Henri Cazalis (1840~1909): 프랑스의 의사이자 상징주의 시인. 『빈 책 *Le Livre du néant*』(1872), 『환상 *L'Illusion*』(1875~1893), 『멜랑콜리아 *Melancholia*』(1878), 『찬가 비평 *Cantique des cantiques*』(1885) 등을 썼다 — 옮긴이.

고 장담하며 자연스럽게 공사를 방해하려고 들었던 해군 장관이나 기술자를 포함한 모든 공사관계자의 면면들을 회상했다.”

이런 부류에 속하는 모든 위대한 지도자의 생애에 관한 책들은 그리 많지 않겠지만 그들의 이름은 문명의 역사에서 가장 중요한 사건들과 운명을 함께할 것이다.

2. 지도자들의 활동수단 : 확언, 반복, 감염력

군중을 단시간에 감동시켜 본능적인 행동 — 예컨대 왕궁에 방화를 하거나 목숨을 걸고 요새나 바리케이드를 사수한다거나 하는 — 을 감행하도록 유도하려면 가장 강력하고 신속한 효과를 발휘하는 암시를 군중에게 걸어야 한다. 그러나 이 목적을 달성하려면 군중이 적당한 상황에서 미리 암시에 걸릴 준비가 되어있어야 하고, 무엇보다도 군중을 감동시키려는 지도자가 군중보다 훨씬 더 함양된 자질을 구비하고 있어야 한다. 나는 이 자질을 위엄(*prestige*)이라고 부르겠다.

게다가 현대의 사회주의이론 같은 사상들이나 신념을 군

중의 정신에 주입하려는 지도자들은 다양한 수단을 시기적절하게 활용할 수 있어야 한다. 그런 수단들 가운데 가장 주효하고 확실한 것이 확언, 반복, 감염력이다. 이 수단들은 다소 느리게 작용하지만 그 효력이 일단 먹히기만 하면 대단히 오래 작용한다.

모든 이성적 논리와 증명으로부터 자유로운 순수하고 간결한 확언은 군중의 정신에 어떤 사상을 주입할 수 있는 가장 확실한 수단들 가운데 하나이다. 확언은 간결할수록 그것의 표면적인 증거와 증명은 빈곤해지지만 그것의 무게(중요도)는 증가한다. 모든 시대의 종교경전들과 법전들은 언제나 간결한 확언에 의존해왔다. 정치가들은 정치적 대의를 변호하는 데 확언을 사용해왔고, 선전수단을 활용하여 상품을 판매하려는 상인들도 확언의 가치를 잘 알고 있다.

그러나 확언은 지속적으로, 그리고 최대한 동일한 용어로써 반복되지 않으면 실질적인 효력을 전혀 발휘하지 못한다. 나는 나폴레옹이라면 결정적으로 중요한 유일한 수사법(修辭法)은 오직 반복이라고 말했을 것이라고 생각한다. 확언된 것은 반복됨으로써 끝내 증명된 진실로 인지되어 군중의 정신에 각인될 수 있다.

반복이 가장 계몽된 정신의 소지자들에게도 영향을 미칠 정도로 강력한 위력을 지녔다면 군중에게도 포괄적인 영향력을 발휘할 것이다. 반복진술은 인간의 행동원인들이 들끓는 인간의 무의식적 자아의 심층에 서서히 각인되는데, 이런 사실로부터 반복의 위력이 생겨난다. 그 후 일정한 시간이 지나면 인간은 반복된 주장을 한 장본인을 망각하고 최종적으로 그 주장을 믿어버리고 만다. 이런 맥락에서 선전광고들의 놀라운 위력도 생겨난다. X회사의 초콜릿이 최고라는 광고문구를 백 번 천 번 반복해서 읽은 사람은 가는 곳마다 그 문구가 말하는 소리가 들리는 듯한 착각에 빠졌다가 끝내는 그 문구를 사실로 믿어버리고 말 것이다. Y회사의 밀가루가 죽어가는 사람도 살리는 만병통치약이라는 광고문구를 천 번이나 읽은 사람은 자신이 몸이 아프면 결국 그 문구를 믿고 싶은 유혹을 느낄 것이다. 우리가 만약 A는 악명 높은 깡패고 B는 가장 정직한 사람이라는 견해가 실린 동일한 신문을 매일 읽는다면, 두 인물의 자질을 완전히 정반대로 평가하는 견해가 실린 다른 신문을 읽어보지 않는 한, 우리는 끝내 앞 신문의 견해가 진실이라고 믿기에 이를 것이다. 그래서 확언과 반복은 각기 서로 맞붙으면 격전을 벌이기에 충분한 위력을 지닌 유일한 대항수단들이다.

어떤 확언이 충분히 반복되어 그런 반복마저 필요가 없어지면 — 마치 업계의 모든 직원을 고용할 수 있을 만큼 거부가 된 금융업자가 더는 직원을 고용할 필요가 없어지듯이 —

그 시점에서 요구되는 여론이 형성되어 강력한 감염 메커니즘이 작동한다. 그렇게 확언되고 반복된 사상들, 감정들, 정서들, 신념들은 이제 군중을 상대로 감염성 세균만큼 강력한 감염력을 발휘한다. 이런 현상은 심지어 군집을 이룬 동물들 사이에서도 관찰되는 지극히 자연스러운 것이다. 가만히 서 있던 말(馬)이 여물통을 물어뜯기 시작하면 옆에 가만히 서있던 다른 말도 여물통을 물어뜯을 것이다. 서너 마리의 양이 공포에 사로잡혀 울어대기 시작하면 곧바로 그 양들이 속한 양떼 전체가 울어댈 것이다. 군중을 구성하는 인간들의 모든 정서도 예기치 못한 공포에 사로잡히면 아주 급속하게 감염된다. 광증 같이 두뇌를 혼란에 빠뜨리는 모든 것은 자체적인 감염력을 지녔다. 정신병자를 전문으로 치료하는 의사들의 정신병 발병률이 높다는 사실은 익히 알려진 것이다. 광장공포증 같은 광증들은 인간으로부터 동물로 전염될 수 있다는 연구결과가 최근에 발표되기도 했다.

개인들을 감염시키기 위해 그들을 반드시 동일한 시간에 동일한 장소로 집결시킬 필요는 없다. 모든 사람의 정신을 개인의 정신처럼 만들어버리고 거기에 군중 고유의 특성들을 부여하는 사건들의 영향을 받는 사람들은 원거리에서도 감염력을 감지할 수 있다. 이런 현상은 사람들의 정신이 내가 앞에서 고찰해본 간접요인들 덕분에 위와 같은 사건들의 영향을 받을 준비를 갖춘 경우에 더욱 확연히 관찰된다. 1848년의 혁명적 운동도 이런 현상을 잘 보여주는 사례인데 파리에서 시작된 이 운동은 이후 유럽 각지로 급속히 확산되면서 각국의 왕들을 충격에 빠뜨렸다.

엄청난 영향력을 가진 것으로 보이는 사회현상에 대한 모방은 현실적으로 단순한 감염효과에 불과하다. 이것 외에 다른 예는 (내가 15년 전에 펴낸 『인간과 사회』에서 피력한) 이 주제와 관련된 나의 견해들을 여기에 인용하는 선에서 살펴보기로 하겠다. 그 견해들은 최근에 관련저서를 출간한 다른 저자들에 의해 발전적으로 다루어지고 있다.

"동물들과 마찬가지로 인간도 자연적인 모방성향을 가지고 있다. 모방은 아주 쉽게 할 수 있는 것들에 한해서 인간에게는 필수적인 것이기도 하다. 이런 필수성은 우리가 이른바 유행으로 통하는 것에 강력한 영향을 미친다. 여론이든 사상이든 문학적 표현이든 심지어 단순한 의복이든 하여간 이런 것들의 유행을 감히 거역할 용기를 지닌 사람이 과연 몇 명이나 되겠는가? 군중이 이끌리는 것은 논증이 아닌 본보기이다. 어느 시대에나 다른 나머지 사람들과 다르게 행동할 수 있는 개성을 지닌 소수의 개인들이 존재하고, 군중은 무의식으로 그들을 모방한다. 그러나 이처럼 모방되는 개인들도 나머지 사람들이 품은 기존 사상들과 지나치게 다른 사상을 표현하지 말아야 한다. 그렇게 하다가는 그들을 모방하기가 너무 힘들어질 수 있고 그들의 영향력도 완전히 사라지고 말기 때문이다. 그래서 시대를 너무 앞서가거나 초월한 인간은 대개 자신의 시대에 아무 영향을 주지 못한다. 그런 인간과 시대를 가르는 단절선이 너무 강하고 확실하기 때문이다. 똑같은 이유로 유럽인들은 자신들의 문명이 지닌 모든 장점들에도 불구하고 동양인들에게 아무 영향을 주지 못한다. 유럽인과 동양인은 서로 너무나 다르기 때문이다.

과거와 상호모방의 이중작용은 동일한 나라에서 동일한 시대를 사는 모든 인간에게 오랫동안 영향을 주어 그들 모두를 지극히 비슷한 인간들로 만들어버리기 때문에 심지어 철학자들, 지식인들, 작가들처럼 그런 이중작용의 영향권을 초월할 듯이 여겨졌을 개인들의 사고방식과 문체도 그들이 속한 시대를 금세 알아볼 수 있을 정도로 비슷한 분위기를 띠게 만들어버린다. 그 결과 어떤 개인이 읽고 있는 책, 종사하는 직업, 생활하는 환경을 충분히 파악하기 위해 그와 장시간 대화를 나누어볼 필요도 없어져버린다."[59]

감염력은 개인들에게 특정한 여론들뿐 아니라 느끼는 방식도 강제할 정도로 강력하다. 감염은 특정한 시기에 어떤 작품 ― 예컨대『탄호이저 Tannhäuser』[60]같은 작품 ― 이 멸시당하는 원인인 동시에 같은 작품이 몇 년 후에 비평가들이 늘어놓는 찬사에 편승하여 존경받는 원인이기도 하다.

군중의 여론과 신념을 유포시키는 것은 특히 감염력이지 이성적 추론능력이 아니다. 현재 노동자계급 사이에서 만연하는 개념들은 선술집 같은 데서 이루어지는 확언, 반복, 감염의 결과 습득된 것들이다. 실제로 어느 시대에나 군중의 신념이 조장되는 방식은 거의 흡사하다. 르낭[61]은 그리스도교의 창시자들과 "이 술집 저 술집 돌아다니면서 자신들의 사상을 유포하는 사회주의 노동자들"을 정확히 비교해 보인다. 예전에 볼테르는 그리스도교의 실상을 관찰하면서 "100년이 넘도록 가장 비천한 하층민들만 그 종교를 믿었

---

59) 르 봉, 『인간과 사회』(제2권, 1881), p. 116.

60) 독일의 작곡가 리하르트 바그너(Wilhelm Richard Wagner, 1813~1883)가 1845년 상연한 오페라. 이 작품을 포함하여『트리스탄과 이졸데 Tristan und Isolde』,『지크프리트의 목가 Siegfried Idyll』,『니벨룽겐의 반지 Der Ring des Nibelungen』,『파르지팔 Parsifal』등이 바그너의 대표작으로 꼽힌다 ― 옮긴이.

61) Joseph-Ernest Renan(1823~1892): 프랑스의 사상가, 종교사가, 언어학자. 프랑스 실증주의의 대표자들 가운데 한 사람. 주요 저서『그리스도교 기원사 Histoire des origines du christianisme』(7권, 1863~1883)는 예수의 인간화 과정을 탐구하고 그리스도교에 대한 문화사적 연구를 시도했으며 그리스도교 경전세계를 심리적, 문학적으로 재현해보였다는 평가를 받는다. 이 저서의 제1권이 바로 유명한『예수전(傳) Vie de Jésus』(1863)이다. 이것 외에『과학의 미래 Avenir de la Science』(1845),『이스라엘 민족사 Histoire du peuple d'Israël』(5권, 1887~1893),『청소년기의 추억 Souvenirs d'enfance et de jeunesse』(1883) 등의 저서가 있다 ― 옮긴이.

다"는 말을 남기기도 했다.

　이런 사상들과 비슷한 사상들도 민중계급 사이에서 감염된 다음에 사회의 중류계급이나 상류계급으로 감염되는 경우가 있다는 사실도 기억해둘 필요가 있다. 이것은 우리가 오늘날 얼마 지나지 않아 최초의 희생자들이 될지도 모를 사람들에게 수용되기 시작한 사회주의 강령들을 관찰해보면 확실히 관찰할 수 있는 현상이다. 감염력은 그것의 작용력에 노출된 개인의 이익감정도 소멸시킬 정도로 강력한 위력을 지녔다.

　이런 감염력 덕분에 자체의 부조리성을 아무리 확연히 드러내는 어떤 여론도 하류계층에게 일단 감염되면 언제나 상류계층에까지 대단히 강력하고 신속하게 이식될 수 있다. 군중의 신념들은 언제나 약간 고상한 사상에 깊게건 얕게건 기원을 두고 있다는 사실을 감안하면 중상류계층에 대한 하류계층의 이런 반작용은 더욱 진기하게 보인다. 그러나 그런 사상은 그것을 생장시킨 계층이나 부류의 사람들에게는 대개 아무 영향도 미치지 못한다. 그런 사상에 사로잡힌 지도자들과 선동자들은 그 사상을 왜곡하고, 이어서 그것을 또다시 왜곡할 파벌을 결성한 다음에, 그것의 타당성을 입증하는 절차를 밟아줄 군중과 대중에게 그것을 선전하고 전파한다. 그런 사상은 민중의 진실로 정착되면 발원지로 회귀하여 국가나 민족의 상류층에게도 영향력을 행사하기 시작한다.

장기간에 걸쳐, 그러나 매우 간접적으로 세계의 운명을 규정하는 것은 인간의 지성이다. 그러나 사상들을 진화시킨 철학자들은 자신들의 성찰로 거둔 결실이, 내가 방금 설명한 장구한 과정을 거쳐 승전보를 울리기 훨씬 전에 흙으로 돌아가고 만다.

3. 위엄

확언, 반복, 감염으로 유포된 사상들은 위엄으로 알려진 신비한 힘을 때맞춰 획득하면 심대한 위력을 발휘한다.

세상을 지배하는 사상이건 인간이건 지금까지 모든 지배자는 "위엄"이라는 말로 대표되는 거역할 수 없는 강제력을 수단으로 자체의 권위를 우선적으로 내세웠다. 위엄은 모든 사람에게 알려졌음을 의미하는 말이지만, 너무나 다양한 방식으로 사용되어서 정확히 정의하기도 어렵다. 위엄은 존경이나 두려움 같은 감정들과 결부될 수 있다. 위엄은 이따금 이런 감정들의 기반이 되기도 하지만, 그런 감정들 없이도 완전히 독자적으로 존재할 수 있다. 최대의 위엄은 우리가 두려워하지 않는 — 알렉산드로스 대왕, 카이사르, 마호메트, 붓다 같은 — 죽은 존재들의 것이다. 그런 한편으로 우리가 존경하지는 않지만 우리를 충격에 빠뜨림으로써 대단한 위엄을 자아내는 — 인디아의 사원들 지하실에 보관된 무시무시한 신상들 같은 — 가공의 존재들도 있다.

현실에서 위엄은 인물이나 작품이나 사상이 우리의 마음에 행사하는 지배력의 일종이다. 이런 지배력은 우리의 비판력을 완전히 마비시키고 우리의 영혼을 경외감과 존경심으로 가득 채운다. 위엄이 유발한 감정은 다른 모든 감정과 마찬가지로 불가해한 것이지만, 뭔가에 매혹된 사람이 빠진 황홀상태와 다름없는 상태로 표현될 수 있다. 그래서 위엄은 모든 권위의 발원지라고 할 수 있다. 신도, 왕도, 여자도 위엄 없이는 결코 군림하지 못한다.

다양한 유형의 위엄들이 존재하지만 크게는 습득한 위엄(*prestige acquis*)과 타고난 위엄(*prestige personnel*)[62]으로 대별해 볼 수 있다. 습득한 위엄은 명성, 재산, 신망을 얻은 결과이다. 그것은 타고난 위엄과는 무관한 것일 수 있다. 그런 반면에 타고난 위엄은 본질적으로 개인의 고유한 개성 같은 것이다. 그것은 신망, 명예, 재산과 공존할 수 있고 이 요인

---

62) 이 두 종류의 위엄들은 각기 후천적 위험과 선천적(천부적) 위엄, 또는 학습한(인위적) 위엄과 개인적 위험으로도 번역될 수 있을 것이다 — 옮긴이.

들 덕분에 더욱 강해질 수 있지만, 이 요인들 없이는 완벽하게 존재할 수 없다.

습득하거나 인위적 위엄의 대부분은 가장 일반적인 것이다. 개인이 어떤 지위에 오르거나 일정한 재산을 소유하거나 일정한 직함을 지녔다는 단순한 사실도 그의 인격이 아무리 보잘것없더라도 그에게 위엄을 부여한다. 군복을 입은 군인이나 법복을 입은 판사도 언제나 위엄을 누린다. 그런 견지에서 판사는 법복을 입고 가발을 써야한다는 파스칼[63]의 지적은 매우 타당하다. 군인이나 판사가 군복이나 법복 같은 것을 착용하지 않으면 그들의 권위도 절반은 줄어들 것이다. 가장 온건한 사회주의자도 왕족이나 귀족을 만나면 언제나 약간의 위엄을 느낀다. 그런 직위를 가졌거나 사칭하면 상인들을 등쳐먹기도 쉬워진다.[64]

---

63) Blaise Pascal(1623~1662): 프랑스의 수학자, 물리학자, 철학자, 종교사상가 — 옮긴이.

64) 직위, 장신구, 제복이 군중에게 미치는 영향력은 심지어 개인의 자유감정이 가장 강하게 발달된 나라를 포함 모든 나라에서 발견된다. 이런 맥락에서 나는 잉글랜드의 저명인사들이 누리는 위엄에 관한 진기한 글을 최근에 발간된 어느 여행기에서 인용해보겠다. "나는 가장 이성적인 영국인조차 영국귀족과 가까이 있거나 접촉이라도 할라치면 마치 도취한 듯한 특유의 표정을 짓는 모습을 여러 곳에서 관찰했다. 그 귀족들이 더 고상하게 보일 수 있는 재산까지 갖추었다면 그는 더욱 홀린 듯한 표정을 확연히 드러내고, 악수까지 하면 황홀경에 빠져 당장 급한 용무조차 참아내는 인내력을 보인다. 그는 귀족과 그렇게 가까이 있다는 황홀감에 얼굴을 붉힐 것이고, 귀족이 그에게 말이라도 걸어주면 기쁨을 주체하지 못해 그의 얼굴은 더욱 붉어지며 그의 눈은 눈물이라도 고인 듯이 반짝인다. 귀족에 대한 존경심은, 말하자면 에스파냐인들의 춤에 대한 애착심이나 독일인들의 음악에 대한 애착심이나 프랑스인들의 혁명에 대한 애착심 같이 영국인들의 타고난 기질이다. 영웅들이나 셰익스피어에 대한 그들의 열정은 그리 맹렬하지 않고, 그런 인물들이 그들에게 주는 만족감이나 자부심도 그들의 삶에서 그리 많은 부분을 차지하지 않는다. 귀족계급에 관한 서적들이 상당히 많은데, 그들은 누구나 할 것 없이 마치 바이블처럼 그런 책을 한 권씩은 지니고 다닐 것이다."

내가 방금 이야기한 위엄은 사람들이 행사하는 것이다. 그런데 여론, 문학작품, 예술작품 같은 것도 위엄을 행사할 수 있다. 이런 무생물들의 위엄은 대부분 반복으로 축적된 결과에 불과하다. 역사, 문학, 예술사조도 동일한 판단들의 반복에 불과하다. 그런 판단들을 진실로 입증하려고 노력하는 사람은 아예 없을뿐더러 모든 사람이 학교에서 배운 대로 반복한 결과 아무도 감히 이견을 제기하지 못할 명성을 획득하여 기정사실화되어버린 것들이다. 그래서 현대의 독자들에게 호메로스의 서사시들을 정독하는 일은 지겹기 그지없는 일로 여겨질 수밖에 없는 것이다. 이런 실정을 두고 과연 누가 감히 왈가왈부할 수 있겠는가? 그리스의 파르테논 신전은 오늘날 처참한 몰골을 드러내며 세인들의 관심을 완전히 상실했지만, 우리가 그 실물을 전혀 확인할 수 없고 다만 역사기록들에서나 그 면모를 확인할 수밖에 없었다면 대단한 위엄을 부여받았을 것이다. 위엄의 고유한 성격은 우리로 하여금 사물을 있는 그대로 보지 못하게 만들고 우리의 판단력을 완전히 마비시키는 것이다. 대부분의 개인과 마찬가지로 군중은 언제나 모든 주제에 대한 기정(既定)된 여론을 필요로 한다. 이런 여론의 인기여부는 그것에 담긴 진실이나 오류와는 무관하고 오직 그것이 위엄을 지녔느냐 아니냐의 여부에 따라 결정된다.

그러면 이제 타고난 위엄을 알아보기로 하자. 타고난 위엄의 본성은 인위적 위엄이나 습득한 위엄의 본성과는 판이하게 다르다. 그것은 모든 직위, 모든 권위로부터 독립적인 재능이고, 소수의 개인만이 타고난 위엄이어서 그가 비록 사회적으로는 동등하고 모든 지배수단을 결여했더라도 주변 사람들을 확실하게 매혹하고 홀릴 수 있는 수단이다. 그런 위엄을 타고난 소수자들은 자신들의 사상과 감정을 주변 사람들에게 주입할 수 있어서, 마치 서커스단의 호랑이나 사자 같은 사나운 맹수들이 한 명의 조련사의 명령에 순종하듯이 주변 사람들은 그 소수자의 명령에 순종한다.

붓다, 예수, 마호메트, 잔 다르크, 나폴레옹 같은 군중의 위대한 지도자들은 이런 유형의 위엄을 대단히 많이 타고났는데, 이런 천부적 위엄은 그들이 획득한 위상과 결부되면서 더욱 큰 위력을 발휘할 수 있었던 것이다. 신들, 영웅들, 교리들도 세계와 부딪히면서 내향적인 위력을 획득할 수 있었다. 그런 존재들은 논쟁의 대상이 되지 않지만, 일단 논쟁의 대상이 되자마자 소멸하고 만다.

내가 방금 거명한 위인들은 세상에 위명을 떨치기 오래전부터 사람들을 매혹하는 능력을 타고났고, 그런 능력 없이는 결코 그런 인물이 되지 못했을 것이다. 예컨대 최전성기의 나폴레옹은 그가 권력자라는 단순한 사실만으로도 엄청난 위엄을 누렸지만, 그런 위엄의 일부는 그가 아무 힘도 없던 완전한 무명시절에도 이미 지녔던 타고난 것이다. 무명의 장군이던 그가 유력한 후견인의 추천으로 이탈리아 원정군 총사령관으로 부임했을 때(1796년) 그를 기다리고 있던 사람들은 총재정부[65]에서 파견한 이 젊은 침입자를 순순히 맞이하지 않겠다는 적대감을 품은 사나운 장군들이었다. 그러나 그가 현장에 도착해서 그들을 회견하는 순간부터 그가 어떤 연설이나 몸짓이나 위압적 명령을 하지 않는데도, 그들의 적개심은 일거에 사라졌고, 그를 대단한 장군으로 여기게 됐다. 역사학자 텐은 그 당시를 기억하는 사람으로부터 전해들은 이 회견장면을 흥미롭게 평가한 바 있다.

"거만하고 난폭하며 과감한 데다가 자신의 큰 키와 용맹성을 자랑해대는 오주로[66] 장군을 위시한 여러 사단장들은 파리에서 파견되어온 벼락출세한 애송이를 아니꼽게

---

65) 總裁政府(Directoire): 1795년 10월 26일부터 1799년 11월 9일까지 존속한 프랑스의 정부. 로베스피에르가 몰락한 뒤 1795년 8월에 부르주아가 주도하는 공화주의적인 제한선거가 실시되어 의안(議案)제출권을 가진 500인회(五百人會·중의원)와 의안선택권을 가진 원로원(元老院)으로 양원제 의회가 구성되고, 행정부에는 5명의 총재가 취임함으로써 총재정부가 출범했지만 무능과 무책임으로 일관하여 국민의 기대를 저버렸다. 이후 국민의 기대를 모으며 등장한 나폴레옹이 쿠데타를 일으켜 정부를 무너뜨리고 의회에서 반대파를 몰아낸 다음 집정정부(1799~1804)를 구성함으로써 총재정부도 막을 내리고 말았다 ― 옮긴이.

66) Charles Pierre Augereau(1757~1816): 혁명전쟁과 나폴레옹 전쟁에서 지휘관으로 활동한 프랑스 군인. 이후 나폴레옹에 의해 프랑스 원수로 임명됨 ― 옮긴이.

여기며 참모본부에 도착했다. 사단장들에게 전달된 그의 인사기록을 읽어본 오주로 장군은 더욱 오만방자해졌다. 인사기록의 내용은 이랬다. '바라스[67]의 총애를 받음. 방데미에르의 반란[68]을 진압하는 전공을 세워 현재 지위에 오름. 시가전에서 전공을 세워 장군에 임명됨. 풍채는 볼품없고 수학자나 몽상가라는 별명으로 불릴 만큼 늘 혼자 생각에 잠겨 있어서 마치 곰처럼 보임.' 사단장들이 도착했다는 보고를 받은 나폴레옹은 그들을 한참 대기시켰다. 이윽고 검을 허리에 차고 모자를 쓴 채 모습을 드러낸 그는 자신이 구상한 전략을 설명하고 명령을 하달한 다음에 그들을 해산시켰다. 오주로 장군은 그동안 아무 말도 하지 못했다. 참모본부막사를 나와서야 그는 비로소 한숨을 돌리면서 입버릇대로 욕설을 중얼거릴 수 있었다. 그는 이 작은 악마 같은 애송이 장군을 대면하면서 경외감을 느꼈음을 자인했고, 함께 있던 마세나[69]도 공감을 표시했다. 오주로 장군은 첫 만남부터 자신이 그렇게 압도당해버린 까닭을 이해할 수 없었다."

---

67) Paul de Barras(1755~1829): 프랑스의 정치가. 1795~1799년간 총재정부의 최고실권자로 군림했다 — 옮긴이.

68) 13 Vendémiaire: 총재정부에 불만을 품은 왕당파가 1795년 10월 5일부터 13일간 일으킨 반란. '방데미에르'란 말은 프랑스 공화력(共和曆) 첫째 달을 가리키는 명칭이었다 — 옮긴이.

69) Jean-André Masséna(1758~1817): 프랑스 혁명전쟁과 나폴레옹 전쟁에 참전한 프랑스군의 지휘관. 훗날 나폴레옹은 그를 두고 "나의 군사제국에서 가장 위대한 이름"이라고 말한 바 있다 — 옮긴이.

위인의 반열에 오른 사람의 위엄은 그의 후광이 더해질수록 증대하여 그를 경외하는 추종자들의 눈에는 신과 거의 다름없는 존재로 보이기에 이른다. 혁명전쟁에 참전한 거칠고 전형적인 군인이자 오주로보다도 더 난폭하고 정력적인 방담[70] 장군은 1815년 어느 날 우연히 튈르리에 궁전의 계단을 함께 걸어 올라가던 다르나노(d' Arnano) 원수에게 이렇게 말했다고 한다.

"그 인간악마가 저를 홀렸는데도 저는 도무지 그 까닭을 모르겠습니다. 저는 신도 악마도 두려워하지 않지만 그만 보면 겁에 질린 어린애처럼 온몸이 떨려옵니다. 그는 나를 바늘구멍도 뚫게 만들고 불구덩이에도 서슴없이 뛰어들게 만들 수 있을 겁니다."

---

70) Dominique-Joseph Vandamme(1770~1830): 프랑스 군장교로 나폴레옹 전쟁에 참전했다 ― 옮긴이.

71) 자신의 위엄을 충분히 의식하고 있던 나폴레옹은 주변의 유력자들을 우직한 마구간지기를 부릴 때보다 더 험하게 다루어야 자신의 위엄을 더할 수 있음을 깨달았다. 그런 유력자들 중에는 유럽을 떨게 만든 국민공회의 저명인사들도 있었다. 당시의 신문에는 이런 사실을 잘 보여주는 가십기사가 많이 실렸다. 어느 날 최고행정법원에 출석한 나폴레옹은 마치 버릇없는 하인에게 하듯이 뵈뇨(Jacques Claude de Beugnot, 1761~1835: 프랑스의 정치가)에게 욕설을 퍼부으며 모욕을 주었다. 그것이 먹혀들자 그는 자리에서 일어나 법석으로 올라가서 그에게 "글쎄, 이 멍청아, 그래 이제 정신을 좀 차렸어?"라고 구박까지 했다. 그러자 군악대장만큼이나 키가 큰 뵈뇨가 허리를 깊이 숙였고 키 작은 사내는 손을 들어올려 키 큰 사내의 귀를 잡아당겼다. 뵈뇨는 그것이 "호의를 드러내는 매력적인 표시였고 그분의 기분이 좋을 때마다 하는 익숙한 행동이었다"고 썼다. 이런 사례들은 위엄이 유발하는 기본적인 효과가 무엇인지 분명히 보여주고, 강대한 독재자가 주변 사람들 ― 그의 눈에는 "총알받이"에 불과해 보이는 사람들 ― 에게 그토록 심한 모욕을 주는 까닭도 이해할 수 있게 해준다.

나폴레옹은 자신과 접촉하는 모든 사람을 그렇게 완전히 사로잡는 위엄을 발산했다.[71]

다부[72]장군은 나폴레옹에 대한 자신과 마레[73]의 충성심을 비교하면서 이렇게 말하기기도 했다.

> "황제께서 만약 우리에게 '나는 파리시민을 한 명도 남김없이 모조리 죽여버릴 정책을 시행할 심산이네.'라고 말씀하신다면 나는 마레가 그 비밀을 지키리라고 확신하지만, 그는 자신의 가족을 어떻게든 파리에서 탈출시키려고 들었을 것이다. 하지만 나는 비밀이 누설될까 두려워 아내와 자식들을 파리에 남겨두었을 것이다."

엘바 섬에 유배된 나폴레옹이 기적적으로 탈출할 수 있었고, 그가 복귀하면 폭정에 시달릴지도 몰라 두려워하는 모든 조직세력이 그를 상대할 태세를 갖춘 프랑스를 단신으로 전광석화같이 정복해버릴 수 있었던 것도 그가 지녔던 이런 마력적인 위엄의 놀라운 위력이 발휘된 덕분이었음을 기억해둘 필요가 있다. 그는 자신을 체포하러온 장군들을 그저

---

72) Louis-Nicolas d'Avout(1770~1823): 나폴레옹 전쟁 때 육군원수. 전쟁에서 단 한 번도 패하지 않은 유일한 원수였고 "철혈 원수"라는 별칭으로도 유명했다 — 옮긴이.

73) Hugues-Bernard Maret(1763~1839): 프랑스의 정치가 겸 언론인. 이집트 원정에서 돌아온 나폴레옹 진영에 합류하여 총재정부를 무너뜨리는 데 협력함으로써 나폴레옹 정권의 실력자가 되었다 — 옮긴이.

지그시 응시했을 뿐이었다. 게다가 예전에 그들은 그에게 충성을 맹세한 바 있었다. 결국 그의 위엄에 압도된 그들은 두 말없이 그에게 투항하고 말았다.

영국의 울즐리 장군은 다음과 같은 글을 남겼다.

"엘바라는 이름의 작은 외딴섬에 유배되어서도 그 섬을 자신의 왕국으로 삼았던 나폴레옹은 거의 홀로 섬을 탈출한 뒤 프랑스에 상륙하여 단 몇 주 만에 피 한 방울 흘리지 않고, 합법적인 왕이 지배하던 프랑스의 모든 권력조직을 일거에 뒤엎어버렸다. 아무리 강력한 권세를 지닌 사내라도 과연 단독으로 그 권세보다도 훨씬 놀라운 위력을 발휘하여 그렇게 자신의 존재를 과시할 수 있을까? 그러나 그가 동맹군을 압도하고 자신의 작전에 놀아나게 만들어서 결국은 섬멸당하기 직전까지 내몰리게 만든 자신의 마지막 무력시위를 벌이는 동안 그의 위세는 처음부터 끝까지 실로 놀라운 위력을 발휘했다!"

그가 죽은 뒤에도 그의 위엄은 오래 살아남았고 그 위력은 갈수록 늘어만 갔다. 그의 힘없는 조카를 황제로 만든 것도 그의 위엄이었다. 그에 대한 기억은 너무나 강렬해서 오늘날에도 만들어지고 있는 그의 전설로 줄기차게 부활하고 있다. 충분한 위엄을 갖추고 그것을 뒷받침할 수 있는 재능을 타고난 사람은 누구라도 수백 만 명이 수백 만 명을 서로 침략하고 서로 학살하도록 만들 수 있다.

물론 내가 인용한 이런 위엄의 위력을 보여주는 사례가 대단히 예외적인 것임은 틀림없지만 대형종교들, 강력한 신조들, 대제국들의 발생과정을 해명하는 데만큼은 유용한 것이었다. 위엄이 군중에게 발휘하는 위력을 이해하지 못하면 그런 대업들의 성공과정도 이해하지 못할 것이다.

그러나 위엄은 개인의 우월성, 군사적 영예, 종교적 경외감에만 토대를 두지 않는다. 그것은 조금 더 비천한 발원지에서 비롯될 수도 있다. 이것은 19세기의 몇 가지 사례를 관찰해보면 알 수 있다. 후대인들이 두고두고 상기할 가장 충격적인 사례들 가운데 하나는 바로 두 대륙을 운하로 가름으로써 세계지도와 국제무역관계를 변화시킨 레셉스가 주도한 역사일 것이다. 끝없이 샘솟는 그의 의지력뿐 아니라 그가 주변사람들에게 발휘한 매력도 그의 대사업을 성공으로 이끌었다. 그를 이구동성으로 반대하는 자들에게 그가 내세울 수 있는 것은 오직 자신밖에 없었다. 그는 자신의 계획을 요점만 간추려 간단히 말했을 것이고 반대자들도 그런 그가 풍기는 매력에 사로잡혀 그의 친구로 변해갔다. 특히 영국인들은 그의 계획을 가장 격렬하게 반대했다. 그래서 그는 직접 영국으로 가서 공개적으로 지지를 호소해야만 했다. 그러나 몇 년 후 그가 영국 남부의 도시 사우스햄턴 (Southhampton)을 지나갈 때에는 그가 지나가고 있음을 알리는 종소리가 도시에 울려 퍼졌다고 한다. 오늘날에는 그를 기념하는 동상을 세우자는 운동도 시작되었다고 한다.

"사람이든, 난제든, 늪이든, 바위든, 황무지든 극복해야 할 것은 모두 극복해버린" 그는 어떤 난관도 극복할 수 있다는 자신감으로 가득하여 제2의 수에즈 운하를 파나마에도 건설하기를 열망했다. 그는 이전과 똑같은 방법으로 공사에 착수했으나 그는 이미 늙었고, 산맥도 옮길 수 있다는 신념도 너무나 높은 산맥 앞에서는 힘을 잃고 말았다. 산맥은 그 영웅에게 저항했고 연발하는 재난은 그 영웅을 감싸고 빛나던 영예로운 후광을 박탈해버렸다. 그의 인생은 위엄이 얼마나 강대해질 수 있고 또 어떻게 사라질 수 있는 것인지를 가르쳐준다. 역사상 가장 유명한 영웅들의 위대함에 필적했다가 추락하고 만 그를 조국의 판사들은 가장 치욕적인 범죄자로 낙인찍고 말았다. 그의 시신이 담긴 관은 아무 것도 모르는 무심한 군중 사이를 지나 조용히 땅에 묻혔다. 외국의 왕들만이 그를 기억하고 역사상 가장 위대한 인간들 가운데 한 명이었다는 찬사와 더불어 애도를 표했다.[74]

지금까지 인용해본 여러 사례들은 물론 극단적인 것들이었다. 왜냐하면 위엄의 심리를 구체적으로 해명하려면 종교의 창시자들과 제국의 창건자들부터 새 옷이나 실내장식을 이웃들에게 뽐내고 싶어서 안달하는 개인들에 이르기까지 극단적인 사례들을 살펴볼 필요가 있기 때문이다.

이런 사례들의 양극단 사이에서 문명을 구성하는 과학, 예술, 문학 같은 다양한 요인들로부터 비롯되는 모든 형태의 위엄들을 발견할 수 있고, 그래야만 위엄이 설득력의 기본요소를 구성한다는 것을 알 수 있다. 위엄을 지닌 인간이나 사상이나 사물은 의식적으로나 무의식적으로 한 세대 전

---

74) 오스트리아 빈에서 발간되는 신문 《노이어 프라이어 프레세 *Neue Freie Presse*》에는 레셉스의 운명을 심리학적으로 가장 훌륭히 통찰한 특집기사가 실린 바 있다. 그 기사의 내용은 이렇다. "페르디낭드 레셉스가 유죄판결을 받았지만 사람들은 이제 콜럼버스의 슬픈 결말에 경악했던 정의감을 표하지 않는다. 레셉스가 범죄자라면 세상의 모든 고귀한 환상도 범죄일 것이다. 고대인들은 레셉스의 추억에 영예로운 후광을 씌워주었을 것이고, 올림포스 신전에서 신의 술을 대접했을 것이다. 왜냐하면 그는 대지의 얼굴을 바꾸었고 신의 피조물을 더욱 완벽하게 만드는 위업을 완수했기 때문이다. 상소심 재판관은 레셉스에게 유죄선고를 함으로써 그 이름을 영원히 남기게 됐다. 그의 이름은 향후 자신의 시대를 드높이는 데 인생을 바친 힘없는 노인을 범죄자로 만들어 자신의 시대마저 비열하게 만들어버린 뻔뻔한 인물의 대명사로 국민들에게 기억될 것이다. 뻔뻔한 음모나 꾸미는 관료들의 증오심을 압도하는 불굴의 정의감을 앞으로는 아무도 입에 올리지 못할 것이다. 국민들이 필요로 하는 사람은 스스로를 믿고 개인적인 이익은 아랑곳없이 모든 난관을 극복하는 과감한 인간이다. 천재는 빈틈없는 존재일 수 없다. 빈틈없는 인간은 인간의 활동반경을 결코 넓히지 못하기 때문이다. … 레셉스는 (수에즈에서) 승리의 황홀경도 (파나마에서) 좌절의 쓰라림도 맛보았다. 이런 견지에서 그의 심장은 성공의 도덕률에 반항한다. 레셉스가 두 개의 대양을 연결시키는 데 성공하자 귀족들과 국민들은 그를 찬양했다. 오늘 그가 코르디예라(Cordillera: 안데스 산맥과 멕시코 및 중앙아메리카로 이어지는 산맥을 가리키는 에스파냐어 — 옮긴이)의 바위들 사이에서 무릎을 꿇었고, 그 길로 그는 비열한 악당에 불과한 인간으로 전락하고 말았다…. 그 결과 우리는 사회계급들이 벌이는 전쟁, 관료들과 노동자들의 불화를 목격하고 있다. 그들은 동료들보다 출세할 것으로 보이는 자들에게 형법조항을 들이대며 보복하려고 든다…. 현대의 입법자들은 인류의 천재들이 빚은 고결한 사상과 직면하면 곤혹스러워 어쩔 줄 모른다. 일반 국민도 그런 사상들을 거의 이해하지 못한다. 그래서 일개 법관이 스탠리(Stanley)가 살인범이고 레셉스가 사기꾼이라는 판결을 내리기도 그렇게 쉬운 것이다."

체에게 감염되면 즉각 모방되고, 그 세대로 하여금 특정한 감정양식과 표현법을 자신들의 사고방식에 적용하도록 강요한다.

특히 이런 모방은 대개 무의식적으로 이루어지는데, 모방자는 자신이 모방한 사실을 완벽한 것으로 여긴다. 르네상스 이전 화가들 가운데 일부가 애용한 엷은 채색과 경직된 자세를 모방하는 현대 화가들은 자신들에게 영감을 주는 원천을 거의 발견하지 못한다. 그런 화가들은 자신들의 작품성을 자신하지만, 저명한 화가가 이런 예술기법을 수용하지 않으면 일반인들은 그것의 유치하고 열등한 면을 제외한 나머지는 전혀 알아보려고 들지도 않을 것이다. 그런 화가들이 또다른 저명한 화가의 기법을 추종하여 보랏빛 색조로 가득한 그림을 그리더라도 본질적으로 50년 전에 유행하던 보랏빛 그림보다 나은 게 없어 보일 것이다. 그러나 그들은 이런 기발함 역시 대단한 위엄을 획득하는 데 성공한 저명한 화가에 대한 개인적이고 특별한 인상이나 감동의 영향을 받고 "암시에 걸린" 셈이다. 문명의 모든 요소에도 이런 맥락의 사례들이 적용될 수 있을 것이다.

이런 사례를 보면 수많은 요인들이 위엄의 탄생과 연관될 수 있음을 알 수 있다. 그런 요인들 중에서 성공은 언제나 가장 중요한 것이다. 인정받을 수밖에 없는 성공한 모든 인간과 모든 사상은 그렇게 성공했으므로 더는 의문의 여지가 없어진다. 성공이 위엄의 중요한 초석들 가운데 하나라는 증거는 성공의 소멸은 거의 언제나 위엄의 소멸로 이어진다는 데 있다.

어제 군중으로부터 찬양받던 영웅도 오늘 실패하면 곧바로 군중으로부터 모욕당하고 만다. 실제로 그런 반동은 위엄의 강도(强度)에 비례하여 강력해질 것이다. 이런 경우에 군중은 몰락한 영웅을 자신들과 동등한 존재로 여기고, 자신들이 더는 존경하지 않는 존재의 위세에 눌려 머리를 숙였다는 사실에 대한 복수심을 품는다. 자신의 동지들과 무수한 동시대인들을 단두대에 올리고 있을 당시의 로베스피에르는 엄청난 위엄을 지니고 있었다. 그러나 몇 명의 지지자가 그에게 등을 돌리면서 권력을 박탈당하자마자 그의 위엄도 사라져버렸고, 단두대로 끌려가는 그를 뒤따르던 군중은 얼마 전에 그의 희생자들에게 퍼부었던 것과 똑같은 저주를 그에게 퍼부어댔다. 이전에 신으로 믿었던 자들의 동상을 부수는 신도들의 분노는 언제나 더욱 격렬해지기 마련이다.

성공의 뒷받침을 받지 못하는 위엄은 순식간에 사라진다. 또한 토론의 대상이 된 위엄도 사라지기는 하지만 조금 더 느리게 사라진다. 그래도 토론의 위력은 대단히 확실하다.

위엄은 의문시되는 순간부터 더는 위엄이 아니기 때문이다. 오랫동안 위엄을 유지해온 신들과 인간들은 자신에 대한 토론을 절대로 허용하지 않는다. 그들이 군중의 찬양을 받으려면 군중과 일정한 간격을 유지해야 하기 때문이다.

제4장 군중의 여론과 신념의 가변한계

1. 정립된 신념

생물의 해부학적 특성들과 심리학적 특성들 사이에는 밀접한 유사성이 존재한다. 해부학적 특성들 가운데 일정기간 불변하거나 미미하게만 변하는 요소들도 있는데, 그것들이 변하려면 가히 지질시대[75]만큼이나 장구한 세월이 걸려야할 것이다. 그런 세월동안 굳어져 파괴할 수 없는 특징들과 함께 극도로 가변적인 또다른 특징들도 발견되는데, 사육사나 원예사는 그것들을 간단히 변화시킬 수 있고 때로는 그것들의 기본특징을 부주의한 관찰자는 전혀 알아채지 못하도록 숨길 수도 있을 것이다.

도덕적 특성들을 관찰해보아도 같은 현상이 발견된다. 어떤 민족의 불변하는 심리적 요소들을 관찰해보면 유동적이고 가변적인 요소들도 동시에 발견된다. 그래서 국민이나 민족의 신념과 여론을 깊이 연구하면 그것들은 언제나, 마치 바람 따라 이리저리 휩쓸리는 유동적인 모래밭에 굳건히

---

75) 地質時代(Éges géologiques): 지구에 표면에 지각이 생겨난 이후부터 오늘날에 이르는 시대 ― 옮긴이.

박힌 바위처럼 불변하는 기반을 품고 있다.

그래서 군중의 여론과 신념은 두 부류로 확실히 구분될 수 있다. 첫째 부류는 몇 세기 동안 사라지지 않는 대단한 내구력을 지녀서 한 문명의 구성원 모두가 의존할 수 있는 신념들이다. 예를 들면 과거의 봉건주의, 그리스도교정신, 프로테스탄트주의와 오늘날의 민족주의, 민주주의, 사회주의 같은 것들이 이 부류에 속한다. 둘째 부류는 일회적이고 가변적인 여론들인데 대개는 일반적인 개념들의 소산이다. 어느 시대에도 이런 여론들이 태어났다가 사라지는 모습을 목격할 수 있다. 예컨대 문학이나 예술을 규정하는 이론들, 즉 낭만주의나 자연주의나 신비주의를 탄생시킨 이론들 같은 것이 이런 부류에 속한다. 이런 부류의 여론은 대개는 피상적이고 유행을 따르는 가변적인 것이다. 이것들은 마치 깊은 호수의 표면에서 끝없이 생몰하는 잔물결에 비유될 수 있다.

현실적으로 일반화되는 신념의 수는 극히 제한되어 있다. 그런 신념들의 생성과 몰락은 역사를 지닌 모든 민족의 역사적 정점에서 이루어진다. 그것들은 문명의 실질적인 골자를 구성한다.

일시적으로 통용되는 여론을 군중의 마음에 주입하기는 쉽지만 영구적인 신념을 군중에 마음에 심기는 대단히 어렵다. 그래도 이런 영구적인 신념들은 일단 군중의 마음에 뿌리를 박으면 그것을 뽑아버리기 역시 무척 어렵다. 그것은 대개 폭력혁명을 겪어야만 비로소 변화될 수 있으며, 폭력혁명조차도 그런 신념이 군중의 마음에 대한 지배력을 거의 완전히 상실한 상황에서만 실효를 발휘할 수 있다. 그런 경우에도 혁명은 이미 거의 다 치워진 신념의 잔해들을, 비록 습관의 힘이 그것들을 완전히 포기하지 못하도록 저지할지라도 완전히 쓸어버리는 일종의 마무리청소 같은 역할만 할 따름이다. 현실적으로 혁명의 출발점은 신념의 종착점이기 때문이다.

유력한 신념의 운명이 결정되는 정확한 시점은 쉽게 인식될 수 있다. 그 시점은 신념의 가치가 의문시되기 시작하는 순간이다. 모든 일반적인 신념은 허위의식과 거의 다름없기 때문에 검증대상이 되지 않는 조건에서만 유지될 수 있다.

그러나 어떤 신념이 심하게 흔들릴 때라도 그것이 유발한 제도들은 세력을 유지하다가 서서히 사라져간다. 그러다 결국 신념이 위력을 완전히 상실하면 그것을 버팀목으로 삼던 모든 것은 순식간에 무너지고 만다. 그러나 아직 어떤 민족도 탄핵되지 않은 신념들을 변화시키지 못했을 뿐 아니라 자민족 문명의 모든 구성요소도 변형시키지 못했다. 민족은 새로운 일반적인 신념을 우연히 조우하여 수용하기 전까지는, 바꿔 말하면 무정부상태가 강요하는 이런 우연한 조우가 이루어지기 전까지는 변형작업을 중단하지 못한다. 일반적인 신념은 문명의 필수불가결한 기둥이다. 왜냐하면 그것은 사상의 조류를 좌우하기 때문이고, 오직 그것만이 신앙을 부추기고 책임감을 생산할 수 있기 때문이다.

민족들은 일반적인 신념을 획득하는 유용성을 언제나 의식하고, 그런 신념의 소멸은 자신들의 몰락을 명시하는 신호일 수 있다는 것을 본능적으로 이해했다. 로마에 대한 로마인들의 광신적 숭배는 그들을 세계의 지배자로 만든 신념의 발로였는데, 그런 신념이 사멸하자 로마도 사멸할 운명에 직면했다. 로마문명을 파괴한 바바리안들에게 그 시기는 자신들이 결집수단을 획득하여 무정부상태를 벗어날 수 있는 어느 정도 공통적인 신념을 획득한 유일한 시기였다.

민족들은 언제나 자신들의 여론을 사수하려는 편협한 태도를 보였다는 말도 확실히 일리가 있다. 철학적 견해에 입각한 비판에 대해서는 개방적인 이런 편협성은 미덕들을 가장 필요로 했던 사람들의 삶을 대변한다. 그러나 그렇게 발견되거나 추앙된 일반적인 신념들이 중세에는 수많은 사람들을 화형대에 세웠고, 순교만 겨우 면한 수많은 발명가들과 혁신자들을 절망에 빠뜨려 끝내는 죽음으로 내몰았다. 그런 신념을 수호하는 과정에서 세계는 극도의 혼란에 빠지기 일쑤였고 수백만 명이 전장에서 죽어갔으며 앞으로도 그렇게 죽어갈 것이다.

일반적인 신념을 정착시키는 길에는 엄청난 난관들이 놓여있지만, 그것이 확실히 뿌리를 내리면 오랫동안 무소불위의 위력을 행사할 것이다. 그것이 철학적으로는 오류에 불과할지라도 가장 명석한 지성에게도 부과될 것이다. 자세히 검토해보면 몰록[76]의 전설만큼 야만적인[77] 종교의 전설들을 유럽민족들은 15세기가 넘도록 논쟁의 여지가 없는 것으로 생각해오지 않았는가? 자신이 창조한 인간들 가운데 한 명(아담)이 자신에게 복종하지 않는다고 그의 아들(카인)에게 처절한 고통을 가하여 그를 응징하는 자칭 유일신(야훼)의 전설이 지닌 기괴하기 그지없는 부조리도 오랜 세월동안 지각되지 않았다. 갈릴레이, 뉴턴, 라이프니츠 같은 유력한 천재들도 그런 종교적 신조의 진실이 의문시될 수 있음을 한 번도 시사하지 않았다. 이처럼 일반적인 신념이 최면효과를 발휘한다는 사실보다 더 전형적인 사례는 없을 것이지만, 동시에 인간 지성의 치욕적인 한계들을 그런 신념보다 더 확실히 규정하는 것도 없을 것이다.

---

76) Moloch: 셈족(Sem族)의 신. 신도는 몰록에게 아이를 제물로 바쳤다고 한다 — 옮긴이.

77) 나는 '야만적인(barbares)'이라는 말을 철학적 의미로 사용한다. 실제로 야만족들은 완전히 새로운 문명을 창조했고, 15세기동안 미래의 인류는 도저히 모를 꿈과 희망으로 가득한 매혹적인 왕국들의 섬광을 인류에게 선사했다.

새로운 신조는 군중의 정신에 뿌리박자마자 영감의 원천이 되어 그 신조에 입각한 제도, 예술, 존재양식을 진화시킨다. 이런 상황에서 살아가는 사람들의 정신에 그 신조가 행사하는 지배력은 절대적인 것이다. 그리하여 행동가들은 오직 공인된 신념만 생각하고, 입법자들은 그 신념을 적용하기만 하며, 철학자들, 예술가들, 문인들은 그 신념을 다양하게 표현하는 데만 몰두하기에 이른다.

이런 신념으로부터 일회용 장신구에 불과한 발상들이 생겨날 수 있지만 그것들은 언제나 그것들을 탄생시킨 신념의 감화력을 포함하고 있다. 이집트문명, 중세유럽문명, 아랍의 이슬람문명은 모두 소수의 종교적 신념의 산물인데, 그런 신념들은 이들 문명의 가장 하찮은 요소들에까지 흔적을 남기기 때문에 그런 흔적들만 보아도 어느 문명의 것인지 즉각 알 수 있다.

이처럼 일반적인 신념 덕분에 모든 시대의 사람들은 자신들 모두를 닮게 만드는 전통, 여론, 관습의 그물망에 묶일 수 있지만, 그러고 나면 자력(自力)으로는 그 그물망을 벗어나지 못한다. 인간들은 무엇보다도 자신들의 신념과 그 신념의 결과인 관습에 따라 행동한다. 이런 신념과 관습은 인간의 가장 소소한 행동까지 규제하므로 가장 독립적인 정신도 신념과 관습의 영향권을 벗어날 수 없다. 인간들의 정신에 무의식적으로 행사되는 폭정은 그것에 맞서 싸울 수 없기 때문에 유일한 현실적 폭정이다. 티베리우스[78], 칭기즈칸, 나폴레옹은 확실히 가공할 폭군들이었지만, 그들과 마찬가지로 오래전에 죽은 모세, 붓다, 예수, 마호메트는 그들의 폭력보다 훨씬 심대한 독재력(獨裁力)을 인류의 영혼에 행사해왔다. 폭군을 무너뜨릴 수 있는 것이 음모(陰謀)라지만, 그것이 확고히 정립된 신념을 상대로 과연 무슨 효력을 발휘할 수 있겠는가? 프랑스혁명도 로마가톨릭교와 처절한 투쟁을 벌이다가 무위로 끝나고 말았는데, 군중도 분명히 혁명에 공감했고 에스파냐 종교재판소가 동원한 무자비한 수단들도 방불케 하는 파괴적인 수단들을 동원했는데도 결국 그리되고 말았던 것이다. 인류가 아는 유일한 현실적 폭정들은 언제나 폭군들의 죽음에 관한 기억들이나 그들 스스로 날조한 환상들이었다.

일반적인 신념들이 흔히 드러내는 철학적 부조리는 그것들의 승리를 가로막는 장애요인이 결코 아니었다. 실제로 그런 신념들은 오직 얼마간이라도 신비한 부조리를 시사할 수 있는 조건에서만 승리할 수 있을 것이다. 그리하여 오늘

---

78) Tiberius(서기전42~서기37)로마의 제2대 황제(재위 14~37). 아우구스투스 황제의 의붓아들로 북게르마니아와 판노니아(Pannonia)를 정벌할 때 전공을 세웠고, 황위에 올라 속령을 통치하고 국가재정을 재건하는 데 힘썼지만 말년에는 폭군적인 은둔생활을 하면서 로마의 중요 인물들에게 공포정치를 실행했다 — 옮긴이.

날 사회주의 신념들의 명백한 취약성도 대중 사이에서 그것들이 승리하는 데 방해요인으로 작용하지 않을 것이다. 종교적 신념에 비해 사회주의 신념이 현실적으로 열악하다는 통념도, 이상적인 행복은 오직 미래의 삶(또는 피안)에서만 실현될 수 있는 종교적 신념의 선물이고 그것은 아무도 검증할 수 없는 것이라는 생각의 결과에 불과하다. 사회주의의 이상적인 행복을 지상(또는 현생)에서 실현할 수 있으리라는 약속의 공허함은 그것을 실현하기 위한 노력이 최초로 시도되자마자 백일하게 드러남과 동시에 그 새로운 신념의 위엄도 완전히 상실하고 말 것이다. 그리하여 그 신념의 세력은 오직 현실에서 승리하여 실질적으로 실현되기 시작할 때까지만 증대할 것이다. 그래서 새로운 종교가 이전의 모든 종교와 마찬가지로 처음부터 파괴적인 영향력을 발휘하면 향후에는 창조적인 영향력을 발휘할 수 없을 것이다.

2. 군중의 가변적인 여론

내가 앞에서 증명한 위력을 지닌 정립된 신념의 표층에서는 줄기차게 생성하고 사멸하는 여론들, 사상들, 발상들이 자라고 있다. 그것들의 일부는 하루 만에 죽어버리기도 하고 조금 더 중요한 것들도 한 세대(약30년)를 버티지 못한다. 나는 앞에서 이런 부류의 여론들이 겪는 변화들이 때로는 생각보다 훨씬 피상적이며 언제나 민족적 관심사의 영향을 받는다는 것을 지적했다. 예컨대 프랑스의 정치제도를 검토하면서 왕당파, 급진과격파, 제국주의자들, 사회주의자들 같이 서로 전혀 다르게 보이는 정파들도 완전히 동일한 이상을 품었다는 것, 그리고 이런 사상은 유독 프랑스민족의 정신구조에만 의존한다는 것을 확인했다. 반면에 이것과 무척 상반되는 이상은 다른 민족들 사이에서 여러 가지 유사한 명칭들을 달고 나타난다. 여론에 부여된 명칭도, 날조된 현혹적인 여론도 사건사실들의 본질을 결코 변화시키지 못한다. 프랑스혁명기간에 라틴 문학에 몰두한 나머지 (그들의 시선은 로마공화정치시대에 고정되어) 라틴 법률을 채택하고, 라틴 관직명을 사용하며, 라틴 의복을 착용한 사람들도 자신들에게 강력한 역사적 암시를 거는 황제의 지배를 받고 있었기 때문에 로마인이 되지 못했다. 철학자의 과업은 표면적으로 진행되는 변화들의 저변에 고대의 신념들을 존속시키는 것이 무엇인지를 탐구하고, 활발히 유동하는 여론들 가운데 일반적인 신념들과 민족의 천재에 의해 결정되는 부분을 확인하는 것이다.

이런 철학적 검증을 보류하면 군중은 자신들의 정치적 신념이나 종교적 신념을 빈번하게 마음대로 바꾸는 듯이 보일 수 있다. 정치사, 종교사, 예술사, 문학사를 막론한 모든 역사는 이런 현상을 증명해줄 것이다.

예를 들면 프랑스역사에서 매우 짧은 기간, 그러니까 1790년부터 1820년까지 단 한 세대만 살펴보아도 관련 사례를 찾아볼 수 있다. 그 기간에 처음에는 군주제도를 지지하던 군중은 곧 매우 혁명적인 군중으로 바뀌었고, 곧이어 제국주의자들로 바뀌었다가 다시 군주제도의 열렬한 지지자들로 복귀했다. 종교문제와 관련해서도 같은 시기에 군중은 가톨릭교도들에서 무신론자들로 바뀌었다가, 곧이어 이신론자들로 바뀐 다음에 결국 단호한 가톨릭교도로 복귀했다. 이런 변화들은 군중 사이에서뿐만 아니라 군중의 지도자들 사이에서도 발생한다. 국민공회의 저명인사들, 왕들을 노골적으로 비방하던 자들, 신도 지배자도 인정하지 않던 자들이 나폴레옹의 비천한 하인이 되었다가, 루이 18세[79]시대에는 어느새 경건한 태도로 종교행사에 임하는 신도로 변모하는 광경도 놀랍기만 하다.

이후 70년 동안에도 군중의 여론은 무수히 변한다. 19세

79) Louis XVIII(1755~1824): 프랑스의 왕(재위 1814~1824). 루이 15세(Louis XV, 1710~1774: 재위 1715~1774)의 손자이며, 프랑스혁명기에 앙투아네트와 함께 처형당한 루이 16세(Louis XVI, 1754~1793: 재위 1774~1792)의 동생이다. 나폴레옹이 엘바 섬으로 추방되자 왕위에 올라 입법권과 사법권의 독립, 신성불가침적 세습왕권과 함께 법 앞의 평등, 기본인권 등을 규정한 헌법을 제정했다 — 옮긴이.

기초엽에 "불성실한 앨비언[80]"은 나폴레옹의 후계자들이 통치하던 프랑스와 동맹관계에 있었다. 두 번이나 러시아 원정을 감행하고도 매번 힘 한 번 써보지 못하고 퇴각하는 프랑스군대를 느긋하게 구경했던 러시아도 프랑스의 친구가 됐다.

문학계, 예술계, 철학계에서 형성되는 여론은 더욱 급격하게 변한다. 낭만주의, 자연주의, 신비주의 등이 연달아 생성되었다가 소멸된다. 어제 찬양받았던 예술가와 작가가 내일 격렬한 비난의 대상으로 전락한다.

그러나 이처럼 표면적으로 줄기차게 연발하는 이 모든 변화를 분석하면 무엇을 발견할 수 있을까? 민족의 일반적인 신념과 감정에 대립하는 이 모든 변화는 잠시만 지속되고 곧 상반되는 조류가 그런 변화의 앞길을 가로막는다. 민족의 일반적인 신념이나 감정과 연결되지 않고 그 결과 내구성을 확보하지 못한 여론은 모든 우연을, 혹은 조금 더 정확히 표현하자면 주어진 여건에서 발생하는 모든 변화를 감내할 수밖에 없다. 암시와 감염으로 형성된 여론은 언제나 일시적인 것이어서 발생한 다음에는 바닷가 모래사장에 부는 바람이 만든 모래언덕처럼 급속히 사라지기 때문이다.

---

80) Perfide Albion: 여기서 '앨비언'은 잉글랜드의 옛 이름이다 ─ 옮긴이.

오늘날 군중의 가변적인 여론은 과거 어느 시대보다 만발하고 있는데, 그 이유를 세 가지로 구분해볼 수 있다.

첫째 이유는 과거의 신념들은 널리 유포될수록 영향력을 상실해가면서 과거와는 다르게 적시에 일시적인 여론을 형성시키지 않는다는 것이다. 일반적인 신념들의 이런 취약점은 과거나 미래와 무관하게 우발적으로 여론이 형성될 수 있는 확실한 기반이다.

둘째 이유는 군중세력이 갈수록 증가하는 만큼 견제세력은 갈수록 감소하고 있으며, 내가 앞에서 군중의 고유한 성격으로 밝힌 발상들의 극단적 변덕은 조력자나 방해자 없이도 자체적으로 표명될 수 있다는 것이다.

셋째 이유는 가장 상반되는 여론들도 군중의 시선에 지속적으로 노출시키는 기능을 담당하는 신문을 위시한 언론매체가 최근에 발달했다는 것이다. 그래서 개인적 의견에서 비롯되었을 수 있는 암시들은 곧바로 반대성격을 지닌 암시들에 의해 괴멸되어버린다. 그 결과 어떤 의견도 광범위하게 전파되지 못하고 모든 의견은 단명하고 만다. 오늘날 개인적 의견은 일반적인 여론이 될 만큼 충분히 광범위하게 인정을 받기 전에 사멸하고 만다.

세계사적으로도 아주 새로운 현상이자 현시대의 가장 큰 특징은 이 세 가지 이유에서 비롯된 결과이다. 나는 이 대목에서 정부는 여론을 이끌 힘을 전혀 보유하고 있지 않다는 말을 덧붙이고 싶다.

멀든 가깝든 과거에는 정부의 활동과 소수의 문필가 및 극소수 신문들의 영향력이 국민여론을 실질적으로 반영하고 있었다. 오늘날 문필가들은 모든 영향력을 상실했고 신문들만이 여론을 반영하고 있다. 정치인들도 여론을 이끌기는커녕 여론을 따라잡느라 급급하다. 그들은 여론을 두려워할 뿐 아니라 때로는 여론에 대한 극도의 공포에 휩싸이기도 한다. 그 결과 그들의 행동노선도 완전히 중구난방이 되어버리기도 한다.

따라서 군중의 여론은 갈수록 정치를 좌우하는 최고의 원칙으로 변하는 경향을 보인다. 오늘날 그런 경향은 국가간 동맹마저 강제할 정도로 강력해졌는데, 최근에 러시아와 프랑스가 동맹을 맺었지만 그것도 민중운동의 결과에 불과하다는 사실이 이런 경향을 잘 예시한다. 현시대의 흥미로운 징후는 교황이나 국왕들은 물론 황제들도 어떤 현안에 대한 자신들의 견해를 군중의 판단에 종속시키기 위한 수단으로 언론의 인터뷰요청에 응하는 장면이 관찰된다는 것이다. 정치는 감정의 문제가 아니라고 말하면 예전에는 옳은 말로 여겨졌을 것이다. 이성의 영향을 받지 않고 오직 감정으로만 지도될 수 있는 군중의 변덕스러운 충동에 정치가 갈수록 강하게 지배당하는 오늘날에도 과연 정치는 감정의 문제가 아니라고 말할 수 있을까?

예전에 여론을 지도했던 언론도 정부와 마찬가지로 군중 세력 앞에 무릎을 꿇은 지 오래이다. 물론 언론은 여전히 무시할 수 없는 영향력을 발휘하고 있지만, 그 이유는 그것이 군중의 여론과 그 여론의 끝없는 변덕을 반영하는 유일한 매체라는 데 있다. 단순한 정보전달자로 전락한 언론은 이제 어떤 사상이나 신조를 강조하려는 모든 노력을 완전히 포기해버렸다. 그런 언론은 대중의 생각이 변하는 모든 과정을 취재하지만 그마저도 치열한 독자유치경쟁에서 살아남기 위해 필요한 경우에 국한해서만 이루어진다. 과거 세대가 거의 신탁(神託)처럼 여겼던 《콩스티튀시오넬 *Constitionel*》, 《데바 *Débat*》, 《시에클 *Siécle*》 같은 정연하고 유력한 신문들도 이제는 사라지거나 현대의 전형적인 신문으로 변해버렸고, 지면에 가득한 가벼운 한담이나 가십거리나 금융광고 따위들 사이에서 중요한 기사들은 거의 찾아보기 힘들 지경이다. 더구나 오늘날 신문에는 개인적 의견을 피력하는 투고자들의 글이 넘쳐나지만, 그런 의견들은 주로 호기심이나 재미만 추구하면서 조금이라도 사색을 요구하는 골치 아픈 모든 주장을 의심하는 독자들에게는 시답잖게 여겨질 것이다. 심지어 비평가들도 이제 도서나 연극의 성공을 보장하지 못한다. 그들은 성공을 방해할 수는 있어도 성공에 이바지할 수는 없다. 신문사들도 자사 신문에 실은 모든 비평이나 개인적 의견이 무용지물이라는 것을 잘 알고 있어서, 문학비평도 차제에 게재를 중단하겠다는 견지에서 관련도서의 제목만 소개하고 두세 줄짜리 "광고문"을 덧붙이는 선에서 자제해왔다. 적어도 20년 내에 연극비평도 문학비평과 똑같은 운명에 직면해야 할지 모른다.

오늘날 여론의 향배를 자세히 관찰해보면 그것에 가장 몰두하는 것은 언론과 정부이다. 언론과 정부는 어떤 사건, 법안상정, 연설의 결과를 끊임없이 알려야하지만 그것은 쉬운 일이 아니다. 왜냐하면 군중의 생각만큼 유동적이고 변덕스러운 것은 없고 오늘날만큼 군중이 비난하고 찬양하는 것들이 빠르게 자주 변하는 시대도 없기 때문이다.

모든 종류의 확신이 극도로 산만해지고 자신의 직접이익과 무관하게 보이는 모든 것에 대한 군중의 무관심이 증대하면 결국 여론지도력이라고 할만한 것이 완전한 사라짐과 동시에 일반적 신념도 파괴되고 만다. 사회주의 같은 신조에 대한 질문들은, 예컨대 문맹자들과 거의 다름없는 계층인 광산이나 공장의 노동자들 사이에서 독실한 확신을 과시하는 선동자들의 몫일 따름이다. 하류계층 사람들과 일정수준의 교육을 받은 노동자들은 확실한 의혹주의자가 되거나 아니면 극도로 유동적인 의견의 소유가 된다.

최근 20년간 이런 여론지도력의 영향을 받으면서 놀라운 진화가 이루어졌다. 지난 시절에도 비교적 우리와 가까웠던 여론들은 이제 어느 정도 일반화되는 추세를 보이고 있다. 그것들은 몇 가지 근본신념에서 비롯된 것들이다. 지난날 개인은 단지 군주주의자라는 단순한 사실 때문에 과학적으로뿐 아니라 역사적으로도 명확히 정의된 사상들을 불가피하게 소유할 수밖에 없었고, 공화주의자라는 단순한 사실 때문에 정반대로 정의된 사상들을 소유할 수밖에 없었다. 군주주의자도 인류가 원숭이들의 후손이 아니라는 것을 잘 알았고, 공화주의자도 그것이 사실이라는 것을 군주주의자만큼 잘 알았다. 군주는 압도적으로 말해야 했고 프랑스혁명기의 공화주의자들은 상대를 존중하는 태도로 말해야 했다. 로베스피에르나 마라[81] 같이 종교적인 경건한 분위기를 자아내도록 발음해야 할 이름도 있었고, 카이사르, 아우구스투스, 나폴레옹 같이 욕설이나 악담을 퍼부을 때는 결코 입에 담지 말아야 할 이름(황제칭호)도 있었다. 심지어 프랑

---

81) Jean Paul Marat(1743~1793): 프랑스의 혁명가, 의사, 언론인. 프랑스혁명기에 신문 《인민의 벗》을 창간하여 급진적인 주장으로 파리 민중의 혁명적 민주주의를 옹호했다. 국민공회 지롱드파의 공격에 대항하여 국민공회의원으로 뽑힌 뒤 산악당의 중심인물이 되어 산악당 독재정부를 성립시켰지만, 독재를 증오하는 반(反)혁명파 여성에게 암살되었다 ─ 옮긴이.

스의 소르본 대학에서도 역사를 이야기할 때면 이런 유치한 발음법이 유행하기도 했다.[82)]

오늘날 토론과 분석의 결과 생겨난 모든 여론은 위엄을 상실하고 있고, 그것들의 특징도 급속히 사라지고 있으며, 그것들 가운데 우리를 열광하게 만들 수 있을 정도로 살아남는 것은 거의 없다. 현대인들은 갈수록 무관심해지고 있기 때문이다.

그러나 여론들의 전반적인 탈진현상을 심히 유감스럽게 여길 필요는 없을 것이다. 현대인의 삶이 데카당스의 징후를 보인다는 것은 의문의 여지가 없는 사실이다. 심대하고 거의 초자연적인 통찰력을 가진 사람들, 즉 군중의 사도들이나 지도자들 — 바꿔 말하면 진지하고 강력한 확신의 소유자들 — 은 부정하거나 비판하거나 무관심한 사람들보다 훨씬 강한 영향력을 발휘한다는 것은 분명하다. 하지만 오늘날 군중이 보유한 일정한 세력도, 일반인들에게 주입될만한 충분한 위엄을 습득한 단일한 여론도 얼마지 지나지 않아 모든 것을 복종시키고 말 전제주의 세력에게 양도될 것

---

82) 프랑스의 역사학교수들의 저서에서도 이런 유행에 따른 아주 흥미로운 표현들을 볼 수 있다. 그것들은 프랑스에서 유행하는 대학교육제도가 비판정신을 거의 발달시키지 못했다는 사실을 증명한다. 소르본 대학교 역사학교수인 랑보(Alfred Nicolas Rambaud, 1842~1905)의 『프랑스혁명』에서 발췌한 다음의 문장은 좋은 일례일 것이다. "바스티유 감옥이 점령된 사건은 프랑스역사뿐 아니라 유럽전체 역사의 분수령이었으니, 세계역사의 새로운 신기원을 열었도다!"(『프랑스혁명』, p. 91) 또한 그가 로베스피에르를 언급한 문장을 보면 그가 완전한 도취경에 빠져있음을 알 수 있다. "그의 독재정치는 무엇보다도 여론, 설득력, 도덕적 권위에 토대를 두고 있었으니, 그것이야말로 고결한 인간의 사명이었다!"(p. 220.)

이고 자유로운 토론의 시대도 오랫동안 폐절되고 말리라는 것도 기억해야 할 것이다. 군중은 때때로 엘라가발루스[83]나 티베리우스처럼 안이한 지배자들로 보이지만, 지독하게 변덕스러운 지배자들이기도 하다. 어떤 문명도 군중에게 더 높은 문명을 획득할 기회가 부여되면 장기간 지속되는 무수한 변화를 겪을 수밖에 없다. 그런 변화들을 잠시나마 억누르고 지연시킬 수 있는 것은 다름 아닌 군중여론의 극단적인 불안정성과, 모든 일반적 신념에 대한 군중의 증대하는 무관심일 것이다.

---

83) Elagabalus(204?~222): 헬리오가발루스(Heliogabalus)라고도 한다. 고대 로마의 황제(재위 218~222). 태양신을 위한 대형신전을 건립하고 그곳에서 벌어지던 음란한 축제를 로마로 옮겨오는 바람에 궁정생활이 문란해지고 음모가 판치게 되었다고 한다 ─ 옮긴이.

제3부
군중 분류법과 군중의 종류

민족의 낡은 이상이 완전히 사라지면
민족의 특성도 완전히 사라지고 만다.
그 결과 고립된 개인들의 단순한 무리로 전락한 민족은
원시상태로 즉 군중의 원시상태로 복귀하고 만다.
그런 무리는 일관성도 미래도 없는
군중의 일회적인 모든 특성들을 드러낸다.
그 민족의 문명도 이제 안정성을 상실하고
온갖 우연한 사건들의 영향에 시달릴 수밖에 없다.
민중이 주권을 획득하고 야만적인 풍조가 비등한다.
그러나 그 문명은 외면적 확장력을 지녔고
과거에 올린 성과도 있기 때문에 여전히 찬란하게 보일 수 있다.

제1장 군중 분류법

지금까지 나는 심리적 군중이 공유하는 일반적인 특성들을 살펴보았다. 이제부터는 그런 일반적 특성들로부터 군중을 여러 종류로 분류하는 데 필요한 특수한 성격들을 도출해보기로 할 것이다. 그런 특수한 성격들은 군중이 적당한 자극원인들의 영향을 받아 변화를 겪을 때 드러난다. 그러면 먼저 분류해볼 군중을 지칭하는 몇 가지 용어부터 알아보기로 하자.

출발점은 단순한 종류의 인간무리가 될 것이다. 그런 인간무리들 가운데 가장 열등한 무리는 다양한 민족에 속하는 개인들로 구성된다. 이런 개인들을 무리로 결집시키는 것은 오직 다소간 존경받는 지도자 한 명의 의지밖에 없다. 몇 세기간 로마제국을 침략한 다양한 민족으로 구성된 바바리안들은 이런 인간무리의 표본일 수 있다.

이들보다 수준이 한 단계 높은 인간무리는 일정한 영향을 받아 공통특성들을 획득하여 단일민족을 형성한 무리들이다. 그들은 때로는 군중의 고유한 특성들을 드러내기도 하지만 민족적 요인들은 그들의 특성들을 강하게건 약하게건 제압해버린다.

이 두 종류의 인간무리는 내가 앞에서 살펴본 원인들의 영향을 받으면 조직된 군중이나 심리적 군중으로 변모한다. 그렇게 조직된 군중은 다음과 같이 분류될 수 있다.

1. 이질적 군중들	(1) 익명군중(거리의 군중)
	(2) 비(非)익명군중(배심원군중, 의회군중)
2. 동질적 군중들	(1) 파벌(정파, 종파)
	(2) 카스트[84](군대, 성직자, 직공)
	(3) 계급(부르주아, 농민계급)

지금부터 이런 군중들 각각의 특징들을 간략히 살펴보기로 하겠다.

1. 이질적 군중들

이질적 군중들의 성격은 앞에서도 살펴본 바 있다. 이런 군중들을 구성하는 개인들의 성격, 직업, 지능은 천차만별이다.

앞에서 우리는 개인들이 활동 중인 군중의 일부가 되었다

---

84) 여기서 카스트(caste)는 '세습신분'이나 위계질서가 엄격한 '서열' 같이 위계적인 상호이동이 거의 불가능한 계급들 및 계급관계를 의미하기 때문에 일반적이고 현대적인 계급(class)과 구별된다는 견지에서 번역하지 않고 그대로 사용했음을 밝혀둔다 ─ 옮긴이.

는 단순한 사실만으로도 그들의 집단심리가 그들의 개인심리와 본질적으로 달라지고 그들의 지능도 그런 분화의 영향을 받는다는 것을 알고 있다. 우리는 또한 그런 개인들의 지능이 집단의 영향을 받지 않으면 오직 무의식적 감정의 영향만 받는다는 것도 알았다.

민족이라는 근본요인은 다양한 이질적 군중을 웬만큼 철저히 분화될 수 있도록 허용한다.

우리는 앞에서 민족의 역할을 살펴보았고 그것이 인간들의 행동을 결정하는 요인들 가운데 가장 강력한 요인이라는 것도 알았다. 그 요인은 군중의 성격에도 영향을 미친다는 것도 알았다. 우연히 모인 개인들로 구성된 군중은 — 그들 모두가 영국인이나 중국인이 아니라면 — 역시 어떤 그리고 모든 성격 — 그것들이 러시아인이나 프랑스인이나 에스파냐인 같은 다른 민족들의 것이 아니라면 — 의 개인들로 구성된 또 다른 군중과는 대단히 다를 것이다.

각 민족이 물려받은 정신구조가 민족구성원들의 감정양식과 사고양식을 창출하면서부터 진행되는 광범위한 분화과정은 드물게 발생하는 상황이 다양한 민족성을 지닌 개인들을 대단히 동등한 비율로 동일한 군중으로 결집시킬 때 최고조에 이른다. 그런데 이런 상황에서는 그런 결집을 유발하는 관심사들도 표면적으로는 동일하게 보인다. 사회주의자들이 다양한 나라의 노동계급인구의 대표자들을 의회에 진출시키려고 기울인 노력들은 언제나 가장 극심한 혼란으로 귀결되고 말았다. 아무리 혁명적이거나 아무리 보수적인 라틴계 군중도 자신들의 요구사항을 실현시키기 위해서라면 한결같이 국가에 간섭이나 중재를 호소할 것이다. 그런 군중은 언제나 중앙집권화 경향을 확연히 드러내고 독재자의 호의에 강하게건 약하게건 의존하는 특징을 지녔다. 반대로 앵글로색슨계 군중은 국가에 일절 의존하지 않고 개인의 창의력에만 호소할 따름이다. 프랑스 군중은 평등을 특히 강조하고 영국 군중은 자유를 강조한다. 이런 민족적 차이 때문에 거의 민족의 수만큼 다양한 사회주의와 민주주의가 존재한다.

따라서 민족의 천재는 군중의 기질에 최대의 영향력을 발휘한다. 그것은 군중 기질의 가변적 한계를 규정하는 강력한 저력이다. 그래서 **민족정신이 강화될수록 군중의 열등한 특성들은 약화된다**는 것은 근본법칙으로 간주되어야 한다. 군중의 상태와 군중의 지배권은 야만상태와 동등하거나 그런 상태로 퇴행하는 것이다. 견실하게 정립된 집단정신을 획득한 민족일수록 군중의 무분별한 위력으로부터 자유로울 수 있고 야만상태를 탈피할 수 있다. 민족적 요인들에 기초한 분류법을 제외하면 이질적 군중들에게 적용할 수 있는 유일하게 중요한 분류법은 그런 군중들을 거리군중 같은 익명군중과, 의회군중이나 배심원군중 같은 비익명군중으로 분류하는 것이다. 익명군중에게는 없고 비익명군중에게는 발달된 책임감은 두 종류의 군중에게 각기 매우 상이한 성향을 부여한다.

2. 동질적 군중들

동질적 군중들에는 (1)파벌 (2)카스트 (3)계급이 포함된다.

파벌은 동질적 군중이 조직되는 첫 단계를 대변한다. 하나의 파벌은 교육수준, 직업, 사회계급은 대단히 다양하지만 공통적인 신념을 공유하는 개인들도 구성된다. 종파나 정파가 그런 군중들이다.

카스트는 군중이 조직화될 수 있는 최고단계를 대변한다. 파벌이 매우 다양한 직업, 교육수준, 사회적 여건에 속하면서도 오직 공유하는 신념으로만 하나로 연결되는 개인들로 구성되지만 카스트는 동일한 직업, 비슷한 교육수준, 대단히 동일한 사회적 신분을 지닌 개인들로 구성된다. 군대와 성직자들이 여기에 속한다.

계급은 출신은 다양하지만 파벌의 구성원들과 다르게 신

념공동체로 연결되지도 않고, 카스트의 구성원들과 다르게 공통적인 전문직업으로 연결되지도 않으면서, 거의 동일한 이해관심사와 생활습관 및 교육관습으로 연결되는 개인들로 형성된다. 부르주아와 농민계급이 여기에 속한다.

나는 이 책에서 이질적 군중들에만 주목하고 동질적 군중들(파벌, 카스트, 계급)의 특성들은 또다른 기회에 살펴보기로 하겠다. 따라서 지금부터 나는 전형적이고 확실한 특징을 드러내는 네 종류의 이질적 군중들을 검토해보기로 하겠다.

제2장 범죄적 군중

암시에 걸려 흥분의 시기

를 지난 군중은 순전히 해부학적이고 무의식적인 상태로 진입한다는 사실을 감안하면 그들을 무조건 범죄적 군중으로 평가하기는 어려울 것이다. 나만큼은 이런 잘못된 평가를 유보하고자 하는데, 그런 평가가 최근 심리학계에서 확연히 유행하고 있기 때문이다. 군중의 행위들 가운데는 단순히 그것 자체만 고려하면 분명히 범죄적인 것도 있지만, 그것은 인디아에서 한 젊은이의 장난에 상처를 입은 호랑이가 홧김에 다른 인디아인을 잡아먹는 짓과 동일한 범죄라고 할수 있다.

군중의 평범한 범죄원인은 강력한 암시이고, 그런 범죄에 동참한 개인들은 향후 보통 범죄자의 경우와는 한참 동떨어진 의무감으로 범죄를 저질렀다는 이유로 유죄판결을 받을 것이다.

군중이 저지른 범죄의 역사를 보면 그런 개인들을 얼마든지 찾아볼 수 있다.

바스티유 감옥의 소장 로네(Bernard René de Launay, 1740~1789)를 죽인 살인자도 그런 개인들의 전형일 것이다.

감옥이 점령당하고 극도로 흥분한 군중에 에워싸인 로네는 집단폭행을 당했다. 폭행하는 군중 사이에서 그를 교수대 매달자거나 참수시켜버리자거나 말꼬리에 묶어 끌고 다니자며 외치는 소리가 들렸다. 그렇게 폭행당하며 발버둥치던 로네의 느닷없는 발길질에 군중 가운데 한 명이 맞았다. 그러자 누군가 발길질당한 사람이 로네의 목을 잘라야 한다고 제안했고, 그런 암시에 걸린 군중은 일제히 환호성을 질렀다.

"야외요리사로 직무를 태만히 했다는 죄목으로 바스티유에 수감되어있던 문제의 개인은 자신이 전체의 여론에 따라 로네를 참수한 행동은 애국적인 것이었다고 자부하며 심지어 자기 손으로 괴물을 처치했으므로 훈장을 받을 것이라고 자신한다. 그는 자신에게 건네진 칼로 로네의 목을 내려쳤지만 칼날은 무뎠고 목은 잘리지 않았다. 그러자 그는 자신의 호주머니에서 손잡이가 검은 식칼을 꺼내들었고 (요리사였던 그가 고기를 잘라본 경험은 많았을 것이다) 결국은 로네의 목을 자르는 데 성공했다."

이것은 군중 속의 개인이 범죄를 저지르는 과정을 단적으로 잘 보여주는 사례이다. 인간을 사로잡는 모든 암시는 집단에서 생겨난 것일수록 강력하기에 살인자가 자신이 대단히 갸륵한 행동을 했다고 확신하고 그런 행동을 동료시민들도 만장일치로 지지할 것이라고 확신했다는 사실은 더욱 자연스럽게 보인다. 이런 종류의 행동은 법적으로는 범죄로 간주될 수 있어도 심리학적으로는 범죄로 간주될 수 없다.

범죄적 군중의 일반적인 특성들은 우리가 앞에서 알아본 모든 군중의 특성들과 정확히 일치한다. 즉 범죄적 군중도 암시에 잘 걸리고, 잔인하며, 변덕스럽고, 좋거나 나쁜 감정을 과잉표출하며 일정한 형태의 도덕성을 드러낸다.

우리는 군중이 드러내는 이 모든 특성들이 프랑스 역사에 가장 참혹한 기억들 — 1793년 9월 대학살을 자행할 수 있었던 군중처럼 — 을 남겼다는 사실을 알게 될 것이다. 실제로 바르톨로뮤 축일의 대학살을 자행한 군중들도 대단히 흡사한 특성들을 드러낸다. 나는 여기서 역사학자 텐이 당시 상황을 알 수 있는 자료들을 수집하여 정리한 기록을 통해 조금 더 구체적인 내용을 확인할 수 있었다.

죄수들을 학살하여 감옥을 비우라고 주문하거나 암시한 사람이 누구인지는 정확히 알려지지 않았다. 그가 당통이었을 가능성이 있건 아니면 다른 사람이었건 아무래도 상관없다. 우리가 알고 싶은 것은 오직 학살에 책임이 있는 군중이 걸린 강력한 암시이기 때문이다.

300여명의 살인자들로 구성된 그 군중은 완전히 전형적인 이질적 군중이었다. 극소수의 직업적 깡패를 제외하면 그 군중은 주로 점원들과, 서적제조, 자물쇠제조, 이발, 벽돌쌓기, 서기, 배달 등 온갖 직업의 종사자들로 구성되어있었다. 암시에 걸린 그들은 앞에서 거명된 요리사처럼 자신들이 애국적인 의무를 이행하는 중이라고 확신했다. 그들은 판사와 검사가 한때 사용했던 2층 사무실로 난입했을 때에도 한동안 자신들을 범죄자로 여기지 않았다.

자신들이 맡은 의무의 중요성을 깊이 의식하고 있던 그들은 일종의 재판소를 운영하기 시작했고 그러자마자 군중의 천진난만함과 초보적인 정의관념이 드러났다. 수많은 피고인들이 심문당하는 과정에서 가장 먼저 귀족들, 성직자들, 관료들, 왕족들 — 요컨대 선량한 애국자의 눈에 죄인의 증거로 보이는 직업을 가졌다는 단순한 이유로 고발된 모든 개인 — 에게 사형이 언도되었는데, 그런 식의 재판에 정해진 절차 같은 것은 아예 필요하지 않았다. 나머지 사람들은 각자의 외모와 평판에 따라 판결을 받았다. 군중의 미숙한 양심은 이런 식으로 충족됐다. 그것은 이제 군중으로 하여금 대학살을 합법적으로 자행할 수 있도록 해줄 것이고 그들이 유전적으로 타고난 잔인한 본능들이 자유롭게 발산될 영역을 제공할 것이다. 내가 다른 곳에도 언급한 바 있는 그런 본능들은 언제나 집단화될수록 고도로 발달한다. 그러나 군중이 주기적으로 표출하는 이 본능들은 그것들과 다르거나 상반되는 — 대개는 극도로 잔인한 감정만큼 극도로 양순한 — 감정들의 표출을 예방하지 못할 것이다.

"그들은 파리의 노동자들답게 관대한 동정심과 예민한 감수성을 가지고 있었다. 아바예(Abbaye) 감옥의 죄수들이 26시간이나 물 한 모금 마시지 못했다는 소식을 들은 군중은 그 감옥의 간수를 죽이려고 했지만 오히려 죄수들이 그러지 말아달라고 간청하는 바람에 참았다고 한다. 그 감옥의 죄수 한 명이 (약식 재판으로) 석방되자 간수들과 학살자들을 포함한 모두가 기쁨에 도취되어 그를 끌어안거나 열광적으로 박수를 쳐댔다."

그 후 대량학살이 재개됐다. 그동안 기쁨에 도취된 난리법석이 끊이지 않았다. 시신들을 가운데 두고 춤추고 노래했으며, 귀족들을 살해하는 광경을 보고 희열에 떠는 "숙녀들을 위한" 긴 의자도 마련됐다. 그렇게 지속되는 공개처형은 무엇보다도 특이한 장면을 연출했다.

아바예의 한 학살자가 여자들이 멀리 떨어져 있어서 잘 보이지도 않고 귀족을 처형하는 쾌감을 몇 명밖에 맛보지 못한다고 불평하자 그 광경을 구경하던 판사도 그의 불평에 동감하고 두 줄로 늘어선 학살자들 사이로 처형대상자들을 천천히 걸어서 지나가도록 결정했다. 또한 학살자들에게는 자신 앞을 지나가는 처형대상자들을 칼등으로 가격하여 죽지 않을 만큼의 고통을 계속 느끼게 해야 할 의무를 부과했다. 라 포르세(la Force) 감옥에서는 처형대상들을 발가벗긴 채 30분간 온몸의 살을 마구잡이로 "저며"냈는데, 그런 광경을 모두가 구경하고 나면 창자가 쏟아져 나올 만큼 강력한 일격을 가하여 처형대상들을 절명시켰다.

그런 학살자들도 도덕관념을 가지고 있었는데 그것은 우리가 앞에서 이미 확인한 군중이 지닌 도덕감정의 발로였다. 그들은 희생자들의 돈이나 보석을 사취하기를 거부하고 혁명위원회의 석상에 제출했다.

군중의 정신적 특성인 이런 유치한 분별력은 그들의 모든 행동으로 표현되다. 그래서 어떤 학살자가 1,200명 내지 1,500명을 국민의 적으로 몰아 학살한 다음에 한 가지 제안을 했는데 늙은 거지들, 부랑자들, 젊은 죄수들 같은 무위도식자들을 먹여 살리고 있는 다른 감옥들도 제거해버리면 국민에게 이로울 것이라는 암시가 담긴 그 제안은 순식간에 사람들에게 먹혀들었다. 물론 그런 제거대상자들 가운데 국민의 적이 분명히 있기는 있었는데 학살된 독살범의 아내인 들라뤼(Delarue)라는 여자도 그런 적으로 간주됐다.

"그녀는 감옥에 투옥되면서 필시 격렬하게 분노했을 것이다. 만약 그녀가 석방된다면 파리를 불바다로 만들려고 들지 모른다. 그녀는 틀림없이 그렇게 말했을 것이고, 그렇게 말했다. 그러니까 그녀도 제거해야 마땅하다."

이런 주장도 군중에 먹혀들었고, 심지어 12세부터 17세 사이의 청소년죄수 15명을 포함한 모든 죄수가 학살당했는데, 청소년죄수까지 학살한 이유라는 것이 그들이 자라면 국민의 적이 될 가능성이 농후하므로 죽여 마땅하다는 논리였다.

일주일간 끝장을 볼 때까지 이 모든 학살을 자행하고 나서야 학살자들은 휴식이 필요하다고 생각할 수 있었다. 자신들이 조국의 안녕에 이바지했다고 깊이 확신한 그들은 관공서로 몰려가서 합당한 보상을 요구했다. 그들 가운데 가장 열성적인 자는 훈장까지 요구하고 나섰다.

1871년 파리코뮌의 역사는 이것들과 유사한 사례를 여러 건 제공한다. 군중의 증대하는 영향력과, 그들 앞에서 속속 항복하는 권력자들을 보면서 우리는 필시 유사한 성격을 지닌 다른 많은 사건들을 목격할 수 있을 것이다.

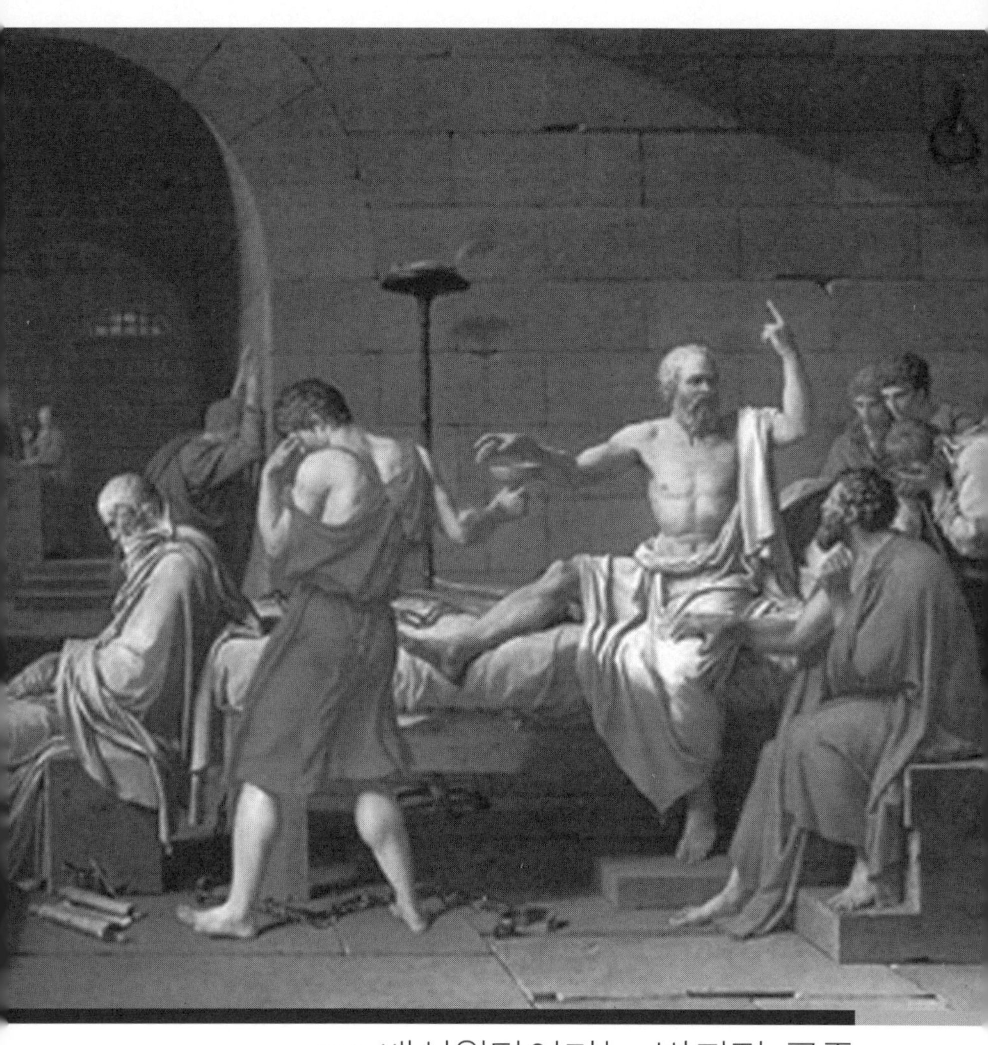

제3장 배심원단이라는 범죄적 군중

순회재판소 배심원들이
내리는 평결만 놓고 본다면 그들은 군중을 구성하는 다양한
구성원들의 정신적 수준이 별로 중요하지 않음을 가장 잘
보여주는 사례일 것이다. 완전히 기술적인 성격을 띠지 않
는 문제를 의논하기 위해 심의회가 열릴 때 참석자의 지식
수준은 전혀 중요하지 않다는 것은 앞에서 확인한 바 있다.
예컨대 일반적인 주제를 의논하려고 모인 과학자들이나 예
술가들도 그들이 단지 한 군데 모였다는 단순한 사실에만
의존한다면, 석공들이나 잡화상들이 모여서 같은 주제를 의
논하여 내릴 수 있는 결론들과 현저히 다른 결론을 내리지
못할 것이다.

거의 어느 시대에나, 그리고 특히 1848년 이전에는 프랑
스의 행정당국은 배심원단을 구성할 후보자들을 신중히 물
색했고 주로 교수, 공무원, 문인 같은 계몽된 계층의 사람들
을 배심원으로 선정했다. 오늘날 선정되는 배심원들의 대다
수는 소상인, 소자본가, 임금노동자들이다. 그러나 배심원
단의 인적구성과 무관하게 배심원단의 평결이 동일하다는
사실에 전문가들도 놀라움을 금치 못한다. 더구나 배심원제

도에 적대감을 품고 있는 판사들도 배심원단의 평결을 정확한 것으로 인정할 수밖에 없다. 순회재판소장을 역임한 바 있는 글라죄(Bérard de Glajeux) 씨는 자신의 『회고록 *Souvenirs*』에서 이 문제에 관한 의견을 다음과 같이 피력했다.

> "오늘날 현실적으로 배심원 선발권을 장악한 시의원들은 자신들의 정치적 선입견이나 유권자를 관리할 필요성에 따라 배심원명단을 작성한다…. 그렇게 선발된 배심원들의 대다수는 과거 상인들에 비해 인품이 떨어지는 상인들이나 행정관청의 고용원들이다…. 과거에는 판사의 것이나 다름없이 여겨졌던 그들의 의견과 업무는 쓸데없는 것으로 치부되지만, 그들 중 다수는 초심자와 다름없는 열성을 보인다. 그런 자들 중에 가장 강렬한 의지를 품은 자들은 대개 겸손한 태도를 보이는데, 그만큼 배심원들의 정신상태는 변하지 않았고, **배심원단이 내리는 평결도 언제나 한결 같았다.**"

이 인용문의 결론은 물론 정확하며, 또 기억해야 할 것이지만, 이런 결론을 도출하는 과정은 허술하다. 변호사들도 대개는 판사들만큼이나 군중심리에 무지하고 그래서 배심원들의 심리도 모른다는 사실을 감안하면 이런 허술한 설명에 그리 놀랄 필요는 없을 것이다. 글라죄가 관찰한 사실은 이런 나의 견해를 입증해줄 수 있을 것이다. 그는 순회재판소에서 활동하는 유명한 변호사들 가운데 한 명인 라쇼(Lachaud)가 모두 지식인들로 구성된 배심원단에 한해서 자신이 지목한 배심원 한 명에게 반론을 펼칠 수 있는 권리를 계획적으로 이용했다고 지적했다. 그러나 지금까지의 경험은 — 그리고 오직 경험만이 — 이런 반론들이 전혀 쓸데없는 것임을 우리에게 가르쳐왔다. 이것은 오늘날 파리의 법조계에 활동하는 검사들과 변호사들이 배심원에게 반론을 제기할 자신들의 권리를 완전히 포기해버렸다는 사실로도 입증된다. 이것은 또한 배심원들이 내리는 평결들은 변하지 않았고 "평결들은 더 선해지지도 더 악해지지도 않았다"는 글라죄의 지적으로 입증될 것이다.

다른 모든 군중과 마찬가지로 배심원단도 감정적 원인들의 영향을 매우 강하게 받는 반면에 논증의 영향은 거의 받지 않는다. 어느 변호사는 "그들은 아이에게 젖을 물리는 어머니나 불쌍한 고아들에게는 저항하지 못한다."고 썼다. 글라죄는 "여성피고인은 어느 정도 미모만 갖추어도 배심원단으로부터 충분히 선처를 구할 수 있다."고 말한다.

배심원들은 언젠가는 자신들마지 희생시킬 가능성이 있

는 것으로 보이는 범죄들 — 특히 사회를 가장 위협하는 범죄들 — 에 대해서는 무자비한 반면에 울분을 참지 못하고 저지른 범법행위에 대해서는 무척 관대하다. 그들은 갓난아이를 살해한 미혼모나, 자신을 유혹했다가 차버린 남자에게 염산을 뿌려버린 처녀에게 엄중한 평결을 내린 적이 드물다. 왜냐하면 그들은 그런 범죄들이 사회를 위험에 빠뜨릴 가능성은 거의 없다는 것[85], 그리고 그렇게 버림받은 처녀들을 보호하는 법률이 없는 나라에서 그런 처녀들이 자력으로 복수하려다가 저지른 범죄는 그것이 장래의 유혹자들에게 두려움을 줄 수 있다면 사회에 해롭기보다는 오히려 유익한 것임을 본능적으로 느끼기 때문이다.

다른 모든 군중처럼 배심원단도 위엄에 깊이 감동받는데, 글라죄 소장이 아주 타당하게 지적하듯이 대단히 민주적으로 구성된 배심원단도 선호하는 것과 혐오하는 것은 대단히

---

85) 이 대목에서 한 가지 더 강조하고 싶은 것은, 사회를 위험에 빠뜨리는 범죄들과 그렇지 않은 범죄들을 구분하는 이런 범죄구분법을 배심원들은 부당하게 여기기는커녕 긍정적으로 그리고 본능적으로 수용한다는 사실이다. 형법의 목적은 위험한 범죄자들로부터 사회를 보호하는 데 있는 것이지 범죄자들을 상대로 보복하는 데 있는 것은 분명히 아니다. 그런데 프랑스의 법전과 특히 모든 프랑스 법조인의 정신구조는 원시적인 법률 특유의 보복성 정신에 여전히 깊이 사로잡혀있고, "기소[*vinticte*: 라틴어의 보복(*vindicta*)이라는 단어에서 유래함]"라는 용어도 여전히 일상적으로 사용되고 있다. 법조인들의 이런 성향은, 재범(再犯)을 저지르지 않은 초범자에게는 형집행을 유예하도록 명시된 베랑제(Bérenger) 법의 적용을 그들의 다수가 거부한다는 사실로 증명된다. 그런데 통계적으로 증명되었다시피, 초범자에게 부과된 형벌은 반드시 그를 재범자로 만들고 만다는 사실을 모르는 법조인들은 없을 것이다. 판사들은 유죄판결을 받은 사람을 석방할 때마다 사회가 그 사람에게 복수하지 못했다고 생각하는 듯이 보인다. 그래서 그들은 범인에게 복수하기보다는 차라리 그를 위험하고 확실한 예비범죄자로 만들어버리는 쪽을 선택한다.

귀족적인 성향을 보인다. "명성, 출신, 대단한 재력, 권력, 유명변호사들을 동원하는 인맥 같은 피고인을 돋보이게 해주거나 탁월하게 보이도록 해주는 모든 것이 그에게 대단히 유리한 위상을 제공한다."

훌륭한 변호사의 주요 관심은 배심원단을 감화시키는 것이어야 하고, 변론을 할 때도, 다른 모든 군중을 상대할 때도 명심해야 하듯이 논증을 최대한 자제하면서 가장 기초적인 추론방식만 사용해야 한다. 순회재판소에서 크게 성공하여 유명해진 영국의 어느 변호사는 변호사가 명심해야 할 행동지침을 다음과 같이 잘 소개한다.

"변호사는 변론할 때 배심원석을 주의 깊게 관찰해야 한다. 그래야만 가장 유리한 기회를 포착할 수 있다. 변호사는 통찰력과 경험으로 매순간 배심원들의 표정변화를 관찰하면서 자신의 변론이 유발하는 효과를 간파해야 한다. 그는 가장 먼저 자신의 변론에 호감을 보이는 배심원의 수를 확인해야 한다. 자신에게 호감을 보이는 배심원들의 지지를 얻기는 쉽다. 그런 다음에는 반대로 적대감을 드러내는 배심원들에게 시선을 돌려 그들이 피고를 적대시하는 이유를 읽어내기 위해 노력해야 한다. 이것은 변호사의 임무 중에서도 무척 까다로운 기술을 요구하는데, 왜

냐하면 한 인간을 비난하는 이유는 정의감 외에도 무수히
많을 수 있기 때문이다."

몇 줄 안 되는 이 인용문이야말로 변론술(또는 연설기법)의
모든 메커니즘을 단적으로 보여주는 골자라고 할만한데, 이
인용문 덕분에 우리는 미리 준비한 변론서(또는 연설문)의 효
력이 그토록 미미한 이유와, 그것들이 순간순간 유발하는
감정변화에 따라 사용할 용어들도 적절히 수정할 필요가 있
다는 것을 알 수 있다.

변론자는 모든 배심원을 설득하여 자신의 변론을 만장일
치로 지지하도록 만들 필요는 없고, 단지 그들 가운데 배심
원 전체의 의견을 좌우할 수 있는 지도적 인물들만 잘 설득
하면 된다. 모든 군중과 마찬가지로 배심원단에도 나머지
사람들에 대한 지도력을 발휘하는 소수의 개인들이 존재하
기 마련이다. 위 인용문의 필자인 변호사는 "나는 정력적인
배심원 한두 사람이 나머지 배심원 모두를 충분히 이끌 수
있다는 것을 경험으로 알았다."고 말한다. 즉 두세 명에게
만 지능적으로 암시를 걸어도 배심원단 전체를 설득할 수
있다는 말이다. 그래서 누구보다도 이런 지도력을 지닌 소
수에게 가장 먼저 암시를 걸어야 한다. 군중을 구성하는 어
떤 개인의 호감을 획득하는 데 성공했다는 것은 곧 그가 설

득되고 있음을 의미하므로 그는 자신에게 제시되는 어떤 주
장도 훌륭한 것으로 여겨 아주 쉽게 수용할 것이다. 이 대목
에서 이미 언급했던 라쇼와 관련된 흥미로운 일화를 인용해
보아도 좋을 것이다.

"라쇼는 순회재판소에서 변론을 펼치는 동안 배심원들
가운데 유력하지만 고집불통인 인물로 그가 간파했거나 감
지한 배심원 두세 명에게 한 번 고정시킨 시선을 결코 떼는
법이 없었다는 사실은 유명하다. 이런 수법으로 그는 그런
고집불통인 배심원들의 대부분을 자신의 지지자로 만드는
데 성공했다. 그러나 언젠가 어느 지방에서 변론을 펼치던
그는 무려 45분간이나 자신의 기술을 총동원하여 쉼 없이
혀를 놀리며 열변을 토하는데도 넘어오지 않는 지독한 고
집불통인 배심원을 만나고 말았다. 그 사람은 배심원석 둘
째 줄 첫째 자리에 앉은 7번 배심원이었다. 상황은 절망적
이었다. 그런 지경에서 라쇼는 열띤 변론을 갑자기 중단하
더니 재판장에게 말했다. '저 앞에 앞쪽의 커튼을 내리라고
지시해주시겠습니까? 7번석 배심원께서 햇볕 때문에 눈을
뜨시기가 곤란한 것 같습니다.' 그러자 7번 배심원은 얼굴
을 붉히면서 웃으며 라쇼의 호의에 고마움을 표시했다. 그
리하여 라쇼는 끝내 그 배심원을 설득하는 데 성공했다."

배심원제도는 어떤 제약도 받지 않는 카스트[86]에 의해 아주 빈번하게 범해져온 오류들을 방지할 수 있는 유일한 보호책인데도 근래에 가장 유명한 일부 작가들을 포함한 많은 작가들이 배심원제도를 폐지하기 위한 강력한 운동을 시작했다. 그런 작가들 가운데 일부는 오직 계몽된 계층에서만 배심원을 선발해야 한다고 주장한다. 그러나 앞에서 이미 확인했듯이 그런 배심원들이 내리는 평결도 현행제도에 따라 이루어지는 평결과 전혀 다를 바 없을 것이다.

배심원들이 범하는 오판들을 주목하는 또다른 작가들은 배심원제도를 폐지하고 판사들에게 배심원 역할까지 맡기자고 주장한다. 그런데 이들 자칭 개혁자들은 자신들이 비난하는 배심원들의 오판을 오히려 판사들이 먼저 범한다는 사실, 그리고 피고인이 배심원석 앞에 서는 순간은 그가 이미 예심판사나 검사, 중재재판소의 판사 같은 몇 명의 사법관들로부터 유죄판정을 받은 다음이라는 사실을 망각하고

---

86) 치안판사는 실제로 아무 제약도 받지 않고 행동할 수 있는 유일한 행정관이다. 프랑스의 민주정부는 그동안 여러 혁명을 겪었지만 영국의 자랑거리인 "인신보호령(Habeas Corpus: 1679년 부당한 구금과 인권침해를 방지할 목적으로 영국의회에서 제정함 — 옮긴이)"을 보유하지 않았다. 우리는 모든 폭군을 제거해버렸지만 도시마다 시민의 명예와 자유를 마음대로 처분할 수 있는 치안판사제도를 설립했다. 대학을 갓 졸업한 애송이 예심판사에게도 가장 높은 지위에 있는 사람마저 혐의만 있어 보이면 검거하여 투옥할 수 있는 막강한 권한이 부여되었지만, 그가 집행한 사법권의 정당성을 증명할 의무는 없다. 그는 수사를 한다는 명목으로 피의자들을 6개월 내지 1년이나 구속해 둘 수도 있었고, 무혐의자로 밝혀진 자를 석방할 때면 한 푼의 배상금도 지불하지 않거나 한 마디의 사과도 하지 않았다. 작금 프랑스에서 발부되는 체포영장은 왕정시대에 원성을 샀던 봉인명령서(letter de cachet)와 다름없는 것이고, 다만 봉인명령서가 고관대작에게 발부할 수 있던 것인 반면에 지금의 체포영장은 계몽되었거나 독자적인 사람이라고 말하기는 거의 어려운 모든 시민계층에게 발부된다는 점이 다를 뿐이다.

있는 듯한데, 어떻게 그럴 수 있는지 나로서는 이해하기 어렵다. 따라서 배심원단 대신에 판사들이 그 피고인의 유죄 여부에 대한 최종평결을 내린다면 그가 자신의 결백을 인정받을 마지막 기회마저 상실하고 말리라는 것은 명백하다. 배심원들이 범할 수 있는 오판은 언제나 사법관들이 먼저 범하는 오판이기 마련이다. 그래서 재판에서 터무니없는 오판이 범해졌을 때 비난받아야할 자들은 오직 사법관들뿐이다.

최근에 발생한 L박사 기소사건도 이런 사실을 잘 예시해준다. 어리석기 그지없는 어느 예심판사는 박사에게 30프랑을 주고 불법수술을 받았다는 백치에 가까운 소녀의 고발을 근거로 박사에게 유죄판정을 내렸다. 박사가 투옥될 처지에 몰리자 격분한 여론이 폭발했고, 그 결과 국가원수는 박사를 석방시키라는 특명을 내렸다. 이렇게 모든 동료시민이 증명한 박사의 존경스러운 인격은 박사에 대한 유죄판정과 기소처분이 예심판사의 어처구니없는 실수였음을 자명하게 만들었다. 치안판사들도 그런 사실을 알고 있었지만 자신들과 예심판사가 같은 카스트(신분)에 속한다는 사실을 감안하여, 갖은 수단을 동원하여 시민들이 탄원서에 서명하지 못하도록 방해공작을 펼쳤다.

이와 유사한 모든 경우에 배심원들은 자신들이 이해할 수 없는 세부적이고 기술적인 문제들을 직면하면, 그런 복잡한 문제를 해결하는 데 숙달한 치안판사들이 사건을 자세히 수사했다고 주장하는 검사의 설득을 자연스럽게 경청한다. 이런 경우에 오판의 장본인은 과연 누구일까? 배심원들일까? 치안판사들일까?

우리는 배심원제도를 강하게 고수해야 한다. 배심원단이야말로 어떤 개인으로도 대체될 수 없는 유일한 종류의 군중을 형성하기 때문이다. 만인과 평등한 배심원단만이 각 피고인의 개인적이고 특수한 사연을 도외시하고 배려하지 못하는 법률의 경직성을 완화시킬 수 있는 유일한 군중이다. 판사는 동정할 줄 모르고 오직 법조문에만 근거를 두기 때문에 강도(強盜)의 살인과 능욕당하고 버림받은 가난한 미혼모의 영아살해를 동일한 범죄로 간주한다. 반면에 배심원단은 법적인 문제가 없는 능욕자의 죄보다 미혼모의 죄가 가볍다고 본능적으로 생각하고, 그녀에게 최대한 관용을 베풀어야 한다고 믿는다.

카스트의 심리학과 다른 여러 종류의 군중심리를 잘 아는 내가 부당하게 기소당한다면 나는 배심원단에 평결을 맡길지언정 절대로 치안판사에게 판정을 맡기지 않을 것이다. 배심원단은 무죄평결을 내릴 수도 있겠지만 치안판사가 무죄판정을 내릴 가능성은 아예 없기 때문이다. 물론 군중의 위력도 두려워해야 할 것이지만, 일정한 카스트의 위세는 더욱 두려워해야 할 것이다. 군중은 확신하기를 잘 하지만 카스트들은 결코 확신하는 법이 없기 때문이다.

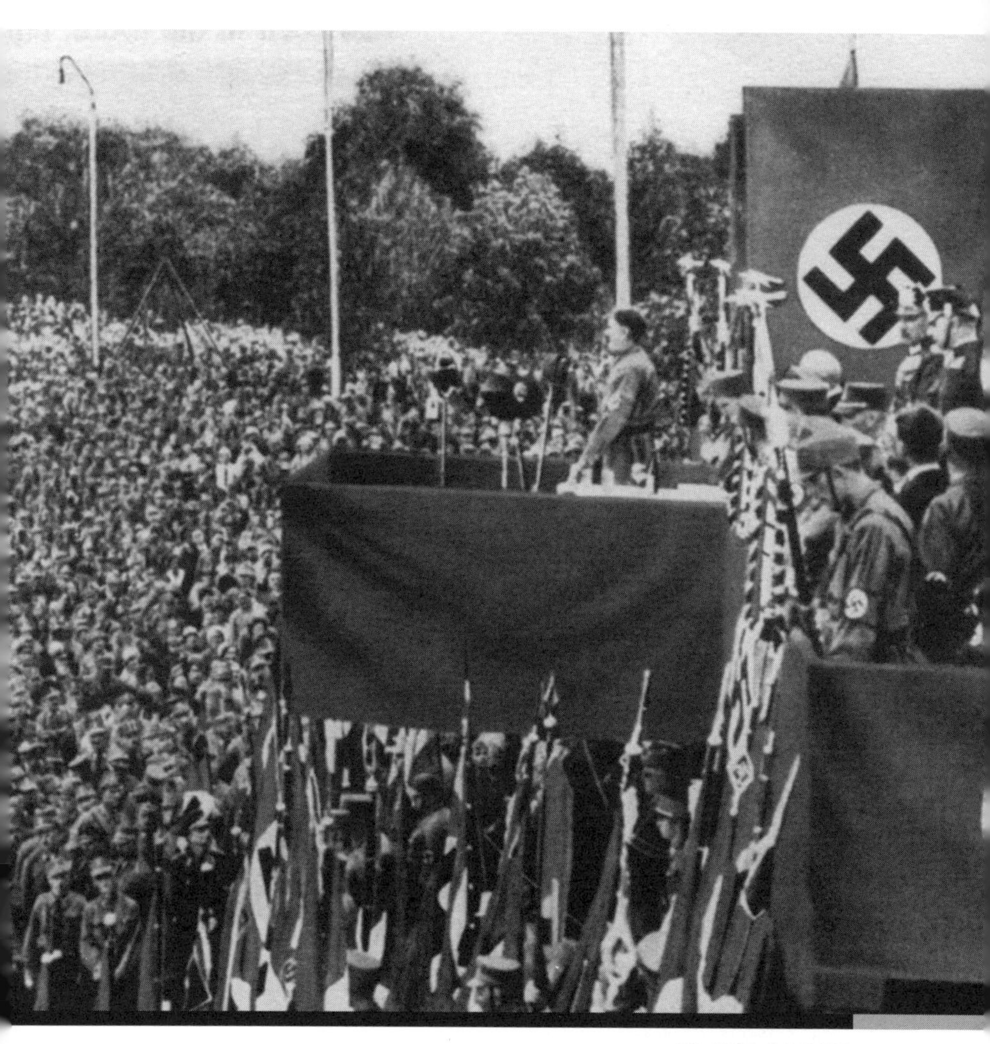

제4장 유권자군중

어떤 직무에 적합한 능력

의 소유자를 선출할 수 있는 권한을 부여받은 집단인 유권자군중은 이질적 군중을 구성하지만, 그들의 행위는 여러 후보들 가운데 한 명을 선출하는 기능에 불과하기 때문에 앞에서 설명한 군중의 고유한 특성들도 일부만 드러낸다. 그들은 군중의 특성들 가운데 하나인 이성적 추론능력을 조금 드러내기도 하지만 비판정신을 결여하고 성급함, 고지식함, 단순성도 동시에 드러낸다. 더구나 유권자군중은 의사결정을 할 때 군중 지도자들의 영향을 강하게 받고, 앞에서 살펴본 확언, 반복, 위엄, 감염력 같은 요인들의 작용도 받는다는 것이 드러난다.

그러면 유권자군중을 설득하기 위한 방법들을 알아보기로 하자. 특히 가장 성공률이 높은 방법을 살펴보면 그들의 심리를 도출하기도 쉬울 것이다.

후보자가 일차적으로 구비해야 하는 것은 위엄이다. 개인의 위엄만이 재력에서 비롯된 위엄을 대체할 수 있다. 재능이나 천재성은 그리 중요한 성공요건이 아니다.

무엇보다도 가장 중요한 것은 후보자는 반드시 위엄을 구비해야 한다는 사실이고, 그런 위엄은 아무 논란 없이 유권자들에게 영향을 줄 수 있는 것이어야 한다. 유권자의 대다수를 차지하는 노동자들과 농민들은 위엄을 갖추지 못했기 때문에 자신들이 속한 계층에서 대표자를 선출하지 못한다. 그들이 우연히 같은 계층에서 대표자를 선출하더라도 대개는 위엄이 아닌 다른 부차적인 이유로 그렇게 할 것이다. 그런 부차적인 이유는, 예컨대 유권자들이 매일 의존해야 하는 유력한 고용주나 저명인사를 낙선시켜 괴롭히고 싶은 앙심 같은 것인데, 그렇게 하면 그들은 잠시나마 자신들이 고용주의 지배자가 되었다는 환상에 빠질 수 있기 때문이다.

그러나 후보자가 위엄을 갖추었다고 반드시 성공하는 것은 아니다. 유권자들은 자신들의 탐욕과 허영심을 충족하는 데 강하게 집착한다. 그래서 후보자는 거창한 감언이설에 능숙해야 하고 유권자들에게 환상적인 약속을 서슴없이 할 수도 있어야 한다. 그런데 노동자 출신 후보자는 고용주들을 과도하게 욕하거나 규탄할 수는 없을 것이다. 반면에 그는 확언, 반복, 감염력을 동원하여 경쟁후보자가 형편없는 악당이고 범죄자라는 것을 유권자들에게 납득시킴으로써 경쟁후보자의 당선 가능성을 없애려고 노력해야 할 것이다. 그런 흑색선전을 실증할 증거 같은 것을 제시할 필요는 전혀 없을 것이다. 만약 경쟁후보자가 군중심리학을 전혀 몰라서 또다른 확언과 반복으로 흑색선전에 대응하지 않고 논증으로 반론하려 든다면 결코 당선되지 못할 것이다.

후보자가 전단지에 명시한 공약은 경쟁자로부터 반격당할 위험에 노출되기 때문에 지나치게 거창한 과장은 금물이지만, 연설로 하는 공약은 과장하고 남발해도 무방하다. 가장 거창한 개혁을 서슴없이 공약으로 제시해야 한다. 그렇게 거창한 공약은 대단한 효과를 발휘할 뿐 아니라 실현 가능여부와도 무관하다. 유권자들은 자신들이 지지하고 환호한 선거공약 덕분에 당선된 후보자가 공약을 실현시킬지 여부에는 전혀 신경을 쓰지 않기 때문이다.

그러므로 앞에서 살펴본 모든 설득요인도 인정될 수 있을 것이다. 나는 단어와 격문의 마력을 강조한 바 있는데, 여기서 이런 마력을 다시 살펴볼 필요가 있다. 이런 설득수단을 활용할 줄 아는 연설가는 자신의 뜻대로 군중을 조종할 수 있다. 예컨대 '추악한 자본'이나 '부도덕한 착취자'나 '부(富)의 사회 환원' 같은 문구들은 지금은 다소 진부하게 들릴 수도 있지만, 하여간 여전히 효력을 발휘할 수 있는 것들이다. 그러나 최대한 막연한 의미를 지닌 새로운 문구나 군중의 다양한 열망에 부응하는 새로운 단어를 발견하여 구사하는 후보자는 반드시 성공할 것이다. 1873년에 발생한 참혹한 에스파냐혁명은 모두가 각자 나름대로 해석할 수 있는 막연한 격문의 마력이 유발한 것이었다. 어느 작가는 그 당시에 유행한 표어와 그 경위를 다음과 같이 설명한다.

"급진과격파는 중앙집권적 공화주의제도가 위조된 군주제도에 불과하다는 사실을 깨달았고, 의회는 그들의 비위를 맞추기 위해 에스파냐는 '연방공화국'임을 만장일치로 선언했다. 그러나 선언에 찬동한 의원들조차 자신들이 찬성표를 던진 그 정치체제의 실체를 설명하지 못했다. 그러나 연방공화국이라는 용어는 모든 사람을 만족시켰고, 모두가 열광적인 기쁨의 도가니에 빠졌다. 가장 고결하고 행복한 영광의 시대가 지상(地上)에 도래하기라도 했다는 듯이 환호했다. 공화당원들은 반대파들이 자신들을 겨냥하여 진정한 연방주의자가 아니라고 말하면 심한 모욕감을 느꼈다. '연방공화국 만세!'는 일상적인 인사말이 됐다. 얼마 후부터 사람들은 규율 없는 군대와 군인들의 자율성을 신비한 미덕으로 예찬하기 시작했다. 사람들은 '연방공화국'이라는 말을 어떤 식으로 이해했을까? 어떤 이는 그 말이 지방주(地方洲)들이 해방되었음을 의미하는 것으로 해석했고, 또 어떤 이는 모든 권력기관이 폐지되고 대대적이고 사회적인 숙청작업이 급속히 이루어질 것을 의미하는 것으로 해석했다. 바르셀로나와 안달루시아의 사회주의자들은 코뮌의 절대독립권을 옹호하면서 에스파냐를 1만 개의 독립적인 지방자치단체로 구획하고 각 단체마다 입법권을 부여하자고 주장했으며, 국가경찰과 군대를 폐지하라고 요구했다. 남부지역의 주들에서는 폭동이 발생하여 도시에서 도시로, 마을에서 마을로 확산됐다. 어느 마을에서는 마드리드와 인근지역의 통신을 차단하기 위하여 전신선과 철도를 파괴하겠다고 선언하는 '선언문'이 발표됐다. 그렇게 시골벽지마을에까지 독립하겠다는 결의로 가득했다. 그 결과 연방주의는 지방분권주의로 탈바꿈하여 대량학살, 방화와 선동, 온갖 잔혹행위, 유혈사태가 에스파냐 방방곡곡에서 자행됐다."

이성적인 논증으로 유권자의 심리에 영향을 줄 수 있다는 미망을 조금이라도 가진 사람은 아마 선거유세 집회에 관한 보고서를 읽어본 적이 없는 사람일 것이다. 그런 집회에서는 확언과 비방, 때로는 폭행까지 난무하지만 이성적 논리는 전혀 통하지 않기 때문이다. 잠시라도 소란이 진정되는 순간이 있다면 "입이 거칠기"로 유명한 유권자가 후보자에게 난감한 질문을 던져 몰아세우겠다고 선언하는 순간인데, 유권자들은 언제나 그런 질문들을 기대하기 때문이다. 그러나 그런 반대자들이 득의의 미소를 짓는 순간은 짧아서 질문자의 목소리는 곧바로 사방에서 터지는 소란스러운 반대의 목소리에 파묻히고 만다. 신문에 실린 많은 기사들 중에서 골라본 공공집회에 관한 아래 기사는 전형적인 사례를 보여준다.

"회의를 주도적으로 조직한 어떤 사람이 의장을 선출하라고 요구하자 소동이 벌어졌다. 무정부주의자들은 연단으로 뛰어올라가서 간부위원들을 덮쳤다. 사회주의자들은 그들을 저지하느라 안간힘을 썼다. 정당들은 서로 주먹질까지 해대며 정부에서 돈을 받아먹은 첩자들이라고 서로를 비방했다. 그런 와중에 어느 시민은 눈에 멍이 든 채로 회의장을 빠져나갔다. 그런 난리법석이 겨우 진정되면서 회의가 재개되자 발언권이 X동지에게 부여됐다. 그가 사회주의자들을 강력히 규탄하자 사회주의자들은 '멍청이! 불한당! 악당!' 같은 욕설을 퍼부으며 연설을 방해했다. 그러자 X동지는 사회주의자야말로 '바보천지'요 '사기꾼'이라고 응수했다…. 알마니스트(Allemaniste)당은 어젯밤 포부르뒤 사원(Faubourg-du-Temple)에 있는 상공회의소 강당에서 5월1일 노동절 집회를 위한 예비집회를 열었다. 집회의 구호는 '고요!'와 '평정!'이었다. G동지는 사회주의자들에게 '멍청이, 사기꾼'이라며 욕설을 퍼부어댔다. 그러자 곧바

로 비방과 욕설이 난무했고 연사와 청중들이 주먹다짐을
벌였으며 의자, 책상, 벤치 등이 무기로 동원됐다."

이런 난장판을 유발하는 것이 유권자들이 속한 사회계급
이나 직위라고 생각할 필요는 전혀 없을 것이다. 모든 집회
에서, 더구나 고등교육을 받은 사람들만의 집회에서도 이런
사태가 발생할 수 있다. 앞에서 살펴봤듯이 개인들이 군중
으로 바뀌면 지적인 하향평준화 현상이 나타나는데 어디서나
그런 현상을 관찰할 수 있다. 예컨대 1895년 2월13일자《르
탕 *Le Temps*》지에서 발췌한 순수학생들로만 구성된 집회
에 관한 다음의 기사도 그런 현상을 실증한다.

"밤이 되면서 소란은 더욱 심해졌다. 어떤 연사도 두 마
디도 제대로 하지 못했다. 여기저기서 또는 일제히 고함이
터져 나왔다. 박수와 야유가 뒤섞이고 청중들끼리 논쟁을
벌이는가 하면 각목을 휘두르며 서로를 위협하고 마룻바
닥을 발로 쿵쿵 굴려대는 사람들도 있었는데, 연설을 방해
하는 자들을 향해 '때려치워'라거나 '계속하라'는 따위의
고함이 난무했다. 학생들 가운데 C군은 협회가 가증스럽
고 비열하며, 기괴하고 추잡하며 썩을 대로 썩은 패거리라
는 따위의 갖은 악의적인 형용사를 동원하여 비난하면서

협회를 아예 해체시켜버리고 싶다는 선언까지 했다."

혹자는 '이런 와중에 유권자들이 어떻게 자기의견을 형성할 수 있겠는가?' 라는 질문을 던질지도 모른다. 그러나 이런 질문을 던지는 사람은 집단이 누릴 수 있는 자유의 폭을 착각하고 있을 것이다. 군중은 자신들에게 부과된 의견만 지녔을 뿐 결코 스스로 의견을 생각해내지 못한다. 이런 경우에 유권자들의 여론과 의사결정을 장악하는 자들은 선거위원들인데, 이들이 발휘하는 지배력은 노동자들에게 외상술을 주면서 막강한 위세를 과시하는 선술집주인들의 지배력과 대체로 비슷하다. 현대 민주주의를 위해 투쟁한 가장 뛰어난 투사들 중에 한 명인 셰레(Schérer)는 이렇게 썼다.

"선거위원회라는 것이 과연 무엇인가? 그것은 민주주의의 초석이요 정치제도의 걸작이다. 오늘날 프랑스를 지배하는 자들은 바로 이 선거위원회이다."[87]

---

87) 선거위원회의 명칭이 클럽이든 조합이든 하여간 그것은 군중세력이 초래할 수 있는 가장 확실한 위험을 조장할 것이다. 그것은 실로 가장 비인간적인 단체여서 가장 억압적인 폭군이라고 할 수 있다. 집단의 이름으로 말하고 행동하는 선거위원회의 지도자들은 어떤 책임도 지지 않고 마음대로 말하고 행동할 수 있는 권력을 지녔다. 아무리 야만적인 폭군이라도 프랑스혁명기에 혁명위원회가 발표한 포고령 같은 명령을 내릴 꿈도 꾸지 못했다. 바라스는 틈만 나면 자신들이 의원들을 체포함으로써 국민공회마저 해체시켰다고 말하곤 했다. 그들이 혁명위원회의 이름으로 활동하던 시기에 로베스피에르는 무소불위의 권력을 휘두를 수 있었다. 그 무서운 독재자는 자신의 자존심 때문에 혁명위원회에서 퇴출되는 순간부터 권력을 상실하고 말았다. 군중의 지배력은 곧 군중을 지도하는 위원회의 지배력을 의미하므로 위원회가 자행하는 정치만큼 가혹한 전제정치를 상상하기는 어려울 것이다.

적정한 재력을 보유하거나 마련할 수 있는 후보자가 선거위원들에게 영향력을 발휘하기는 결코 어렵지 않다. 불랑제 장군의 선거자금을 후원한 사람들은 장군이 연속 당선되는 데 3백만 프랑밖에 들지 않았다고 공인한다.

이런 것이 바로 유권자군중의 심리이다. 이 심리는 다른 모든 군중의 심리와 동일하고 더 선하지도 악하지도 않다. 그래서 이전의 보통선거와 지금의 보통선거의 차이에 관한 결론도 여기서는 내릴 필요가 없을 줄로 안다. 내가 만약 보통선거의 운명을 결정해야 한다면 군중심리에 대한 연구로 도출한 현실적인 이유 때문에라도 보통선거제도를 유지할 것이다. 이런 나의 견해를 뒷받침할 부연설명이 몇 가지 필요하다.

보통선거제도의 약점은 누구나 알 수 있을 정도로 명백하다. 문명이란 우등한 소수의 지식인들이 창조하는 것이므로, 이들이 문명피라미드의 꼭대기를 차지하고 하위단계들은 지식수준이 낮은 일반대중이 차지한다는 사실은 누구나 인정할 것이다. 그래서 문명의 위대성은 오직 인원수의 위세만 과시하는 열등자들의 투표로는 결코 달성될 수 없는 것이다. 군중의 의사를 표시하는 투표가 대개는 매우 위험하다는 것은 틀림없다. 우리는 이미 그런 투표의 공세를 몇 차례나 당한 바 있고, 사회주의자들이 노리고 기대하는 승리를 감안하면 앞으로도 인민주권의 변덕이 우리에게 더욱 참담한 희생을 요구할 가능성이 충분하다.

그러나 보통선거제도의 이런 약점을 아무리 탁월하게 설명하는 이론도, 사상들이 강력한 신조로 변하면 막대한 위력을 발휘한다는 사실을 감안하면 그것이 제기하는 이의가 현실적으로 무기력하다는 것을 즉시 알 수 있다. 군중주권이라는 신조는 철학적 관점으로 보면 중세의 종교적 교리와 마찬가지로 옹호할만한 것이 전혀 아닌데도 중세 종교적 교리들이 행사했던 것과 동일한 절대권력을 행사하고 있다. 과거에는 종교사상을 공격할 수 없었듯이 오늘날에는 군중주권사상을 공격할 수 없다. 여기서 현대의 어느 자유사상가가 어떤 기적에 힘입어 중세로 거슬러 올라갔다고 가정해보자. 중세에 막강한 위력을 발휘했던 종교사상의 지배력을 자유사상가가 확인하고도 그것을 공격할 엄두를 낼 수 있을까? 악마와 계약했다거나 악마의 연회에 참석했다는 죄목으로 화형대에 묶일 판인데도 악마의 연회가 존재하는지 여부조차 따져볼 겨를이 그에게 있을까? 그러므로 군중의 신념을 토론주제로 삼는 일은 태풍에 저항하는 짓만큼이나 어리석기 그지없는 짓이다. 오늘날 보통선거의 교리가 지닌 위력은 과거 그리스도교의 교리가 지녔던 위력과 다름없는 것이다. 오늘날 연설가나 문사들은 태양왕 루이 14세(Louis

XIV, 1638~1715)도 누려보지 못했던 존경과 아첨으로 보통선거제도를 떠받들고 있다. 그 결과 보통선거의 교리를 모든 종교적 교리를 대하는 자세와 똑같은 자세로 대할 수밖에 없는 지경에 이르고 말았다. 오직 시간만이 이런 실정을 변화시킬 수 있을 것이다.

게다가 보통선거의 교리가 지지될만한 합리성을 지닌 듯이 보이는 한 그것을 무너뜨리려는 시도는 무모하기 그지없는 것이다. 토크빌이 정확히 지적했듯이 "평등의 시대에는 만인이 똑같기 때문에 서로를 신뢰하지 않는다. 그런데도 그런 동질성은 일반여론의 판단에 무한한 신뢰성을 부여한다. 왜냐하면 만인이 평등하기 때문이다. 만인이 평등하게 계몽되어 진리와 다수결이 일치할 수밖에 없기 때문이다."

그렇다면 과연 제한선거제도 — 바람직하다고 여겨질 경우에 지식인에게만 선거권을 부여하는 제도 — 가 군중선거를 개선할 수 있을까? 그럴 가능성은 없을 것이다. 왜냐하면 앞에서 설명했다시피 집단은 구성형태와 무관하게 지적인 열등성을 드러내기 때문이다. 개인들은 군중이 되면 하향평준화 경향을 보이기 때문에, 일반적인 현안에 대한 투표는 학자 40명이 할 때나 물장수 40명이 할 때나 동일한 결과가 나올 것이다. 보통선거제도를 비난하는 근거로 제시되는 어떤 다른 선거제도 — 예컨대 나폴레옹 3세[88]가 부활시킨 황제정치 시대의 선거제도 — 도 지적인 자유교육을 받은 자들에게만 선거권을 부여하는 식으로 운영되었더라도 다른 결과를 냈을 것으로 믿기지는 않는다. 이것은 그리스어학자, 수학자, 건축가, 수의사, 변호사라고 해서 사회문제도 깊이 통찰할 수 있다고 보기는 어려운 것과 같은 이치에서 비롯되는 것이다. 프랑스의 정치경제학자들은 모두 고등교육을 받았고 그들의 대부분은 교수나 학자들이지만 지금까지 단 한 건의 일반적인 문제 — 보호무역주의나 금은복본위제 따위 — 에 관해서도 합의를 도출하지 못하는 실정이다. 왜냐하면 그들의 학문이라는 것도 우리의 보편적인 무지를 아주 엷게 희석시킨 것에 불과하기 때문이다. 사회문제에 관해서만큼은 모든 인간이 모르는 것이 너무 많다는 점에서 만인은 실질적으로 평등하게 무지하다고 말해도 과언이 아닐 것이다.

그러므로 선거인단이 지식인들만으로 구성되어도 선거결과는 현행선거제도의 결과보다 나아질 바가 없을 것이다. 왜냐하면 그들도 군중처럼 감정과 당파심에 지배당할 것이기 때문이다. 우리가 오늘날 겪는 난관들도 제거되지 않을

---

88) Napoléon Ⅲ(1808~1873): 프랑스 제2공화국 대통령(재위 1850~1852), 이른바 제2차 황제정치 시대의 황제(재위 1852~1871). 프랑스 2월 혁명 후 대통령에 당선되었고 쿠데타로 의회를 해산했다. 1852년 헌법을 제정하고 황제로 즉위하였다 — 옮긴이.

것이고, 그 결과 우리는 카스트들의 억압적인 폭정에 시달릴 것이 확실하다.

군중의 선거권이 제한적인 것이든 보편적인 것이든, 군주제도의 것이든 공화제도의 것이든, 프랑스의 것이든, 그리스나 포르투갈이나 에스파냐의 것이든, 그것을 행사하여 나오는 결과는 동일할 것이므로 그것은 결국 민족군중의 무의식적 욕망과 열망의 표현에 불과하다고 말할 수 있다. 각 나라마다 당선자들의 평균적인 견해는 자민족의 특성을 대변하는 것이어서 세대가 바뀌어도 현저히 변하지는 않을 것이다.

이 대목에서 우리는 앞에서 몇 번이나 직면한 민족의 기본개념에 다시 직면하고 말았다. 이 기본개념으로부터 파생된 제도와 정부는 민족생활에서 미미한 역할밖에 하지 못한다. 민족들은 주로 민족정신의 지배를 받는데, 그런 정신은 각 민족이 조상으로부터 물려받은 자질들의 잔재로 이루어진 특성의 총합이라고 할 수 있다. 민족성과 우리의 일상적 욕구에 대한 노예근성이야말로 우리의 운명을 지배하는 불가사의한 주요원인이다.

제5장 의회군중

우리는 의회에서 익명성
이 없는 이질적 군중의 일례를 목격할 수 있다. 의원을 선출
하는 방법은 시대마다 다르고 나라마다 다르지만 대개는 매
우 유사한 성격을 드러낸다. 이런 의원선거과정에서 민족성
의 영향력은 군중의 공통특성들을 약화시키거나 과잉표출
되도록 만들 수 있지만 그런 특성들의 표출과정 자체는 막
지 못한다. 성격이 전혀 다른 그리스, 이탈리아, 포르투갈,
에스파냐, 미국의 의회들에서 진행되는 토론이나 투표는 물
론 각 정부가 처하는 난관들도 유사한 성격을 드러낸다.

그러나 의회제도는 문명화된 모든 현대인의 이상(理想)을
대표한다. 이 제도는 인원수가 많을수록 어떤 주제에 대해
더 현명하고 독립적인 판단을 내릴 수 있다는 관념을 반영
하는데, 이런 관념은 심리학적으로 보면 오류이지만 일반적
으로 인정된다.

군중의 일반적 특성들은 의회에서도 발견된다. 즉 지적인
단순성, 과잉흥분성, 피암시성, 감정의 과장표출, 소수 지도
자에 대한 편중성 등이 그런 특성들이다. 그러나 특수한 구
성원들 때문에 의회군중은 약간 다른 특성을 보이기도 하는

데, 그것을 간략히 설명해보기로 하겠다.

의견의 단순성은 의회군중이 드러내는 가장 중요한 특성들 가운데 하나이다. 모든 정당이 다 그렇지만 특히 라틴족 정당들은 가장 복잡한 사회문제도 가장 단순한 이론원칙과 모든 경우에 적용할 수 있는 일반법칙을 이용하여 해결하려는 경향을 보인다. 물론 정당마다 채택하는 원칙은 다르지만 구성원 개개인은 군중의 일원이라는 단순한 사실 때문에 자신들의 원칙을 과대평가하는 경향을 보이고 그것을 극단적인 결론으로 밀어붙인다. 그 결과 의회는 극단적인 견해를 대표하는 기관이 되고 말았다.

의회 특유의 노골적이고 단순한 의견의 전형을 보여준 정당이 바로 프랑스혁명기의 자코뱅당이었다. 당원 모두가 철저히 독단적이고 논리적이었으며 그들의 머리는 일반론만 가득했기 때문에 구체적인 사항들을 고려하지 않고 고정된 원칙을 마구잡이로 일괄 적용하는 경향을 보였다. 그래서 자코뱅당이 추이를 제대로 확인하지도 않고 혁명을 마구잡이로 밀어붙였다는 평가는 타당하게 보인다. 그들은 자신들이 혁명지침으로 삼은 지극히 단순한 강령으로 사회의 꼭대기부터 밑바닥까지 재편하여 고도로 세련된 문명을 사회진화의 초기단계로 되돌릴 수 있다고 믿었다. 그들이 그런 꿈을 실현하기 위해 동원한 방법은 절대적 천진난만함에서 비롯된 것이었다. 그 결과 그들은 현실적으로 모든 방해물을 파괴하는 데만 몰두했다. 자코뱅당뿐 아니라 지롱드(Gironde)당, 산악당(山岳黨), 데르미도르당을 위시한 모든 정당이 비슷한 정신에 사로잡혀 있었다.

의회군중은 일반군중처럼 위엄을 지닌 지도자가 거는 암시에 잘 걸린다. 그러나 의회군중의 피암시성은 명확한 한계를 가지고 있는데, 이것은 짚고 넘어가야 할 중요한 사항이다.

모든 의원은 지역구의 이해와 관련된 문제에 대한 확고부동한 불변의 의견을 가지고 있어서 아무리 많은 토론을 벌여도 그 의견은 결코 흔들리지 않는다. 데모스테네스[89]의 달변도 보호관세나 양조장 허가권 같은 안건에 대한 의원들의 표심을 변화시키지 못할 것이다. 이런 안건에는 유력한 유권자들의 이익관계가 얽혀있기 때문이다. 이런 유권자들이 의원들에게 투사하는 암시는 의원들이 투표하기 전에 작용하여 다른 유권자들의 암시를 묵살하고 기존의견의 절대적 확고함을 견지하도록 만든다.[90]

내각불신임이나 조세신설 같은 일반적인 안건에 대한 의

---

89) D?mosthen?s(?~서기전413): 달변가로 유명한 고대 그리스 아테네의 장군 — 옮긴이.

90) 오랜 정치적 관록을 쌓은 영국의 한 의원이 했다는 다음과 같은 말은 의원의 의견은 투표시간 전에 이미 확정되고, 선거상의 필요성에 따라 바뀔 수 없는 것임을 가장 잘 보여준다. "지난 50년간 의원생활을 하면서 수천 번 연설을 들었지만, 그런 연설을 듣고 나의 의견을 바꾼 적은 거의 없다. 더구나 나의 표심이 달라진 적은 단 한 번도 없다."

원들의 의견은 고정되지 않기 때문에 지도자가 거는 암시의 영향을 받지만 일반군중보다는 적게 받는다. 모든 정당에는 지도자들이 있는데, 그들은 때로는 동등한 영향력을 발휘하기도 한다. 그럴 경우에 의원들은 두 가지 반대암시 사이에서 결정을 망설이기도 한다. 이런 이유 때문에 의원들이 때로는 15분 간격으로 정반대의 법안에 투표한다거나, 이전의 법안에 부칙을 삽입하여 사실상 무효로 만들어버리기도 하는 것이다. 예컨대 고용주는 노동자를 마음대로 해고할 수 있다는 법안을 채택해놓고도 곧 수정법안을 채택함으로써 무효로 만들어버리는 경우가 바로 그런 상황에서 발생할 수 있다.

이와 같은 이유 때문에 새로 선출된 의회가 언제나 고정된 의견과 함께 새로운 의견을 선보이기도 하는 것이다. 처리해야 할 일반적인 안건이 많을수록 의원들은 더욱 우유부단해지는데, 그런 우유부단함은 언제나 유권자의 표심을 감안해야 하는 데서 비롯된 것이어서 그들이 유권자로부터 받는 잠재적인 암시는 그들에 대한 지도자들의 영향력을 상쇄해버린다.

물론 많은 의원들이 확고한 선입관을 가지고 대하지 않는 안건을 토론하는 경우에 주도자로 나서는 의원들은 당지도자들이다.

이런 지도자들의 필요성은 자명하다. 왜냐하면 모든 나라의 의회에 계파나 당파의 대표로 간주되는 지도자들이 존재하고, 그들이 바로 의회를 이끄는 실력자들이기 때문이다. 군중을 형성한 개인들은 지도자 없이는 행동하지 못하기 때문에 의회에서 이루어지는 결의는 대개 소수의 지도적 의원들의 의견만 대변하는 셈이다.

지도자가 발휘하는 영향력은 그가 구사하는 논증으로부터는 극히 미미하게 나올 뿐이고 나머지 대부분은 그의 위엄으롤부터 나온다. 이것은 지도자가 어떤 계기로 위엄을 상실하면 그의 영향력도 사라진다는 사실로 잘 설명될 수 있다.

이런 정치지도자들의 위엄은 개인적인 것이어서 명성이나 신망과는 무관한 것이다. 이런 사실은 쥘 시몽 의원이 1848년 의회의 (자신도 포함한) 저명한 의원들을 두고 한 흥미로운 말로 예증될 수 있을 것이다.

"두 달 전에 그 의원은 막강한 실력자였고, 루이 나폴레옹(3세)은 이름 없는 미미한 존재였다⋯. 빅토르 위고[91]는

---

91) Victor Hugo(1802~1885): 프랑스의 소설가 겸 시인. 『레미제라블』, 『노트르담의 꼽추』 등 수많은 문학 작품을 남겼고, 자유, 정의, 인권, 민주주의를 위해 평생을 투쟁한 걸출한 정치인이자 혁명가로 평가된다 — 옮긴이.

연단에 섰지만 청중으로부터 큰 호응을 받지 못했다. 청중은 위고의 연설을 펠릭스 피아[92]의 연설만큼 경청했지만 피아에게 보낸 만큼 많은 박수를 위고에게 보내지는 않았다. 볼라벨[93]은 피아에 관해서 '나는 그의 사상을 좋아하지 않지만 그를 프랑스 제일의 작가이자 웅변가라고 생각한다네.'라고 말했다. 퀴네[94]는 탁월한 지성을 소유했지만 좋은 평판을 전혀 얻지 못했다. 그는 의회 밖에서는 대단한 인기를 누렸지만 의회 안에서는 주목받지 못했다…. 천재성의 탁월함이 빛을 가장 발휘지 못하는 곳은 정치적 집회장이다. 정치적 집회참가자들이 주목하는 것은 시사적이고 자기 정당에 이바지하는 웅변이지 국가를 위한 열변이 아니다. 의회가 1848년에는 라마르틴[95]에게, 1871년에는 티에르[96]에게 경의를 표한 이유는 위기상황에서 긴급하고 불가결한 이익을 고수할 필요성 때문이었다. 의회는 위기가 사라지자마자 이들의 고마움이나 위기의 심각성을 망각해버렸다."

---

92) Félix Pyat(1810~1889): 프랑스의 사회주의 언론인 겸 정치인 — 옮긴이.

93) Achille de Vaulabelle(1800경~1870경): 프랑스의 작가 — 옮긴이.

94) Edgar Quinet(1803~1875): 프랑스의 역사학자 — 옮긴이.

95) Alphonse-Marie-Louise Prat de Lamartine(1790~1869): 프랑스의 소설가, 시인, 정치인 — 옮긴이.

96) Louis-Adolphe Thiers(1797~1877): 프랑스의 정치인 겸 역사학자 — 옮긴이.

내가 이 글을 인용한 이유는 인용문에 묘사된 사실이지 사실에 대한 부연설명이 아니다. 부연설명이 드러내는 심리는 다소 유치하게 보이기 때문이다. 군중은 군중의 고유한 특성을 상실한 다음에야 지도자의 — 정당을 위한 것이든 국가를 위한 것이든 상관없이 — 노고에 대한 신뢰감을 갖는다. 군중이 지도자에게 복종하는 이유는 지도자의 위엄이지 어떤 감정이나 이익, 은혜, 의리 등이 아니다.

그래서 충분한 위엄을 구비한 지도자는 거의 절대적인 권력을 휘두를 수 있다. 어느 저명한 의원이 자신의 위엄 덕분에 오랫동안 막강한 권력을 휘두르다가 어떤 금융 스캔들에 연루되면서 지난 총선에서 낙선했다는 이야기는 유명하다.[97] 그가 신호만 슬쩍 보냈을 뿐인데 내각이 전복되어버렸다고 한다. 어느 신문기자는 그가 발휘한 정치적 영향력을 다음과 같이 기록했다.

"우리가 베트남 통킹에서 3배나 더 비싼 대가를 치른 이유도, 마다가스카르 섬에서 그토록 오랫동안 불안한 위상을 유지한 이유도, 아프리카 니제르의 남부지역 식민영

---

97) 이 의원이 바로 클레망소(Georges Benjamin Clemenceau, 1841~1929: 프랑스의 정치가, 의사, 언론인)이다.

토를 사취당한 이유도, 이집트에서 유리한 기득권을 상실
한 이유도 모두 X씨에게 있다. X씨의 이론 때문에 우리는
나폴레옹이 몰락했을 때보다 더 많은 영토를 잃었다.”

우리가 이 지도자를 과도하게 원망할 필요는 없을 것이
다. 그가 우리로 하여금 아주 비싼 대가를 치르게 한 것은
분명한 사실이지만 그가 발휘한 영향력의 대부분은 그가 여
론을 따름으로써 생긴 것이고, 더구나 식민지문제에 관한
당시의 여론은 그 이후에 형성된 여론과 전혀 달랐기 때문
이다. 지도자가 여론을 앞지르는 경우는 극히 드물다. 지도
자가 하는 모든 일은 거의 언제나 여론을 따르고 여론의 모
든 오류마저 정책으로 채택하는 것이다.

우리가 살펴보고 있는 지도자의 설득수단 대부분은 위엄
을 제외하면 내가 앞에서 누차 거론한 여러 요인들로 이루
어져 있다. 지도자가 이런 수단들을 능숙하게 활용하려면
적어도 무의적으로나마 군중심리에 정통해야 하고 군중에
게 말을 거는 방법을 터득해야 한다. 그래서 지도자는 특히
단어와 격언과 이미지의 매력적인 영향력을 간파해야 한다.
또한 그는 논증 없이 하는 강력한 확언과 간결하게 요약된
주장을 내세우는 특유의 웅변술도 겸비해야 한다. 그런 웅
변은 모든 의회에서, 더구나 가장 근엄하기로 정평이 난 영

국의회에서도 환영받는다. 영국의 철학자 메인[98]은 이렇게 말했다.

　　"하원(下院)에서 이루어지는 토론은 전반적으로 막연한 일반론과 과격한 인신공격을 주고받는 데 그치는 감이 있다고 가정해보자. 이런 일반적인 묘사는 순수한 민주주의의 이미지에 강력한 충격을 가한다. 군중은 인상적인 용어로 표현되지만 입증되거나 입증할 여지도 없는 일반적인 주장도 쉽게 수용한다."

이 인용문에서 '인상적인 용어'라는 말은 더할 나위없이 중요하다. 단어와 격언의 기이한 마력은 앞에서도 누차 강조된 바 있다. 선택해야 할 단어와 격언은 아주 생생한 이미지를 유발하는 것이어야 한다. 의회의 한 지도자가 행한 연설에서 발췌한 다음의 문장은 이런 사실을 분명히 예시한다.

　　"평판 나쁜 정치인과 살인죄를 범한 무정부주의자를 태운 배 한 척이 교도소가 있는 열병 창궐하는 섬으로 항해

---

98) Henry James Summer Maine(1822~1888): 르 봉은 메인을 철학자로 간주하지만, 실제로 메인은 법제역사학자 및 비교역사학자로 더 유명하다. 정치적으로는 보수주의자였던 그는 민주주의를 중우정치(衆愚政治)로 치부하면서 상원(上院)의 권한을 확대해야 한다고 주장했다 — 옮긴이.

하는 중이라고 상상해봅시다. 두 사람은 대화가 통할 것이고 동일한 사회의 두 가지 보완적인 측면을 반영하고 있는 듯이 보일 것입니다."

인상적인 용어들을 가미한 이 연설이 유발하는 이미지는 아주 생생하기 때문에 연설자의 정적(政敵)들은 이 연설을 위협적으로 느낄 것이다. 청중은 '열병 창궐하는 섬'의 이미지와, 자신들을 싣고 갈 수도 있을 '배'의 이미지를 번갈아 떠올릴 것이다. 왜냐하면 그들도 평판 나쁜 정치인이라는 위험하고 모호한 범주에 포함될 가능성이 없지는 않기 때문이다. 그들은 국민공회의원들이 느꼈을 공포감을 자기도 모르게 느낀 셈이다. 국민공회의원들은 로베스피에르의 애매한 연설을 들으면서 단두대의 위협적인 이미지를 떠올렸고, 그 이미지에 대한 공포감 때문에 로베스피에르에게 철저히 굴복했다.

모든 지도자는 가장 어이없는 과장표현에도 대단한 관심을 보인다. 위 인용문의 연설가는 은행가와 종교인들이 폭탄테러범들을 지원했다거나 대형 금융회사의 중역들을 무정부주의자들로 간주하여 처벌해야 한다는 주장을 격렬한 항의를 유발하지 않는 확언으로 피력할 수 있었다. 이런 종류의 확언들은 군중에게 언제나 강력한 효과를 발휘한다.

확언은 아무리 강력해도 무방하고 웅변은 아무리 위협적이어도 상관없다. 이런 종류의 웅변보다 더 강하게 청중을 위협하는 것은 없다. 청중은 그런 웅변에 항의하면 반역자나 공모자로 몰리지 않을까 두려워하기 때문이다.

앞에서도 언급한 이런 특이한 웅변술은 모든 의회에서 압도적인 영향력을 발휘해왔고 위기일수록 그 영향력은 더 강력해진다. 프랑스혁명기에 의회의 위대한 웅변가들이 행한 연설도 이런 견지에서 보면 대단히 흥미로운 사례일 것이다. 웅변가들은 으레 범죄를 규탄하고 미덕을 찬미함과 동시에 폭군을 저주하면서 자유가 아니면 죽음을 달라고 외쳤다. 청중은 열광적인 기립박수를 보낸 후 다시 조용히 착석했다.

이따금 지도자가 고등교육을 받은 지식인일 경우도 있었지만 그런 교육이나 지식은 대개 유익하기보다는 해로운 때가 많다. 지성은 사건사물의 관계가 복잡다단함을 해명하고 그것에 대한 이해력을 확장하려는 능력이기 때문에 지식인은 관대하고 우유부단하며 선동가에게 절대적으로 필요한 강력하고 열광적인 확신을 품지 못하는 경향을 보인다. 어느 시대에나 군중의 지도자들, 특히 혁명지도자들은 어처구니없을 정도로 협소한 지성을 지녔고, 심대한 영향력을 발휘한 사람들도 어김없이 지식이 모자랐다.

이런 연설가들의 대표자라고 할만한 로베스피에르의 연설은 대개 놀라우리만치 조리가 맞지 않았다. 이 강력한 독재자의 연설만 읽어본다면 그가 어찌 그토록 엄청난 일을 할 수 있었는지를 이해하기 어렵다.

"평범한 사람들에게보다는 유치한 정신의 소유자들에게나 통할 것으로 보이는 현학적 웅변술과 라틴문화 특유의 상투적이고 장광설로 점철되는 연설은 마치 초등학생이 보이는 것만큼이나 반항적인 태도로 공격하고 방어하기만 바쁘다. 사상도 없고 멋들어진 격언도 없으며 급소를 찌르는 통렬함도 없다. 오직 지루한 장광설만 계속된다. 이 끔찍한 연설을 끝까지 들은 사람은 아마도 저 데물랭[99] 이 질렀던 '오!' 하는 탄성을 지르고 싶을 것이다."

위엄을 갖춘 인간이 지극히 편협한 정신과 강렬한 확신까지 겸비할 때 획득하는 강력한 위력을 생각하면 때로는 끔찍하기도 하다. 그러나 그가 이런 조건들을 겸비했더라도 난관을 무시하고 극복하는 대단한 의지력까지 구비해야 본

---

99) Camille Desmoulins(1760~1794): 프랑스혁명기의 산악파 언론인 겸 정치인. 1789년 7월12일 바스티유감옥 공격 직전에 민중을 자극하는 선동연설로 일약 유명해져서 국민공회의원이 됐다. 자코뱅파에 속하여 대립하던 지롱드파 공격의 선봉에 서기도 했다 — 옮긴이.

격적인 위력을 발휘할 수 있을 것이다. 군중은 정력적이고 확신에 찬 인물이야말로 언제나 자신들에게 필요한 지도자라고 본능적으로 믿는다.

의회에서 행하는 연설의 성공여부는 전적으로 연설자의 위엄에 좌우될 뿐 그가 전개하는 논증에는 좌우되지 않는다. 이것은 연설자가 어떤 이유 때문에 위엄을 상실하면 그의 모든 영향력도 상실한다는 사실로 가장 잘 증명된다. 이런 의원은 표심에 대한 영향력까지 모조리 상실하고 만다.

무명의 연설자가 정연한 이론을 들고 나와도 청중의 귀만 잠시 솔깃하게 만들 뿐 다른 효과는 전혀 거두지 못한다. 드소베(Desaubes)라는 명민한 심리학자는 위엄을 결여한 의원의 모양새를 다음과 같이 기록했다.

"그는 연단에 올라가서 먼저 가방에서 서류를 꺼내어 가지런히 펼쳐놓고 자신 있게 입을 열었다. 그는 자신의 고무적인 확신을 다른 의원들에게 납득시킬 수 있을 것이라고 여기며 의기양양했다. 그는 자신의 주장을 거듭 강조했다. 그는 통계수치와 증거자료들을 충분히 준비했다. 그는 그런 명백한 근거들을 들이대면 자신에 대한 어떤 항의도 무위로 끝날 것이라고 믿었다. 그는 자신의 주장이 정당하다고 확신했으며 오직 진실을 수호하려는 열망으로 가득한 동료의원들이 자신의 연설을 경청할 것이라고 믿었다. 그러나 그가 연설을 시작하자마자 소란스러워진 장내의 분위기에 놀랐고 부아도 조금 치밀었다. '왜 이렇게 소란스럽습니까? 왜 이리도 딴짓들만 하고 있습니까? 잡담하는 의원들께선 지금 무슨 생각하세요? 의석을 비운 의원들의 급한 볼일이란 건 또 뭡니까?' 그는 초조한 표정으로 얼굴을 찌푸리고 연설을 중단했다. 연설을 속개하라는 의장의 말에 힘을 얻은 그는 어조를 한층 높여서 연설을 다시 시작했다. 그는 목소리를 높이고 강력한 몸짓까지 동원했다. 장내의 소란은 배가되고 있었다. 자신의 목소리조차 분간할 수 없을 지경에 이르자 그는 또 연설을 중단했다. 그러나 자신의 침묵이 '연설 끝!' 이라는 두려운 선언을 초래할까 무서운 나머지 연설을 또 속개했다. 그러자 소란은 참을 수 없는 지경에 도달했다.”

의회군중도 극도로 흥분하면 통상적인 이질적 군중들과 같은 상태를 보이면서 극단적인 감정을 표출한다. 그 결과 그들은 가장 위대하고 영웅적으로 행동하거나 대단히 부정적으로 행동한다. 그들은 개성을 상실하고 자신의 개인이익과 가장 상반되는 법안에도 찬성표를 던지기에 이른다.

프랑스혁명의 역사는 의회군중이 자의식을 상실하고 암

시에 맹종하여 각자의 개인이익과 상반되는 법안에 찬성표를 던진 경위를 잘 보여준다. 입법회의가 진행되던 저 유명한 날 밤에 귀족들이 누려온 특권들을 폐지하는 엄청난 희생을 감수하는 법안이 일사천리로 채택됐다. 국민공회의원들은 그때까지 자신들이 누려온 불가침권을 폐지하면 언제 죽을지 모르는데도 그것을 태연하게 폐지했고, 오늘 단두대로 가는 동료의 운명이 내일 자신의 것이 될 줄 뻔히 알면서도 동료들을 마구잡이로 처단했다. 그럴 수밖에 없었던 진정한 원인은 내가 앞에서 묘사한 바 있듯이 그들이 완전히 자동기계 같은 상태로 전락했으며 어떤 생각도 그들에게 최면을 건 암시들을 맹종하지 못하게 견제할 수 없었다는 것이다. 그들 가운데 한 명이었던 빌로-바른네(Billaud-Varennes)라는 의원이 회고한 다음의 인용문은 그런 상태의 전형을 단적으로 보여준다.

"그토록 비난받는 결의안을 우리는 이틀 전, 아니 하루 전만 해도 결코 원하지 않았고, 그것을 채택하게 만든 것은 오로지 위기상황뿐이었다."

이것보다 더 정확한 표현은 찾아볼 수 없을 것이다.

이런 현상과 동일한 무의식현상은 파란만장한 국민공회

의 회기 전체에서 찾아볼 수 있다. 텐은 다음과 같이 말했다.

"그들은 법안을 채택하고 반포했다. 그 법안들은 국민
공회의원들도 두려워할 정도로 죄 없는 사람들을 죽이고
동료를 죽이는 어리석고 우매하며 범죄적인 것들이었다.
우파의 지지를 받은 좌파는 자신들의 천부적인 두목이요
혁명의 위대한 견인차이자 지도자였던 당통을 교수대에
올리자는 결의안을 열광적인 기립박수와 더불어 만장일치
로 채택했다. 좌파의 지지를 얻은 우파는 혁명정부 최악의
법안을 열광적인 기립박수와 더불어 만장일치로 통과시켰
다. 국민공회의원들은 데르부아[100], 쿠통[101], 로베스피에르
에게 열광적인 갈채와 만장일치의 찬사로 지지를 표하면
서 자발적으로 실시한 자동기계적인 재투표를 통해 살인
정부를 유임시켰다. 산악당은 그 정부가 살인적인 것이라
는 이유로 혐오했고, 평야당(平野黨)은 그 정부가 평야당원
들을 죽였다는 이유로 혐오했지만, 끝내 그들도 살인정부
를 유임시키자는 분위기에 휩쓸리고 말았다. 산악당도 평
야당도 다수파도 소수파도 자살행위를 돕는 법안에 표를
던지고 말았던 것이다. 혁명력 9월22일에 국민공회는 마

---

100) Jean-Marie Collot d'Herbois(1749~1796): 프랑스의 배우, 극작가, 에세이스트, 혁명가 — 옮긴이.
101) Georges Auguste Couthon(1755~1794): 프랑스혁명기의 정치인 겸 변호사 — 옮긴이.

침내 자신들을 처형집행인에게 완전히 맡기고 말았다. 이후 11월8에도 로베스피에르의 연설이 끝난 지 15분도 지나지 않아 똑같은 우행이 반복됐다."

이것은 슬프지만 정확한 사실이다. 충분히 흥분하거나 최면에 걸린 의회군중은 동일한 성격을 드러낸다. 그들은 불안정한 군집으로 전락하여 모든 충동에 순종한다. 1848년 의회에 관한 다음의 기사는 민주주의를 확신했던 의회주의자 스퓔레[102]가 쓴 것이다. 나는 《르뷔 리테레르 *Revue Littéraire*》에 실린 이 기사가 아주 전형적인 사례를 보여준다고 생각한다. 이 기사는 내가 지금까지 설명한 군중의 특성인 감정과잉표출성향을 예시적으로 잘 보여주고, 이 감정에서 상반되는 저 감정으로 순식간에 오락가락하는 의회군중의 극단적인 변덕을 적나라하게 보여준다.

"공화당은 분열, 질투, 의심, 맹신, 끝없는 희망 때문에 결국 파멸하고 말았다. 그들의 천진난만함과 솔직함이 유일하게 짝을 이루는 것은 보편적인 불신이었다. 그들은 준법정신이나 기강은 아예 인식조차 못하고 끝없는 공포감

과 환상을 사로잡혀 있다는 점에서 농부들이나 어린애들과 다름없어보였다. 침착한 듯하면서도 안절부절 못하고 양순하면서도 난폭했다. 그런 현상은 투박한 기질과 교양 결핍이 유발한 자연스러운 결과였다. 그들은 만사에 놀랄 수도 있고 만사에 혼비백산할 수도 있다. 공포심을 못 이겨 온몸을 떨다가도 영웅적이리만치 용감하게 행동하기도 하며 물불을 가리지 않고 돌진하다가도 그림자만 보고도 놀라자빠지기도 한다. 그들은 사건의 인과관계를 헤아릴 줄도 모르고 느닷없이 흥분했다가 돌연히 시무룩해지기도 한다. 그들은 쉽게 온갖 공황상태에 빠지기도 하며 지나치게 격분하거나 지나치게 침울해진다. 그들은 상황이 요구하는 감정이나 대처방법에만 결코 집착하지 않는다. 그들은 모든 노선을 물보다 더 유동적으로 반영하면서 모든 형태로 변모한다. 이런 그들이 과연 정부에 어떤 형태의 기반을 제공할 수 있을까?"

지금까지 언급한 의회군중의 모든 특성은 다행히도 지속적인 것이 아니다. 의회는 어떤 순간에만 군중으로 변하기 때문이다. 의회를 구성하는 개인들의 대부분은 대체로 개성을 계속 보유하고 있다. 그래서 의회는 기술적으로 우수한 법안을 채택할 수 있고, 그 법안의 입안자는 조용히 연구하고 준비하는 전문가들이다. 따라서 실제로 표결에 붙여지는 법은 개인이 만든 것이지 의회군중이 만든 것은 아니다. 이런 법안은 자연히 최선의 것으로 여겨진다. 그것은 일련의 수정안이 그것을 집단적 노력의 소산으로 바꿔버릴 때만 재난을 당한다. 군중의 모든 작업결과는 그것들의 성격과 상관없이 고립된 개인의 작업결과보다 언제나 열악하기 마련이다. 의회에서 잘못되거나 무효한 법안이 통과되지 못하도록 일종의 여과기 역할을 하는 의원들도 전문가들이다. 그런 전문가들은 의회군중의 잠재적 지도자들이다. 의회군중은 전문가들에게 영향을 주지 못하지만 전문가들은 의회군중에게 영향을 줄 수 있다.

운영과정에서 봉착하게 되는 난관들이 아무리 많을지라도 의회는 지금까지 인류가 발견한 최선의 정치형식이고, 특히 개인적인 폭정의 굴레를 벗어나기 위해 사용할 수 있는 최선의 수단이다. 의회는 요컨대 문명의 정수(精髓)를 형성하는 철학자들, 사상가들, 작가들, 예술가들, 지식인들에게 이상적인 정치제도를 분명히 제공한다. 게다가 의회가 당면할 수 있는 심각한 위험도 단 두 가지 밖에 없다. 하나는 불가피한 재정낭비이고 다른 하나는 개인자유에 대한 점진적인 제한이다.

첫째 위험인 재정낭비는 유권자군중이 절실히 필요한

선견지명을 결여했다는 사실에서 비롯되는 필연적인 귀결이다. 가령 어떤 의원이 민주주의 이상에 명백히 부합하는 듯이 보이는 법안을 제출했다고 가정해보자. 다시 말해서 모든 노동자에게 노인연금을 보장한다거나 공무원직급들 가운데 어떤 직급의 임금을 인상해주는 법안이 상정되면, 유권자들을 두려워해야 한다는 암시의 희생자들인 다른 의원들은 그 법안이 새로운 예산편성을 강요하므로 새로운 세원(稅源)을 개발해야 한다는 것을 알지만, 감히 그 법안을 거부하여 유권자들의 이익을 무시한다는 인상을 주지 않으려고 애쓸 것이다. 그들은 결국 그 법안에 서슴없이 찬성표를 던지고 만다. 재정낭비의 여파는 당장의 문제가 아닐 뿐더러 개인적으로 어떤 불리한 타격도 받지 않기 때문에 그렇게 하는 것이다. 반면에 반대표를 던지면 차기 선거에서 재선출되는 데 반드시 걸림돌로 작용할 것이기 때문이다.

재정낭비를 유발하는 또다른 거부하기 힘든 요인이 있는데 그것은 의원들이 지역구사업을 위한 예산을 승인할 수밖에 없다는 것이다. 어떤 의원도 지역구사업예산을 편성하라는 요구를 거부하지 못한다. 그런 요구는 대개 모든 유권자의 숙원사업이기 때문에 동료의원들의 비슷한 요구를 지지해주어야만 자신의 지역구 유권자들의 요구에 대한 동료의

원들의 지지도 얻을 수 있다.[103]

둘째 위험인 의회가 누려할 자유에 대한 불가피한 제한은 확연히 드러나지는 않지만 매우 현실적인 것이다. 이런 위험은 의회가 부득이하게 찬성할 수밖에 없다고 판단한 수많은 규제법안들이 유발하는데, 의원들은 근시안적인 시력을 가지고 있어서 그런 위험이 초래할 사태를 예견하지 못하는 경우가 비일비재하다. 이런 위험은 불가항력적인 것으로 여겨진다. 유권자들의 간섭을 가장 적게 받으면서도 유권자들에게 가장 인기 있는 영국의 의회제도조차 이런 위험을 막지 못하고 있기 때문이다. 스펜서는 이미 초기의 저서에서 표면적 자유의 증가는 필연적으로 실질적 자유의 감소를 초래한다는 사실을 간파했다. 그는 최근 저서 『개인 대 국가

---

103) 1895년 4월6일자 《이코노미스트 *Economiste*》지에는 단지 유권자들을 배려하느라 유발된 재정지출의 증가, 특히 철도건설비용의 증가가 얼마나 심각한지를 수치로 보여주는 흥미로운 비평기사가 실렸다. 이 기사에 따르면, (산간벽지에 있는 인구 3,000명의 소읍인) 라냐에(Langayes)를 퓌(Puy)와 연결하기 위해 1,500만 프랑이 소요되는 철도건설법안이 통과됐다. 인구 3,500명의 보몽(Beaumont)과 카스텔-사라쟁(Castel-Sarrazin)을 철도로 연결하는 데 700만 프랑, 인구 523명의 작은 마을 우스(Oust)와 인구 1,200명의 세이(Seix)를 철도로 연결하는 데 700만 프랑, 프라드(Prade)와 인구 747명의 올레트(Olette)를 철도로 연결하는 데 600만 프랑의 예산이 책정됐다. 1895년 단 1년간 지역구 철도건설비로 9,000만 프랑이 책정된 셈이다. 이밖에도 유권자들을 배려하기 위한 예산을 지출하는 명목은 수다하다. 재무장관은 노동자연금제도를 채택하자면 적어도 연간 1억6천5백만 프랑이 소요된다고 계산했고, 학술원 회원 볼리외(Leroy Beaulieu) 씨는 8억 프랑이 소요된다고 계산했다. 이런 명목의 지출이 계속 늘어나면 재정이 파탄 니버릴 것은 자명하다. 유럽의 여러 나라 — 포르투갈, 에스파냐, 터키 — 의 재정은 이미 파탄지경에 돌입했고, 이탈리아의 재정도 머지않아 동일한 난관에 봉착할 것으로 보인다. 왜냐하면 이들 나라의 의회는 발행된 국채(國債)의 이자를 80% 삭감하는 법안에 대한 국민의 동의를 얻는 데 성공했기 때문이다. 이런 기묘한 상황에서 발생한 재정파탄은 불균형한 예산편성을 즉각 시정하기 어렵게 만든다. 더구나 전쟁, 사회주의, 경제적 충돌이 우리가 살아가는 이 전방위적 해체시대의 혼란을 가중시키고 있다. 그래서 우리는 우리가 제어할 수 없는 미래까지 지나치게 걱정할 필요 없이 임기응변으로 살아가야 할 것이다.

The Individual verses the State』에서 이 문제를 다시 다루면서 영국의 의회제도에 관해 다음과 같이 서술한다.

"이 시기부터 입법은 내가 지적한 방향으로 이루어졌다. 급속히 증대한 전제주의적인 조치들이 개인자유를 지속적으로 제약해왔고, 그런 제약은 두 가지 방식으로 이루어진다. 해마다 더 많은 규제법안이 통과되면서 이전에는 자유로웠던 시민들의 행동이 규제당하거나 이전에는 해도 그만 하지 않아도 그만이던 행동이 필수적인 의무로 강요된다. 그럼과 동시에 사회간접시설투자가 증가하고, 특히 지역구사업비가 증가하면서 국민의 소득 가운데 가처분비용은 감소하는데, 국가기관들이 국민으로부터 거두어들인 세금 가운데 마음대로 처분할 수 있는 비용은 증가하기만 한다."

개인자유에 대한 이런 점진적인 제한은 스펜서가 그 과정을 자세히 규명하지는 않았지만 유럽의 모든 나라에서 각기 나름대로 진행되고 있다. 일반적인 방식으로 억압적 질서를 강제하는 이런 법안들이 무더기로 통과되면 결국 이것들을 집행하는 관료들의 인원수, 권력, 영향력도 증대할 수밖에 없다. 그 결과 관료들이 문명국가들의 명실상부한 주인들이 되어간다. 이들의 권력은 권한이 부단히 인수인계되는 와중에도 오직 행정부의 카스트만이 그런 권력이동의 영향을 받지 않는다는 사실과, 그들만이 무책임감, 비인간성, 내구력을 보유했다는 사실에서 나온다. 이런 3박자가 어울려 자행되는 것보다 더 포악한 전제정치는 없을 것이다.

그런 정치는 규제법안과 규칙을 부단히 입안하여 복잡한 절차에 따라 세세한 행동까지 규제함으로써 시민들의 자유로운 활동영역을 갈수록 좁히는 결과를 초래하기 마련이다. 법률이 많을수록 평등과 자유도 더 확실히 보장될 수 있다는 환상에 사로잡힌 국민들은 더 강한 구속과 더 많은 부담을 요구하는 법안에 날마다 동의하지만, 그럴 때마다 그런 동의의 응보를 받기 마련이다. 그들은 그렇게 모든 억압을 견디는 데 길들면서 머지않아 노예가 되기를 갈망할 것이고 자발성과 활력을 상실하고 말 것이다. 그 결과 그들은 허깨비나 피동적이고 저항할 줄 모르는 무기력한 자동인형에 불과한 존재로 전락해버릴 것이다.

이런 지경에 도달한 개인은 이제 자신의 내면에 없는 강제력을 바깥에서 찾으려고 든다. 시민들의 무관심과 무기력함이 심해질수록 정부의 기능은 필연적으로 강화된다. 그래서 개인의 정신이 결핍한 진취적인 모험정신과 지도력을 정부가 발휘하기에 이른다. 정부기관이 모든 일을 담당하고 지휘하며 모든 국민의 보호자로 군림한다. 그리하여 국가는 전능한 신의 반열에 오른다. 지금까지 인류가 겪은 체험은 어떤 신의 능력도 결코 국가권력만큼 지속적이고 강력할 수 없다는 것을 증명한다.

어떤 국민들의 모든 자유에 대한 점진적 제한은 자신들이 자유롭다는 환상을 표면적으로 부여해줄지언정 특정한 정치제도의 낡은 유산에 불과한 것으로 보인다. 이것은 지금까지 어떤 문명도 피하지 못한 데카당스(몰락, 퇴폐, 퇴락) 단계로 접어들었음을 알리는 예비적 징조로 보인다.

과거의 교훈에 비추어보거나 모든 면에서 주목되는 증세들을 감안하면 우리의 현대문명들 가운데 몇 개는 말기 암환자와 다름없는 상태를 보인다. 역사는 흔히 반복되기 때문에 인류도 역사와 동일한 생존단계를 밟아야 할 것이다.

문명진화의 공통적인 단계들을 간략히 설명하기는 어렵지 않기 때문에 그것들을 간략히 설명하면서 이 연구서를 마무리하기로 하겠다. 그럼으로써 오늘날 군중이 발휘하는 위력의 발원지가 조명될 수 있을 것이다.

우리가 만약 과거 문명들의 위대성이 탄생하고 쇠망하는 과정들을 면밀히 살펴본다면 과연 무엇을 발견할 수 있을까?

문명의 여명기에는 출신이 다양한 인간무리들이 이동, 침략, 정복 같은 우연한 계기에 따라 집결했다. 혈통도 다르고 사용하는 언어와 신앙하는 대상도 다른 인간무리들로 형성된 공동체를 하나로 연대시키는 유일한 매개는 반쯤 공인된 지배자의 법률이었다. 군중의 심리적 특성들은 이런 혼성군집에서 가장 두드러지게 나타난다. 이런 군집들은 군중이 지닌 바와 같은 일시적인 응집력, 영웅주의, 취약점, 충동성, 과격성 등을 갖기에 이른다. 이들을 안정되게 결속시킬 수 있는 것은 아무것도 없다. 이들은 그야말로 야만인들이다.

　결국은 시간이 이들을 결속시키는 데 성공한다. 환경의 동일성, 종족들의 반복적인 혼성, 공동생활의 필요성이 군집성원들에게 영향을 준다. 다양하고 상이한 소규모 종족들이 모여 대규모 혼성군집을 이루면서 하나의 민족을 형성한다. 그 민족구성원들이 공유하는 특성들과 감정들은 대를 이어 유전되면서 갈수록 불변하는 것들이 될 것이다. 그런 민족군집 내지 군중은 그렇게 기나긴 시간을 보내야만 국민이 되어 야만상태를 벗어날 수 있다. 그러기 위해서는 줄기차고 반복적인 노력과 투쟁을 필수적으로 요구하는 하나의 이상(理想)을 획득해야 한다. 그런 이상의 성격은 중요하지 않다. 로마의 숭배의례든, 아테네의 군사력이든, 알라신의 승리든, 하여간 어떤 이상이든 민족구성원 전체를 단일한 감정과 사상으로 통합하고 결집시킬 수 있으면 충분한 것이기 때문이다.

이 단계에서 고유한 제도, 신념, 예술을 보유한 새로운 문명이 탄생한다. 민족들은 이상을 추구하면서 장엄함과 활력과 위대성을 겸비하는 데 필요한 자질들을 차례로 습득해갈 것이다. 이전까지 민족들은 여전히 군중이었음이 분명하지만, 이 단계부터 군중의 유동적이고 변덕스러운 성격의 저변에 단단한 기반이, 즉 민족성이라는 특성이 형성되어 국민의 가변영역을 좁은 범위로 국한하고 우연의 작용력을 제압한다.

시간은 창조활동을 끝내자마자 파괴활동을 시작하는데, 이런 시간의 활동권역을 신도 인간도 탈출할 수 없다. 일정한 수준의 세력과 복잡성을 달성한 문명은 성장을 멈추고, 그렇게 성장이 멈춘 문명은 급속히 쇠망한다. 그것은 문명이 노년기로 접어들었다는 얘기다.

이처럼 불가항력적인 노년기는 언제나 민족의 기둥인 이상이 약화되면서 도래한다. 이런 이상이 흔들리기 시작하면 그것이 고취한 모든 종교적, 정치적, 사회적 구조들도 흔들리기 시작한다.

이런 이상이 서서히 사멸하는 동안 민족은 자체의 응집력과 단결력과 세력을 부여한 자질들도 서서히 상실한다. 개인의 개성과 지성은 증대될 수 있지만, 그런 과정에서 그가 속한 민족의 과잉발달된 개인이기주의가 집단이기주의를 대체하면서 인격도 약화되고 활동능력도 감소된다. 국민, 통합체, 전체를 구성하던 것이 이제는 응집력을 상실하고 전통과 제도에 의해 잠정적이고 인위적으로 유지되는 개인들의 군집으로 변모한다. 이 단계에서 각자의 이익과 욕망에 따라 분열된 인간들은 자치능력을 상실하고 자신들의 사소한 행동까지 지도해주기를 국가에 요구하는데, 그 결과 국가는 국민에게 압도적인 영향력을 행사한다.

민족의 낡은 이상이 완전히 사라지면 민족의 특성도 완전히 사라지고 만다. 그 결과 고립된 개인들의 단순한 무리로 전락한 민족은 원시상태로 즉 군중의 원시상태로 복귀하고 만다. 그런 무리는 일관성도 미래도 없는 군중의 일회적인 모든 특성들을 드러낸다. 그 민족의 문명도 이제 안정성을 상실하고 온갖 우연한 사건들의 영향에 시달릴 수밖에 없다. 민중이 주권을 획득하고 야만적인 풍조가 비등한다. 그러나 그 문명은 외면적 확장력을 지녔고 과거에 올린 성과도 있기 때문에 여전히 찬란하게 보일 수 있다. 하지만, 그 문명은 현실적으로 마치 폐허더미로 변하고 있는 낡은 건물과 다름없어서 그것을 지지할 기둥마저 이미 다 삭은 나머지 작은 돌풍만 불어도 완전히 붕괴해버리고 말 운명에 직면한 것일 따름이다.

어떤 민족이 이상을 추구함으로써 야만상태를 벗어나 문명국가를 건설했어도 그 이상이 가치를 상실하면 문명국가도 쇠락하여 멸망하고 마는데, 이것이 바로 민족적 삶의 순환과정이다.